财税一流学科论丛

国家治理视角下中国社会组织的财税政策研究

曹雪姣◎著

中国财经出版传媒集团
经济科学出版社
Economic Science Press

图书在版编目（CIP）数据

国家治理视角下中国社会组织的财税政策研究/曹雪姣著．—北京：经济科学出版社，2020.3
（财税一流学科论丛）
ISBN 978－7－5218－1372－2

Ⅰ.①国…　Ⅱ.①曹…　Ⅲ.①社会团体－财政政策－研究－中国②社会团体－税收政策－研究－中国　Ⅳ.①F812.2 ②F812.422

中国版本图书馆 CIP 数据核字（2020）第 037749 号

责任编辑：陈赫男
责任校对：靳玉环
责任印制：李　鹏

国家治理视角下中国社会组织的财税政策研究
曹雪姣　著
经济科学出版社出版、发行　新华书店经销
社址：北京市海淀区阜成路甲 28 号　邮编：100142
总编部电话：010－88191217　发行部电话：010－88191522
网址：www.esp.com.cn
电子邮箱：esp@esp.com.cn
天猫网店：经济科学出版社旗舰店
网址：http://jjkxcbs.tmall.com
北京季蜂印刷有限公司印装
710×1000　16 开　17 印张　230000 字
2020 年 7 月第 1 版　2020 年 7 月第 1 次印刷
ISBN 978－7－5218－1372－2　定价：60.00 元
（图书出现印装问题，本社负责调换。电话：010－88191510）

总　　序

2015年10月，国务院公布《统筹推进世界一流大学和一流学科建设总体方案》，提出要加快建成一批世界一流大学和一流学科，国家“双一流”建设由此拉开大幕。凭借国家层面和山东省级层面“双一流”建设之东风，特别是在我校应用经济学成为首批入选山东省“双一流”建设的重点学科之后，山东财经大学“双一流”建设也开始紧锣密鼓地开展起来。为了鼓励教师积极从事科学研究和社会服务以取得高层次科研成果，学校出台了一系列的激励措施且很快就起到了成效：在教育部第四次学科评估中，山东财经大学的应用经济学取得了B+的不俗成绩。作为应用经济学下的财政学更是山东财经大学的传统优势学科。在历届山东财经大学校党委和行政部门的坚强领导下，经过几十年的长期建设和发展，特别是经过山东省“十五”“十一五”“十二五”“十三五”强化重点建设之后，财政学科建设不断加强，师资水平和人才培养质量不断提高，服务社会能力和学术影响力不断扩展。目前，财政（税收）专业已经具有本科、硕士、博士三个培养层次，近60%以上的教师具有博士（后）学位。学科水平已经进入全国同类学科专业的前20%。

国家“双一流”建设为我校财政学科的发展提供了契机；而党中央对财政的重新定位也为财政研究提出了新要求。2013年，党的十八届三中全会召开，在这次全会上，党中央将财政上升到国家治理的高度，将财政定位为“国家治理的基础和重要支柱”，并提出建立现代财政制度的目标，故如何建立现代财政制度成为摆在财政理论工作者面前的一个重要课题；2017年，党的十九大召开，党中央又提出“要加快建立现代财政制度，建立全面规范透明、标准科学、约束有力的财政制度，全面实施绩效预算管理”，这实际上又为新时代背景下的财税体制改革和现代财政制度建立指明了方向。“财政是国家治理的基础和重要支柱”“加快建立现代财政制度”等一系列的财政论断和财政发展目标的提出引发了财政概念内涵的深刻变化。以此为转折点，财政也被赋予了越来越鲜明的综合性特征：“一个可以跨越多个学科、涉及治国理政所有领域的综合性范畴和综合性要素”。这一对财政的重新定位再次燃起了无数财政理论研究工作者的信心和激情，为财政学科的发展开拓了一片广阔空间，也为国内财政理论研究掀起了一股高潮。

山东财经大学财政税务学院的青年教师也为当前财政理论的研究贡献了自己的力量。这些青年教师不仅通过相对系统的经济学训练对现代经济学研究方法有了足够的认识，通过对国外文献的搜集整理及时对学术前沿动态进行了跟踪，而且还通过良好的团队意识和精诚合作的精神形成了一股财政科学研究的重要区域性力量。特别是在山东省正紧锣密鼓地开展新旧动能转换工程的当下，这些青年教师也积极响应省委省政府号召，围绕着如何通过做足财税体制改革文章来实现新旧动能转换而献言献策。作为这套丛书的编委，我们欣喜地看到这些学者所取得的不俗成果。同时，我们也深知我国财政科学研究仍然任重道远，有些财政问题的研究才刚刚破题，而有些财政问题的研究还需要进一步丰富和深化，特别是部分财政观点和认知还有待实践的检验，这不仅仅是丛书作者应该明了的，也是我们每一个从事这一领域研究的学者应该知道的。所以，这套丛书也期待着社会各界的批评和指正，为财政学者们下一步的研究提供借鉴和参考。

丛书编委会
2017 年 12 月

序

党的十八届三中全会首次提出“推进国家治理体系和治理能力现代化”这一重大命题以来，中国的国家治理理念和方式开始发生重大的变化，国家在理论和实践层面积极探索实现中国之治的先进理论和制度密码，治理力量呈现动态化、多元化的趋势。在发达国家，社会组织在国家治理中发挥着重要作用，但就目前的中国而言，社会组织在国家治理中的作用相对薄弱。在强调推进国家治理体系和治理能力现代化的背景下，推动社会组织的发展，并使其能够成为整个社会公共治理的重要力量，对国家而言，既是实现国家治理体系和治理能力现代化的内在要求，同时也满足了社会组织自身发展的需要。在激励社会组织的发展过程中，财税政策是一个必不可少的重要因素和政策工具。党的十九届四中全会提出“坚持和完善共建共治共享的社会治理制度”，作为国家治理体系的重要子系统，需要积极推进社会治理体系和治理能力现代化，提升对社会治理与国家治理内在逻辑的理论认知，完善现有的制度体系，化制度优势为治理效能。

雪姣博士的书站在国家治理的高度探索财税政策如何激励和规范社会组织的发展，全书从崭新的研究视角出发，将社会组织作为国家治理的重要力量，探讨了财税政策支持和规范社会组织发展的内在理论逻辑，按照国家治理指标体系的要求对社会组织财税政策做出了全新的定位。财税政策的制定应当从系统论的角度出发，既要着力于提升社会组织的自治能力，满足社会公共需要，让社会组织成为承接社会公共服务的重要载体，提升国家的社会治理能力；又要努力激励社会组织自身的筹资能力，用于支持特定公益项目的发展和满足特定人群利益的诉求，实现收入的第三次分配。税收规制政策要发挥好边界巡逻的职能，保证市场的公平竞争，防止社会组织与营利企业间的争利行为。同时，财税政策的制定还要统筹兼顾现有的财税体制实际与地方经济发展的差距，确保政府社会管理支出活动的可持续，警惕因财政支持不可持续而导致政社关系的恶化，从而确保政府、市场与社会三位一体的良性互动，通过良性互动推进国家治理体系和治理能力的现代化。

在实证研究方面，基于当前中国社会组织微观层面数据公开和获得途径的有限性，学术界关于中国社会组织财税政策效果的评估更多地体现为以定性分析为主的规范性研究和以案例分析为主的实证性研究，定量分析相对较少。雪姣博士通过大数据分析分别从社会组织的个体行为以及地区发展两个维度对现有社会组织财政扶持政策的效果进行了定量性的评估，运用静态面板数据的固定效应估计、随机效应估计和动态面板数据的广义矩估计（GMM）考察目前财政扶持的政策效应结果，其研究成果进一步推动了这一领域前瞻性研究的发展。

作为国家宏观财税政策的有机组成部分，社会组织财税政策需要与国家财税体制改革相适应，可以将社会组织财税政策的完善作为国家新一轮财税制度改革的重要突破口。近年来政府向社会组织购买服务的政策触及政府间事权与支出责任的再划分问题，社会组织税收优惠和捐赠扣除涉及增值税、个人所得税、房产税等多个税种的改革，税式支出预算尚未列入全口径预算管理体系中，深化财税管理体制改革迫在眉睫。雪姣博士在书中提出了国家治理视角下中国社会组织财税政策的总体框架，从调控主体发展状况、社会组织的类型以及地区差异三个维度对社会组织财税政策的模式进行有针对性的探索，并制定出相机抉择的财税政策体系。在完善政策的基础上，她将社会组织财税政策与当前中国的财税管理体制改革相结合，提出进一步推动政府购买服务、社会组织税收管理、转移支付等方面的法治化建设，建立系统规范的财政补贴制度、合同外包制度，完善社会组织的税收制度，推进相关配套制度改革的建议，立足当前实际，努力实现政策与制度的无缝对接。

这本书是目前国内在社会组织财税政策研究领域较为系统、全面的一本学术著作。国内这一领域的学术研究起步较晚，未来具有较为广阔的学术研究空间，这条学术研究之路对雪姣博士来说任重而道远，希望雪姣博士能够持续关注这一领域的发展，不断深化国家在该领域的政策完善和相关财税制度研究，争取创造出更多有价值的学术成果。

是为序。

安秀梅
中央财经大学
2019年12月18日

前　言

推进国家治理体系和治理能力的现代化是党的十八届三中全会全面深化改革的总目标，实现政府、市场与社会的良性互动和社会和谐发展是实现国家治理体系和治理能力现代化的必要基础。财政作为国家治理的基础和重要支柱，社会组织作为国家治理的重要一极，如何利用有效的财税政策推动社会组织的健康发展对于完善国家治理体系、深化财政分权化改革、提升国家的治理能力至关重要。

从本质上讲，财政首先是一个政治问题，其次才是一个经济问题。从各国的实践来看，政府与社会组织的关系是影响一国社会组织财税政策制定与执行的关键。而政府与社会组织关系的好坏很大程度上取决于政府赤字压力的增大。因此，政府财力的有限、决策者的支出偏好会严重影响政府对社会组织的扶持力度与方向。改革和创新现有的社会组织财税政策，必须立足于中国国情，结合社会组织的发展现状和现有财税体制，从宏观的、全局的、战略的高度抓住改革中存在的主要矛盾，从静态和动态两个维度对社会组织财税政策的政策效果做出科学的预测与评估，从社会治理、资源配置、收入分配、政府职能转变、财政可持续等各方面对社会组织财税政策进行整体性和系统性的改革，以确保财税政策的协同性、统一性、稳定性和持续性，促进社会组织的发展，实现政府、市场与社会三者的有机结合。

本书研究的理论意义在于：第一，将社会组织作为国家治理的重要一极，重新定位中国社会组织的财税政策；第二，探索促进政府与社会组织间的良性互动模式；第三，从静态与动态两个维度研究有利于中国社会组织发展的财税政策。研究的现实意义体现为：第一，有助于强化社会组织的自我治理能力，提高整个社会的资源配置效率；第二，有助于实现政府职能的转变，降低了政府提供公共服务的交易成本；第三，有助于激发民间捐赠，实现第三次分配；第四，有助于推进我国财税体制的全面深化改革。

本书按照理论分析—实证分析[①]—政策建议的框架思路，共分为八章三部分。其中，第一部分是第一至三章，为理论分析。

第一章的主要内容是阐述完善社会组织财税政策的研究背景与意义、概念界定与研究范围的选择、研究思路及主要研究内容。

第二章主要是对现有的国内外文献展开系统性的梳理，提出了社会组织财税政策的理论依据，即政府与社会组织的关系理论、资源配置理论、收入分配理论以及税基界定理论；概括了社会组织财税政策的职能定位与工具选择。从社会组织自治力、资源配置、收入分配、政府职能转变以及税基损失五个维度对现有关于社会组织财税政策效应的研究进行了归纳与总结。

① 此处的实证分析包括现状分析、实证研究和国际比较。

第三章首先介绍了国家治理理论，论述了社会组织在国家治理体系中的作用，阐明了财税政策作用于社会组织发展的传导机制；其次，提出了中国社会组织财税政策的着力点，明确了社会组织财税政策的职能定位；最后，提出国家治理视角下中国社会组织财税政策需要处理好的几个关系。

第二部分是第四至六章，为实证分析，这部分通过运用规范分析、实证分析以及比较分析的方法为社会组织财税政策的制定提供了充分的论据。

第四章首先对中国社会组织的历史演变与发展现状进行了较为详细的阐述，在此基础上提出了制约社会组织发展的五个瓶颈——社会组织的立法层次不高、社会组织的能力建设严重不足、双重管理体制限制了社会组织的准入门槛、各类社会组织的总体结构不平衡、社会组织筹资渠道不畅。其次对目前中国社会组织所享有的财税政策进行了梳理与归纳，得到的基本结论是：扶持社会组织发展的财税政策缺乏制度的顶层设计；财政扶持没有立足于社会组织的发展现状和公民对公共产品的需求；现有的税收优惠激励作用有限，不利于提高资源配置效率和激发民间慈善；政府财政扶持政策可能导致社会组织的使命漂移，产生逆向激励。

第五章是对第四章的部分论断进行实证检验，分别从社会组织个体与地区两个维度来考察社会组织财税政策的政策效果。在考察财政补助对社会组织个体行为的影响上，本书选择了47家获得政府补助的公益性基金会2007～2013年的非平衡面板数据作为研究对象，分别运用固定效应模型与随机效应模型从筹资与提供公共产品/服务两个方面研究财政补贴政策对社会组织行为的影响，豪斯曼（Hausman）检验支持了随机效应的模型假设，实证结果表明直接性财政补贴政策是把“双刃剑”，它一方面在强化社会组织能力建设方面发挥着非常重要的作用，有助于强化社会组织公共产品/服务的供给能力；另一方面，直接性的财政补贴政策能够对社会组织的捐赠筹资产生明显的挤出效应，抑制基金会筹资的努力，加剧了基金会对政府补贴的财政依赖。在对政府补助收入进行分类的基础上，限定性政府补助对社会组织的捐赠筹资产生的挤出效应要弱于非限定性政府补助，而对社会组织提供公共产品/服务能够产生正向的影响。估计结果表明，限定性政府补助的政策效应要优于非限定性政府补助政策。在研究政府扶持对中国地区间社会组织发展的影响上，本书选取2000~2013年中国大陆（内地）28个省、自治区、直辖市的社区服务机构数据作为研究对象，分别对其进行静态面板分析（支持固定效应假设）与动态面板分析（系统GMM）。两种模型的实证分析均表明政府扶持会对社区服务组织的发展产生正向的影响，这意味着政府在扶持社会组织发展的过程中发挥着举足轻重的作用，各地社会服务经费支出的巨大差异会导致社区服务组织在地区间发展的不平衡。此外，动态模型的估计结果表明前一期的社区服务组织密度对当期社区服务组织密度影响非常大，前定变量对被解释变量的影响会进一步加剧社区服务组织地区间发展不平衡的态势。

第六章主要列举了各国关于社会组织的财政补贴政策、政府购买服务政策、税收减免优惠政策、捐赠扣除政策以及税收规制政策。除了美国等少数发达国家外，大多数国家目前主要采取生产方补贴的财政补贴方式，且财政补贴政策工具存在较强的灵活性和适应性。然而，随着绩效工具的引入以及财政补贴由生产方补贴向消费方补贴转变，工具的创新并未能有效地推动社会组织的发展，反而对社会组织的发展带来了新的挑战，同时也在一定程度上加剧了营利企业与社会组织在争取客户上的竞争。赤字压力会使政府减少生产方补贴的规模，调整项目支出的结构，通过引入社会资本、发展公私合作伙伴关系可能会给社会组织的发展带来新的契机。政府向社会组织购买服务需要有健全的法律体系和系统的操作指南作为制度支撑和方法论指导，合同各方责任的明确以及项目管理的规范化对于购买服务的顺利开展、财政风险的预防与化解具有重要意义。无论是税收减免优惠还是捐赠扣除，不同国家社会组织的税收政策及其管理差异较大，这种差异很大程度上取决于一国的法律体系以及税制结构。美国、德国、日本等国家对社会组织税收优惠的税务管理较为严格，对不同组织主体的免税资格认定、税收优惠政策的规定较为具体，而英国、澳大利亚等国家更加倾向于从社会组织的收入类型来判断是否给予税收优惠，其税务管理相对宽松。一些国家如新加坡，对捐赠扣除的减免范围与减免力度非常大，而澳大利亚、德国等国家对捐赠扣除的减免力度较小，税务管理也较为严格。除了税收减免优惠、捐赠扣除外，一些国家（如美国、澳大利亚）还设定了规制性税收以维护竞争的公平，规范社会组织的经营行为。

第三部分是第七章和第八章，为政策建议。

第七章制定了国家治理视角下中国社会组织财税政策的总体框架，提出财税政策的指导思想、政策目标、指导原则、财税工具的选择和预算管理。结合调控主体发展状况的不同、类型的不同以及地区间的差异对社会组织财税政策的模式进行有针对性的探索，形成相机抉择的财税政策体系。

在完善政策体系的基础上，第八章又进一步提出了要建立健全现有的社会组织财税法律体系，继续优化现有的社会组织财税制度，深化配套财税制度的改革。

需要说明两点：一是本书实证部分的数据较陈旧。这是作者2015年的博士论文，之所以没有更新，一方面是因为社会组织层面的数据搜集起来极为分散，数据重新获取需要消耗大量的时间与精力。另一方面是因为即使更新为现在的数据，主要结论与建议都没有大的改变。二是博士论文延迟出版的原因。这是因为本书的基本结论和建议即使放在现在仍然适用，而且多年来中国学术界在社会组织财税政策的问题研究方面进展不大。因此，这一选题从目前看仍有研究价值，特别是基于国家治理过程中的种种社会矛盾，如何依托有效的财税政策鼓励社会组织更好地嵌入社会治理过程，需要强化研究，本书对上述问题进行了初步的探讨与回答。

由于本人知识和能力上的局限，纰漏难免，恳请读者批评指正！

目　录

第一章　导　论

第一节　选题背景及意义

一、选题背景

在全球化、工业化、城镇化、信息化快速发展的时代背景下，世界各国政府所面对的内外部治理环境发生了深刻的变化，传统的国家公共事务也变得日趋复杂，各国的国家管理模式不断面临着新的危机和挑战。对于发达国家而言，由于这些国家的政治模式相对稳定和成熟，因此它们需要着重解决的是各级政府所面临的财政压力、传统官僚体制的低效以及政府对社会公众回应能力下降等政府治理问题；而对发展中国家而言，政府治理能力不足、政治民主化进程步履维艰，使得政府在国家治理过程中担负着更为艰巨的使命。伴随着社会治理危机的频频发生，支持国家治理模式创新的呼声在全球范围内得到了积极的响应，各类社会组织不断发展和壮大，已逐步成为国家治理中的重要力量。

自 20 世纪 80 年代起，我国就提出了建设中国特色社会主义现代化的目标，在不断探索与实践中形成了一条在中国共产党领导下具有中国特色的国家治理道路。在这个过程中，我国取得了很多举世瞩目的成就，然而前方依然荆棘丛生——国家治理过程面临着人口众多，人均资源严重匮乏，城乡、区域间发展不平衡等严峻考验。党的十八届三中全会公报指出，全面深化改革的总目标是完善和发展中国特色社会主义制度，推进国家治理体系和治理能力现代化。国家治理体系和治理能力是一个国家制度和制度执行能力的集中体现，构筑国家治理体系需要诸多要素及组织的协同运作，实现治理现代化更需要不断解放思想，不断进行制度创新。随着改革思维从“二分法”（政府与市场）向“三分法”（政府、市场与社会）转变，理顺政府、市场与社会三者间的关系，实现多中心治理已经成为当前及今后改革的主旋律。转变政府职能，向社会放权，通过放权实现分权，形成政府—市场—社会三维分权架构，建立政府、市场与社会的良性互动关系是我国国家治理进程中长期而艰巨的任务。创新社会治理，改进社会治理方式，形成政社分开、权责明确、依法自治的现代社会组织，激发社会组织活力，引导规范其健康有序发展是实现政府、市场与社会良性互动的重要基础。在这个过程中，政府的职能应定位在创造良好的制度环境，提供优质的公共服务，实现社会的公平正义，并将适合市场化形式提供的服务交由符合条件的社会组织来完成。

我国社会组织的发展正处于起步阶段，社会组织的数量一直保持稳步增长，从2003年的26.67万家增长到2018年的81.7万家，年均增长7.2%。截至2018年底，我国社会团体、基金会和社会服务机构（原为“民办非企业单位”）的数量分别达到36.6万家、0.7万家、44.4万家，具体情况如图1-1所示。社会组织作为有别于政府、企业的第三部门，能够集合众多的社会资源，促进就业和产出增加，实现国民经济的持续稳定增长。遗憾的是，很多社会组织的发展缺乏持续的动力，根据《中国第三部门观察报告（2013）》显示，享有税收减免资格的社会组织数量有限，且政府对于社会组织的资助更多地投向“官办”组织，这种情况极不利于中国社会组织全面健康地发展。同时，与其他国家不同，我国的社会组织构成中有很大比例的“官办”型社会组织（如行业协会等社会团体），虽然这些组织已逐步与政府脱钩，但长期的行政化趋向一时很难彻底清除。组织类别多样化、“官办”组织比重高的特点使得我国社会组织管理制度的改革面临更加复杂的外部约束。

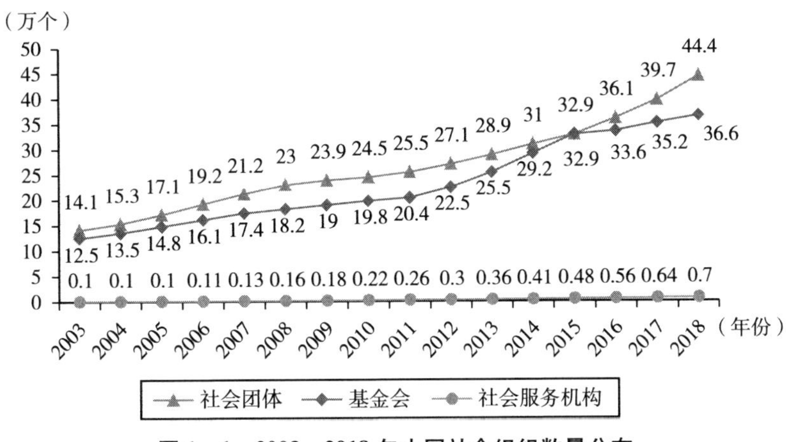

图 1－1　2003～2018 年中国社会组织数量分布

资料来源：《中国民政统计年鉴（2017）》《社会组织蓝皮书：中国社会组织报告（2018）》《2018 年民政事业发展统计公报》。

财政是国家治理的基础和重要支柱，通过给予社会组织必要的财税扶持政策有助于推进整个国家社会事业的发展、激发社会组织的活力。随着公众对公共产品/服务的需求不断增强、转变政府职能的呼声不断高涨，很多社会组织在满足社会公共需要、承载政府服务职能方面进行了积极的探索，在这个过程中，政府与社会组织之间建立了相应的契约关系，即政府通过项目委托、购买服务等方式实现政府部分服务职能向社会组织的顺利过渡，但是整个过程中的财政管理仍然呈现严重的碎片化现象，为了强化财政管理、体现国家财税政策体系的系统性与统一性，需要对社会组织财税政策的模式进行新一轮的探寻。

从各国实践来看，资金不足是制约社会组织发展的重要瓶颈。社会组织的资金来源一般包括捐赠收入、政府资助和提供产品与服务的收入等，为了降低社会组织对政府的财政依赖、保证社会组织的独立性，社会组织的收入来源应趋于多元化，其中捐赠收入应在组织收入中占有较大比重。自 2008 年汶川地震事件后，中国民间慈善捐赠犹如喷井般迅速增加，其中 2008 年社会捐赠的绝对额达到最高，之后每年的社会捐赠额变动相对较为平稳，如图 1－2 所示，然而从相对指标来看，社会捐赠占国内生产总值（GDP）的比重还不到 1%，这与发达国家的慈善捐赠现状存在着较大的差距。

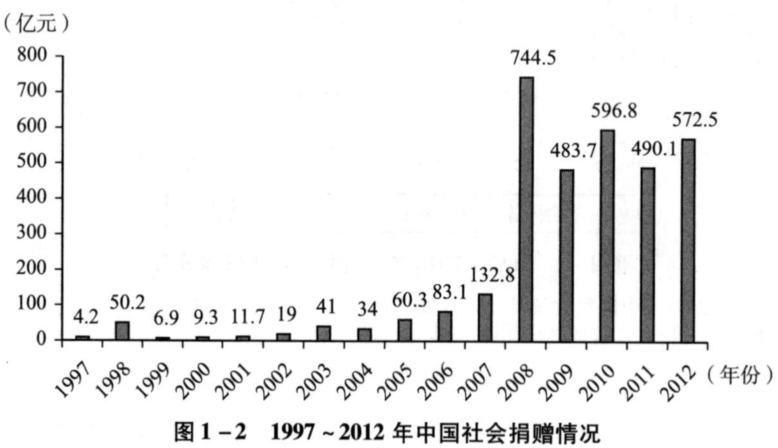

图 1－2　1997～2012 年中国社会捐赠情况

资料来源：《中国民政统计年鉴（2013）》。

万德数据显示，近年来中国的基尼系数一直处于（0.46，0.5）的波动范围内，呈现出先攀升后下降至稳定的态势，如图 1－3 所示。尽管如此，这一指标仍然超过了 0.4 的国际警戒线，中国面临着严峻的收入分配不公的现实。在一次分配、二次分配对中国收入分配不公这一现状改变不利的情况下，社会迫切需要依靠民间慈善力量发挥第三次分配的作用，而实现第三次分配的目标离不开社会组织这一载体，且需要涉及捐赠扣除的财税政策与之相配合。

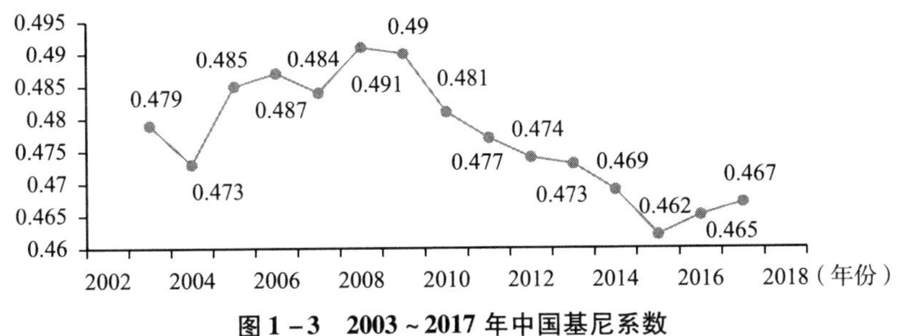

图1-3 2003~2017年中国基尼系数

资料来源：万德资讯，苏宁金融研究院整理。

政府除了对促进社会组织发展、激发民间慈善给予必要的财税激励外，还应设置必要的财税规制政策，以遏制社会组织运营中的不当行为。发达国家社会组织财税政策的实践表明伴随着社会组织的发展壮大，很多社会组织在政府财税激励的诱惑下出现了使命漂移、慈善丑闻等问题，导致社会组织的公信力每况愈下。与此同时，根据世界银行税收政策与管理中心（CTPA）2013年发布的关于借助慈善机构洗钱和逃税的报告显示，很多国家利用慈善机构逃税、骗税的行为愈发严峻，致使国库每年损失数额庞大，政府部门需要从源头上避免这种逃税、骗税行为的发生，因此，就财政管理的角度而言，政府单纯给予财税激励以扶持社会组织的发展是远远不够的，还需要给予必要的财税规制以规范社会组织的行为。从世界各国社会组织的财税政策来看，没有哪个国家（包括美国在内）的社会组织财税政策算得上是比较成熟的，各国都在积极探索适合本国发展的社会组织财税政策模式以实现治理的目标。

激发社会组织活力的迫切性，对公共产品与服务的强烈需求，对政府职能转变和减少收入差距的高涨呼声，以及社会组织财税政策碎片化的现实对社会组织财税政策的优化设计提出了新的更高要求。完善社会组织财税政策的体系设计以促进社会组织的发展、提供优质的社会服务将成为我国社会生活中一项重要的议题。

二、选题意义

（一）理论意义

与很多国家相比，中国社会组织的发展仍然相对滞后，长期以来政府对社会组织发展的重视程度有限，学术界对社会组织相关理论的探索特别是财税理论的探索也仅仅处于研究的初期。在有限的条件下，研究社会组织的财税政策有以下几个方面的理论意义。

1. 将社会组织作为国家治理的重要一极，重新定位中国社会组织的财税政策

国家治理的理念将社会组织定义为国家治理的一极，这对传统意义上“政府对社会组织实施的财税政策只是对社会组织的恩赐”这一理念形成了新的挑战，这一挑战值得我们重新审视社会组织的职能定位、财税政策的功能以及政策体系的构建。将社会组织的财税政策作为一个政策的统一体而非碎片化的财税政策来反映，可以有效地发挥财税政策二者的政策合力，为我国社会组织财税政策的规范性和系统性研究提供新的视角和可供参考的框架，有利于明确新环境下我国社会组织的发展方向，丰富社会组织财税政策的相关理论，拓展社会组织财税政策视野。

2. 探索促进政府与社会组织间的良性互动模式

将社会组织作为国家治理的重要一极，会对现有的政府与社会组织间的关系产生微妙的影响，政府提供公共服务的能力难以满足广大人民群众的社会公共需要。为发展公共服务民营化、公共服务的外包提供了巨大的发展空间。在推动公共服务民营化、合同外包的过程中，社会组织与政府之间将原有管理模式逐步转换为改革后的契约模式，这将进一步促进政府与社会组织合作模式的新探索。

3. 从静态与动态两个维度研究有利于中国社会组织发展的财税政策

大部分关于中国社会组织财税政策的研究仅仅是立足于社会组织的发展现状，而并未对政府的支出财力做出科学的评估。一项有效的财税政策应当既要满足当前民众的需要，同时也不对未来产生额外的财税负担。伴随着经济新常态的到来，经济增速的放缓可能会对现有的税源产生很大的冲击，这对未来政府的财政收支产生重大影响，而财政支出往往呈现刚性增长的态势。因此，中国社会组织财税政策的研究充分需要从当前及未来两个维度考虑政府的财政支出压力，这对于维护、稳定政府与社会组织的关系、提高政策的科学性与持续性至关重要。

研究社会组织的财税政策既要立足于本国社会组织的发展，同时也要考虑本国的财税体制结构，而不是单纯从经济影响来说服决策者增加对社会组织的扶持力度。本书立足于中国的财税实际，从大财政学的视角针对同一组织类型但处于不同发展阶段的社会组织制定了不同的财税政策，针对不同类型社会组织制定出相应的财税政策，结合不同地区的经济发展水平及政府财力制定了适合本地区发展的财税政策，打破了传统的单纯从考虑财税政策的经济影响对中国社会组织财税政策研究进行“一刀切”的做法。

（二）现实意义

在国家治理的视角下，构建中国社会组织的财税政策体系具有几个方面的现实意义。

1. 有助于强化社会组织的自我治理能力，提高社会的资源配置效率

政府通过完善社会组织的财税优惠政策体系增大对社会组织的培育扶持，有助于增强社会组织的自治能力，强化对自然灾害、突发事件等危机的防御治理能力，有助于及时化解社会矛盾，不断满足社会公共需要，提高整个国家的治理能力。2012 年以来，中央政府通过建立公共财政资助机制加强对社会组织的培育和扶持，每年安排 2 亿元财政专项资金，用于支持社会组织参与社会服务。资助项目包括发展示范项目、承接社会服务试点项目、社会工作服务示范项目、人员培训示范项目四大类。2016 年，中央财政继续安排专项资金，支持社会组织参与社会服务，重点培育为老年人、妇女、儿童、残疾人、失业人员、农民工、服刑人员未成年子女、困难家庭、严重精神障碍患者、有不良行为的青少年、社区矫正人员等特定群体服务的社区社会组织，发挥社区社会组织在创新基层社会治理中的积极作用，推动建立多元主体参与的社区治理格局，促进资源共享、优势互补。

作为推动国家宏观经济发展的重要力量，社会组织对经济增长与吸收就业发挥着重要的作用。如图 1－4 所示，2006～2011 年，中国社会组织所创造的经济增加值呈现出持续的递增态势，2012 年社会组织的增加值出现了一定的滑落，整体来说年均增幅 29. 35%。在拉动就业方面，随着社会组织数量的增多，其就业人数也存在着稳定性的增长，截至 2015 年，社会组织中的职工数达到 735 万人，其中女性

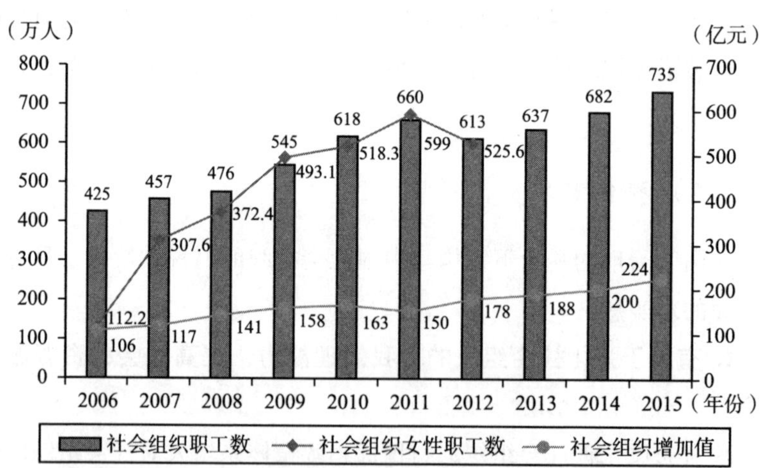

图 1－4　2006～2015 年中国社会组织创造的经济增加值与吸收的就业人数

资料来源：国家统计局官方网站，http：//www. stats. gov. cn/。

职工数为 224 万人，占总人数的 30.48%。[①]

2. 有助于实现政府职能的转变，降低了政府提供公共服务的交易成本

从社会分工的角度而言，政府在承担养老、医疗、教育等方面的事务与微观主体相比，并不具备绝对的竞争优势。面临着人口老龄化加剧、养老、医疗、教育等基本公共服务难以满足公众社会需求的严峻现实，政府可以从节约支出成本、提高资金使用效率的角度出发，将自身承担的社会事务通过购买合同、公私合作、去行政化等方式将其交由社会组织来负责，调动社会组织的积极性，借助社会资本来处理相应的社会事务。随着政社分开的不断发展，传统的“官办”型社会组织开始逐步与政府脱钩，成为自我规范、自我发展的独立实体。政府通过规范、完善政府购买政策将部分服务职能转移给社会组织，减少了财政供养人口，提供了服务的效率，从而实现了政府职能的转变，降低了政府管理的交易成本。

3. 有助于激发民间捐赠，实现第三次分配

收入来源多样化是实现社会组织自我治理的重要前提，尽管政府的财政扶持能够给一些社会组织的发展以及公共服务项目的开展提供必要的物质基础，然而过度依靠政府扶持可能会抑制组织宗旨的实现，导致组织产生使命漂移。为了减少这种现象的发生，政府需要选择多元化的财税政策工具，一方面为社会组织开展公共服务项目提供必要的直接性财政扶持；另一方面也要通过对捐赠人给予税收激励，激发民间慈善捐赠的增加，优化社会组织的收入来源结构，鼓励公益慈善组织将取得的捐赠收入用于扶持弱势群体与低收入群体，进一步减少不同群体间的收入差距，真正实现整个社会的第三次分配。

4. 有助于推进我国财税体制的全面深化改革

社会组织的发展会进一步推动中国分权化改革的进程，长期以

---

① 国家统计局网站关于社会组织增加值的数据更新至 2012 年，关于吸收就业人数的数据更新至 2015 年。

来，学术界一直致力于研究中央政府与地方政府的事权与支出责任的划分问题，新一轮的改革必然会打破原有的责任分配格局，形成了中央政府、地方政府与社会组织三足鼎立的新格局，这对我国现有的财税体系建设提出了新的挑战。伴随着社会组织税收政策的完善，学术界关于开征遗产税、健全个人所得税、房产税的改革呼声将会不断增长，可能会对我国现有的税制体系形成巨大的改革压力，进一步推进我国财税体制的全面深化改革。

三、基本概念的界定与阐释

（一）国家治理

国家治理是治理理论在国家对于社会事务管理中的应用，它是随着20世纪中后期治理理论的出现而兴起的。在全球化、工业化和信息化持续加速的时代背景下，随着政治、经济和社会环境的变化，各国的国家管理模式不断面临新的危机和挑战，各国需要对原有的国家管理模式进行调整。发达国家的国家治理危机主要体现为福利国家的种种弊端所引发的财政危机、政府信任危机和科层制所带来的政府职能扩张、机构臃肿、效率低下等，这使得政府的合法性也受到严峻挑战。在此期间，新公共管理、新公共服务等理念在政府管理过程中的不断渗透形成了公共部门、私人部门等对社会公共事务的共同参与和密切合作，市场和社会力量正在成为国家治理中的重要力量。与发达国家相比，治理能力不足已成为制约发展中国家经济社会发展的重要根源，发展中国家面临着更为艰巨的任务——民主国家建设，凸显了国家提供秩序的重要性，发展中国家的国家治理应体现为“全面性”的治理，不仅要强调政府治理，关注政府与社会关系的调整，而且还要重视政治治理，推进国家的政治民主化进程。

国家治理的理论基础源自马克思主义国家理论和治理理论。马克思主义国家理论指出“国家是社会在一定发展阶段的产物，一旦社会陷入了不可解决的自我矛盾，分裂为不可调和的对立面，就需要有一种表面上凌驾于社会之上的力量来缓冲矛盾……国家就是从社会中产生而又自居于社会之上并且日益同社会相异化的力量[①]”。治理理论是国家治理的另一个理论基础，相对于传统统治而言，治理反映了在处理社会公共事务中政府与社会互动关系的不断调整，在调整的过程中，国家之外的力量更多地被强调，国家（或政府）中心的地位可能在一定程度上被国家、社会和市场的新组合所替代，值得注意的是，在新形成的组合机制中，国家具有元治理者[②]的功能与作用。

世界银行自1996年起陆续出台了多个关于衡量国家治理能力的报告《治理事宜：Ⅰ-Ⅷ》，但报告仅提出了衡量国家治理能力的六个主要指标，未对国家治理的概念做出系统性的论述。弗朗西斯·福山（Francis Fukuyama）在《国家构建——21世纪的国家治理与世界秩序》一书中主要从国家职能的范围与国家力量的强度之间的动态变动关系来强化各国的国家构建意识，但对国家治理也未做出清晰的界定。

麻宝斌等（2013）[③] 对国家治理的定义进行了较为系统的阐释：国家治理是国家运用公共权威治理公共事务，既包括对处于内部系统的政治关系和行政关系的治理，也包括对外部系统的国家与社会关系的治理。具体来说，第一，国家治理的主体除了政治国家和政府外，还包括市场与企业、社会和公私机构以及超国家和次国家等组织机构，不同治理主体相互协调，共同发生作用；第二，国家治理是一个上下互动的管理过程，它主要通过合作、协商、伙伴关系，确立共同目标实施对公共事务的管理，权力向度是多元的、相互的，这与国家统治“自上而下”的权力运行方向大相径庭；第三，国家治理的客

① 马克思恩格斯选集（第4卷）［M］. 北京：人民出版社，1995：170.

② 元治理主要强调治理的价值、规范和原则，并通过设定和利用这些价值、规范和原则，影响、约束并评价整个治理实践。

③ 麻宝斌等. 公共治理理论与实践［M］. 北京：社会科学文献出版社，2013：117-118.

体是社会公共事务，具体包含政治、社会、经济和文化等领域，其中政治和社会领域是主体。

国家治理所涵盖的内容较为复杂，按照麻宝斌等人的观点，国家治理的内容可分为外部的“国家与社会的合作治理”与内部的“国家权力的运行与监督”两方面内容，结合本书所要研究的内容，我们将国家治理界定为国家与社会关系的调试过程，这一过程要求一个规模适度、制度合理、能力充分、善治的“强国家”与一个理性自律、自主自立、自助自治的“大社会”的良性互动机制。

（二）社会组织与其他相关概念的界定

社会组织是一个相对的概念，学术界一般将社会组织定义为在政府与市场之外，向社会领域提供社会服务，并具有非营利性、非政府性、志愿公益性或互益性特点的组织机构（王名，2010）[①]。由于受到历史、文化、宗教信仰等因素的影响，社会组织在不同国家的称谓也有所不同，涉及非营利组织、非政府组织、慈善组织、志愿组织、第三部门和公民社会等多个概念，相对而言非营利组织、慈善组织和志愿组织的使用频率较高，如美国、日本、德国等倾向于使用非营利组织的概念，福利国家则倾向于使用慈善组织和志愿组织的概念。为了研究的需要，本书将对社会组织与非营利组织、慈善组织、志愿组织、非政府组织进行概念比较。

1. 社会组织（social organization）

社会组织这一概念是从党的十六届六中全会起开始正式使用的，此次会议上通过的《中共中央关于构建社会主义和谐社会若干重大问题的决定》对社会组织的相关思想第一次做出了全面而系统的阐述，明确了社会组织的职能定位，提出了鼓励、引导和规范社会组织发展的新要求。

① 王名．社会组织概论［M］．北京：中国社会出版社，2010：6－11．

社会组织按照统计口径的大小可以分为狭义的社会组织和广义的社会组织：在我国，狭义的社会组织包括在各级民政部门登记注册的社会团体、基金会和社会服务机构①；广义的社会组织具体包括社区基层组织和工商注册非营利组织两类。社区基层组织是由城乡居民自发成立、主要在社区范围内开展活动的各种基层社会组织，这些组织由于存在着数量大、规模小和流动性强的特点，一般得不到国家层面的支持，其资金一般来自社会资本。工商注册非营利组织是按工商企业形式登记注册，但主要从事非营利社会活动的社会组织，一般采取以工商企业的形式，这类组织兼具公益性与经营性双重特征，资金主要来源于公益资助和市场收益。社会团体、基金会、社会服务机构、社区基层组织、工商注册非营利组织是社会组织的主体部分（王名，2010②）。

2. 非营利组织（non-profitable organization，NPO）

非营利组织是不以盈利为目的，主要开展各种志愿性的公益或互益活动的非政府性的社会组织，这一概念来自美国国内税收法典（IRC），该法对非营利组织的定义是非营利组织作为组织的一种，满足剩余不分配的约束，美国联邦税法将民间非营利组织分为两类：一类是服务面向公众的公益性组织，主要有 501（c）（3）条款规范的慈善、基金会、宗教、科学研究等机构；另一类是服务面向组织内成员的互益性组织，主要是由 501（c）条款中除第（3）项外（1）至（27）项，501（d）、（e）、（f）、（k）、（n）、（q）及 521（a）、527 等条款规范的组织。

① 根据我国《社会团体登记管理条例》《基金会管理条例》《民办非企业单位登记管理暂行条例》，社会团体是指中国公民自愿组成，为实现会员共同意愿，按照其章程开展活动的非营利性社会组织；基金会是指利用自然人、法人或其他组织捐赠的财产，以从事公益事业为目的，按规定成立的非营利性法人；社会服务机构是指企业事业单位、社会团体和其他社会力量以及公民个人利用非国有资产举办的，从事非营利性社会服务活动的社会组织。

② 王名. 社会组织概论［M］. 北京：中国社会出版社，2010：19－20.

不同国家对非营利组织范围的界定存在较大差异，维斯布罗德和伊丽莎白（Weisbrodt & Elizabeth，1991）以调查问卷的形式在对11个国家第三部门所适用的税收政策进行研究时发现11个国家（地区）对非营利组织界定范围的规定差异很大，如表1－1所示，一些国家仅仅将非营利组织的范围限定在慈善、公共事业等领域，如意大利、西班牙，而另一些国家（如美国、德国）则将非营利组织的范围界定得较为宽泛。

表1－1　不同国家（地区）对非营利组织范围的界定

国家（地区）	组织类型
奥地利	非营利、社区和宗教类组织
比利时	除了协会外的非营利组织
匈牙利	社会组织（公民和社会福利组织、俱乐部和工会）、基金会、住房合作社和合伙制的公共事业
以色列	健康、教育、研究、宗教、体育、政治活动、文化和福利领域的非营利组织或公共组织
意大利	非商业实体、医院、慈善组织、教育、研究、社会救助和互助领域的活动
西班牙	慈善、非营利组织、公共利益活动，涉及文化活动、体育、健康医疗、教育和社会服务等的志愿组织
中国台湾	教育、文化、公共福利和慈善领域的组织
泰国	红十字会、修道院、诊所、政府性的教育机构和公共慈善组织
英国	与教育、宗教、扶贫和公共利益活动相关的慈善组织
美国	健康、教育、社会福利、科研、文化、公民权利、宗教类组织，俱乐部，协会，基金会和工会
德国	慈善、宗教性以及其他公共利益的非营利组织，被补贴的活动范围包括科研、教育、健康、艺术和文化、宗教、对外援助、环境保护，对儿童和残疾人的援助和支持

资料来源：Burton A. Weisbrod，Elizabeth Mauser. Tax Policy toward Non-profit Organizations：An Eleven-country Survey［J］. Voluntas：International Journal of Voluntary and Nonprofit Organizations，1991，2（1）：3－25.

3. 慈善组织（charitable organization）

慈善组织是非营利组织的一种，它不同于其他类型的非营利组织，强调非营利、慈善和社会福利的目标。不同国家（地区）对慈善组织的法律定义不同，慈善组织的形式往往也不同，如表1－2所示。表1－2反映不同国家（地区）对慈善组织的定义，绝大多数国家（地区）一般把慈善宗旨/慈善目的作为检验慈善组织的核心要件，不同的是国家（地区）对慈善宗旨/慈善目的的界定与分类各不相同。

表1－2　　不同国家（地区）对慈善组织的定义

国家（地区）	慈善组织的定义
英国	根据《2006年慈善法案》，慈善组织是一个只为实现慈善目的而成立的机构，其行为不受高等法院的管辖。该法案规定了慈善的宗旨包括扶贫，发展教育，健康与拯救生命，公民意识与社区发展，艺术、文化、历史遗产与科技进步，业余运动，人权、冲突和解、宗教，环境保护，救济，动物福利和消防、救援服务。按照法律结构的类型不同，慈善组织可分为非法人团体、信托、担保有限责任公司、注册慈善组织、另一种非法人（如皇家宪章）等
加拿大	慈善组织需要满足以下条件：其建立与经营以实现慈善目的，满足社会公共利益；组织中的资源要投入慈善活动，不得将收入造福其组织成员；组织的活动必须合法，不得违反公共政策
美国	慈善组织是基于促进公共利益的实现而建立的，美国联邦税法501（c）（3）条款指出任何组织（非私人基金会）通常被视为公共慈善组织，该条款对不同类型的慈善组织进行了明确的划分
中国香港	慈善组织是以英国普通法为依据，重点在于有关组织或活动的特定目的在法律意义上是否属于“慈善”性质，慈善的类别包括：济贫、促进教育、推广宗教、成立属公共性质的宗教团体、促进健康、赈济灾民、救助残障人士、保护动物和保护环境①

资料来源：作者整理。

4. 志愿组织（voluntary organization）

志愿组织是由一群志愿者参与，为了实现特定的共同利益，以向社会提供志愿服务为宗旨通过签订协议形式而形成的组织机构。志愿

① http：//www.gov.hk/sc/residents/government/publication/consultation/docs/2011/Charities.pdf。

组织是一个宽泛而原始的非营利组织形式，在古希腊已经出现了这种组织形式，如富人的精英俱乐部、私人宗教或专业协会等；在工业化社会之前，政府的一些行政职责已交由志愿组织（如行业协会）来执行，通过让组织成员签订协议来规范、限制成员的行为，并解决成员间的纠纷。当然，组织内的成员不一定是自愿的，可能是为了实现效率的目标而形成一个反映共同利益偏好的关联。常见的志愿组织包括行业协会、工会、学术团体与专业协会、环保团体以及各种其他类型的群体等。

从法律地位而言，志愿组织属于非法人团体①，在大多数国家，一个非法人团体不具有独立的法人资格，该组织的一些成员通常享有有限责任；然而，在一些国家，为了免税的目的，志愿组织被视为具有独立的法人资格享有税收减免权。

5. 非政府组织（non-governmental organization，NGO）

根据约翰霍普金斯大学公民社会研究中心的研究，满足以下条件的组织属于非政府组织：第一，组织的收益不做二次分配的社会团体；第二，组织从事的事业具备公共利益性质；第三，组织享有税收减免、优惠权；第四，组织在行动上具有中立性，不受政治上的影响；第五，组织的成员大部分应是志愿性的；第六，组织是合法性的机构，必须是在主管机关登记的合法的公益财团或社会法人。

非政府组织的发展可以分为三个阶段：第一阶段，关注救助和福利，直接为需要帮助的人提供救助服务，如发放食物、提供庇护所或医疗服务；第二阶段，面向小规模的自助地区发展，即非政府组织通过地区自助行动为当地社区建立起自助的能力，如尝试推动地区、国家乃至国际范围内的政治和机构改革；第三阶段，可持续体制发展，非政府组织致力于促进人口、资源与环境的可持续发展。

---

① 根据英国信托法，非法人团体是指两个或多个自然人通过相互承诺捆绑在一起以实现一个或多个共同的目标，组织规定了成员的责任和义务，资金的管理权和加入/离开的条件。

现有的社会组织的分类方法与构成难以反映不同类型社会组织的属性与功能，为了便于研究的展开以及保证社会组织财税政策的制定与执行更加具有针对性和可操作性，本书参照民政部对民间组织的分类标准，将社会组织分为五大类：一是行业协会类社会组织，这类社会组织能够为政府和微观实体的决策提供必要的信息，一般是由同业或相关行业经济组织或经济活动主体以维护和实现共同利益为目标的互益性组织，包括行业协会、行业联合会、商会、促进会等；二是社会福利类社会组织，这类社会组织是以扶老、扶弱、助残、救孤或互助为目的，向老年人、残疾人、孤儿和弃婴等特殊群体提供非营利性社会公共服务以及向失业人员提供再就业服务的社会团体和社会服务机构，包括敬老院、照料中心、康复中心、福利院、托老所、再就业服务中心等；三是社区服务类社会组织，这类社会组织是以满足社区居民多样化需求为目标提供服务的社会团体和社会服务机构，主要以社会服务机构为主，包括社区服务中心、卫生服务站、警务室、社区维权组织等；四是公益慈善类社会组织，这类社会组织是指开展救灾、救助、救济、救援、扶贫等社会性慈善公益活动以及从事教育、卫生、文化、体育、生态环境等社会事业的社会组织，包括慈善会、救助中心、助学会和环保组织等；五是科技类社会组织，这类社会组织是指自然科学、技术科学领域的学术性、科普性和综合性的社会组织，包括科学技术协会、学会、研究会等。

（三）社会组织的财税政策

诚如前面所述，社会组织的覆盖范围要比非营利组织等相关组织更广，因此社会组织财税政策的内容、效应也将比其他组织所适用的财税政策更加复杂。本书将社会组织的财税政策分为狭义和广义两个概念：狭义的社会组织财税政策是指扶持和规范社会组织发展，强化社会组织危机治理能力的财税政策；而广义的社会组织财税政策是指财税政策不仅要促进社会组织治理能力提高，而且要关注政府、社会组织和私人部门三方治理主体关系的变化与调整，最终实现政府、市场与社会良性互动。

本书的研究对象是广义的社会组织财税政策，在遵循财政法定原则的基础上，其政策目标既要体现促进和规范社会组织的社会治理能力，激发民间慈善捐赠的增加，实现第三次分配。同时也要正确处理政府、市场与社会组织的关系，基于不同级政府、不同地区间政府的支出压力，在现有的财政经济条件下实现各地各类社会组织的均衡发展，保证财政扶持资金的及时到位以及财政扶持活动的可持续性。

第二节 研究思路与结构安排

一、研究思路

本书的基本研究思路是：以国家治理为社会组织财税政策的指导理念，以实现政府—市场—社会“三位一体”的良性互动为目标，在全面、客观、公正地评价国外社会组织财税政策的理论与实践的基础上，结合我国具体国情和社会组织的财税实践分析现有财税政策的效应及存在问题，对财税政策的作用效果进行实证论证，在此基础上制定出具有中国特色的社会组织财税政策的制度体系。

二、结构安排

本书共由八章内容组成，其中三、四、五、六、七、八章是本书研究的重点内容。

第一章导论。对研究背景、理论意义与现实意义、概念界定与研究范围选择、研究思路以及主要研究内容、重点、难点和创新点等基本问题进行阐述，确定了本书研究的主题、思路和基本框架。

第二章文献综述。本章在对国内外文献进行梳理的基础上，提出社会组织财税政策的理论依据，并对社会组织财税政策的职能定位与工具选择进行概括，结合学者们的文献对社会组织财税政策的效应做出归纳总结，在总结前人文献的基础上提出本书的研究方向。

第三章国家治理视角下中国社会组织财税政策的理论分析。本章首先，介绍了国家治理理论，论述了社会组织在国家治理体系中的作用，阐明了财税政策作用于社会组织发展的传导机制；其次，提出了中国社会组织财税政策的主要着力点，明确了社会组织财税政策的职能定位；最后，提出国家治理视角下中国社会组织财税政策需要处理好的关系。

第四章中国社会组织财税政策的现状：组织发展与政策实践。本章首先对中国社会组织的历史演变、发展现状、分类情况进行阐述，在此基础上提出了中国社会组织发展存在的问题与瓶颈；其次，系统地分析了中国社会组织财税政策的具体实践，按照财政补贴、政府购买、税收减免优惠与捐赠扣除对政策进行了归纳与梳理；最后，根据社会组织财税政策的现状，概括总结了财税政策的政策效应及存在的问题。

第五章中国社会组织财政政策的实证研究：机理、模型与结论。本章分别从社会组织个体维度和地区维度分析现有的财政补贴政策的政策效应，首先提出了模型的假设条件，分别运用固定效应估计、随机效应估计、动态面板的系统估计方法对所提出的模型进行检验，并对模型估计结果进行稳健性检验，全面考察了现有的财政补贴政策对不同社会组织、不同地区社会组织发展的影响。

第六章社会组织财税政策的国际比较：经验与启示。本章通过搜集国外不同国家社会组织财税政策法规与实践，并对其进行归纳总结，为中国社会组织财税政策的制定提供启示和经验借鉴。

第七章国家治理视角下中国社会组织财税政策的模式探索。本章的研究主要分为四部分内容：第一，制定出国家治理视角下中国社会组织财税政策的总体框架，提出财税政策的指导思想、政策目标、指导原则、财税工具的选择和预算管理；第二，针对社会组织的能力建设探索差异化的财税政策；第三，针对不同类型的社会组织探索差异化的财税政策；第四，针对社会组织发展的地区差异探索差异化的财税政策。

第八章国家治理视角下中国社会组织财税政策的制度优化。本章在上一章的基础上，又进一步提出了建立健全现有的社会组织财税法律体系，继续优化现有的社会组织财税制度，深化配套财税制度的改革，为了社会组织的发展提供良好的财税制度环境。

第三节 研究方法与技术研究路径

一、研究方法

在对国内外文献进行梳理的基础上，本书采用规范分析、实证分析与比较分析等研究方法对中国社会组织财税政策体系的构建进行研究。在对社会组织财税政策理论基础和社会组织发展演变与现状研究的分析上，主要采取规范分析的研究方法，运用政府与社会组织关系理论、国家治理理论、资源配置理论和第三次分配理论分析社会组织财税政策的理论基础，通过历史回顾、现状描述透析我国社会组织发展中存在的问题。在研究中国社会组织财税政策的现状时，主要采取实证分析的研究方法，主要用于考察现有的财税政策的政策效应。在社会组织财税政策的国际借鉴部分本书采用比较分析的研究方法。

二、技术路径

本书研究的技术路径是围绕着理论分析—实证分析—政策设计这一逻辑思路展开的，国家治理视角下中国社会组织财税政策的理论基础、财税政策的着力点与功能定位、财税政策需要处理好的关系为社会组织财税政策的研究提供了有力的理论支撑。中国社会组织财税政策的现状分析、实证分析以及社会组织财税政策的国际比较为透析社会组织的财税政策及其结果提供了充分的论据支持。结合上述研究的结果提出构建国家治理视角下中国社会组织财税政策的总体框架、模式选择与制度创新，具体的技术路线如图 1 –5 所示。

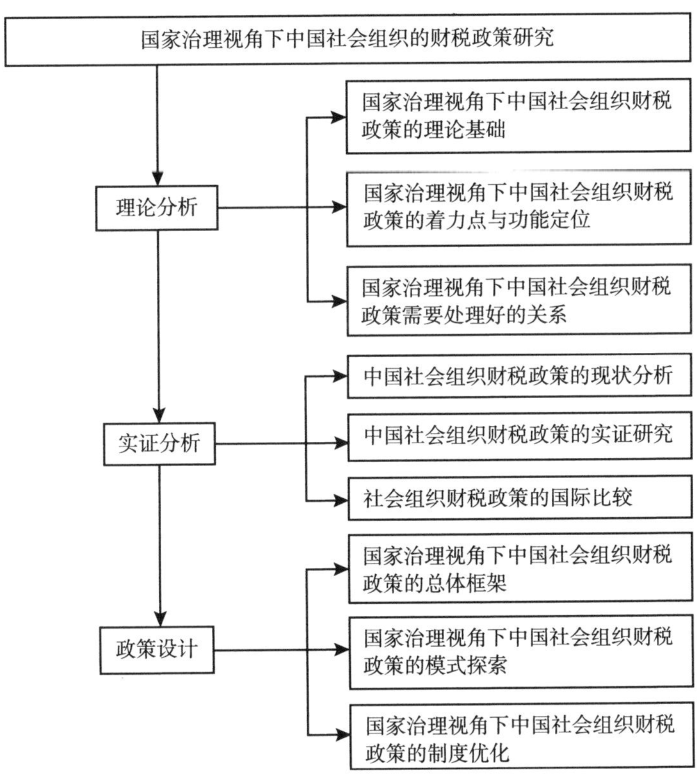

图 1 –5　国家治理视角下中国社会组织的财税政策研究的技术路线

第四节　重点、难点、创新点及研究的不足

一、研究重点

国家治理视角下中国社会组织财税政策研究的重点在于以下几点。

第一，结合我国社会组织分类和发展现状分析现有的社会组织财税政策的政策效应、存在的问题，利用必要的财税支持激发社会组织的治理活力，实现社会多元主体的有效治理。结合不同的社会组织类型及其在国家治理中的职能，制定出适合不同类型社会组织发展的财税政策。

第二，社会组织财税政策的制定不能脱离中国政府与社会组织关系的实际，特别是要结合中国现有的财税体制，本书将根据我国的具体国情制定出合理的财政政策和税收减免政策以实现政府与社会组织关系的良性互动，并激发民间慈善捐赠的增加，将慈善捐赠借助于社会组织这一载体真正用于国家的社会事业发展中。

第三，社会组织财税政策的制定不是一成不变的，而是随着国民经济的发展、国民的公共诉求、社会组织的行为变化等因素而不断调整，因此，本书会结合我国社会组织财政政策的现状、国家的宏观财税体制以及国外社会组织财税政策实施过程中取得的成效与存在的问题，对社会组织财政政策可供使用的工具进行可行性论证，以保证整个宏观财税政策体系的科学性、稳定性和持续性。

二、研究难点

本书的研究难点包括以下几个方面：第一，由于中国社会组织所

涵盖的范围较为广泛，社会组织财税政策碎片化现象严重，导致资料搜集较为烦琐、复杂和耗时，同时政府对行业协会等互益性社会团体的扶持力度较大，而对公益性社会团体的扶持力度不足，致使数据来源非常有效；第二，中国社会组织财税政策的设计与实施往往要满足多重目标要求，这些目标之间往往相互冲突，如何在多个目标之间进行利益的取舍将是本书财税政策设计的难点之一。

三、创新点

本书研究的创新点体现为以下三个方面。

第一，从新的研究视角出发探索中国社会组织的财税政策，站在国家治理的高度，将社会组织作为国家治理的重要一极，按照国家治理指标体系的要求对社会组织财税政策做出新的定位。将财税政策作为一个系统，财税政策的制定既考虑了社会组织的发展现状与类型，又兼顾了现有的财税体制与地方经济发展的差距，既要保证各类社会组织的快速健康发展，又要实现边界巡逻，维护市场秩序，同时还要确保政府社会管理支出活动的可持续，进而实现政府、市场与社会三者的良性互动，推进国家治理体系和治理能力的现代化。

第二，目前学术界关于中国社会组织财税政策效果的评估更多地体现为以定性分析为主的规范性研究和以案例分析为主的实证性研究，而定量分析的实证研究相对较少。基于有限的数据支持，本书分别从社会组织的个体行为以及地区发展两个维度对现有社会组织财政扶持政策的效果进行了定量性的评估，运用静态面板数据的固定效应估计、随机效应估计和动态面板数据的 GMM 估计考察财政扶持的政策效应。

第三，作为国家宏观财税政策体系的有机组成部分，社会组织财税政策应与国家宏观财税体制改革相适应，甚至可以将社会组织财税政策的完善作为国家财税制度改革的重要突破口。本书将社会组织财税政策与当前中国的财税管理体制改革相结合，在完善政策的基础上提出进一步优化现有的财税制度，努力实现政策与制度的无缝对接。

四、研究存在的不足

本书研究可能存在以下不足之处：第一，社会组织财税政策的政策效果是一个多维度效应集合体，在有限的数据支撑下，本书只能基于有限的实证研究得出局部性的政策结果；第二，财税政策是个庞大而复杂的系统，本书由于受到个体理性的局限性影响只能对这一体系做出初步性的探索。

第二章　文献综述

学术界对社会组织财税政策的文献研究主要以非营利组织的财税政策为研究对象，大量文献致力于研究非营利组织的税收政策（如非营利组织的税收减免、税收规制和慈善捐赠的税收激励）、财政补贴政策和政府购买政策。对于财税政策的研究主要包括三个方面：财税政策的理论依据、工具选择和政策效应，一般采用规范分析与实证分析两种研究方法。就我国而言，由于非营利组织与社会组织在概念界定上并不一致，社会组织所涵盖的范围一般要比非营利组织更广，单纯研究非营利组织、公益组织的财税政策只是社会组织财税政策的一部分，不能全面反映社会组织对财税政策的诉求。与国外相比，我国学术界对社会组织财税政策的研究严重不足：第一，研究对象的选择仍然局限于非营利组织、慈善组织、公益事业的财税政策；第二，研究内容主要集中于政府购买机制的研究，对税收政策、财政补贴政策的研究相对匮乏；第三，研究方法以规范性的理论分析为主，衡量政策效应的实证研究微乎其微。总体而言，学术界对中国社会组织财税政策的探究尚未形成一个系统性的框架。

第一节　社会组织财税政策的相关理论研究

对社会组织财税政策理论的研究涉及财政学、经济学、政治学和社会学等多个学科的内容，很多学者（如 Burton A. Weisbrod，Henry Hansmann，Lester Salamon，Richard Steinberg，Steven Smith，Kirsten Grønbjerg et al.）对这一领域的研究做出了卓越的贡献，对社会组织财税政策理论的研究可以概括为政府、市场与社会组织关系理论、资源配置理论、第三次分配理论和税基定义理论。

一、政府、市场与社会组织关系的理论综述

（一）社会组织的角色定位

1. 提供公共产品，弥补市场失灵、政府失灵

维斯布罗德（1974）基于政府失灵、市场失灵理论的基础上较早地提出了社会组织可以作为公共产品的私人供应商，弥补公共产品供给不足的缺口[①]，从分工的角度对社会组织的职能做出了初步的定位。遗憾的是，社会组织所面向的仅仅是有限的社会公众，因此其提供产品或服务的公共性很难界定，例如很多社会组织（如非营利医院、预科学校等）提供的服务并不具备公共产品的特征，而应算作是私人产品。同时，维斯布罗德的公共产品理论无法解释是什么因素推动社会组织而非营利企业的兴起以满足公共产品的需求。

2. 抑制合约失灵，实现消费者控制，增进社会福利

基于信息不对称、服务购买者与消费者相分离、价格歧视等原因，汉斯曼（Hansmann，1980）提出了合约失灵理论，他指出社会组织“剩余不分配约束”的特点是对合约失灵强有力的回应，合约失灵理论有助于解释捐赠型非营利组织的存在，但对于商业型非营利

---

① Burton A. Weisbrod. Toward a Theory of the Voluntary Non – Profit Sector in a Three – Sector Economy. In Edmund S. Phelps（ed.），Altruism，Morality and Economic Theory，New-York：Russel Sage，1974：33 –50.

组织的解释力相对不足①。随着互益型社会组织的出现，合约失灵理论对这类组织的解释更加黯然失色，基于此，本讷（Ben－Ner，1986）提出了消费者控制理论，并对其做出了系统性的论述，他指出大多数社会组织成立的初衷是在消费者购买商品和服务时，为消费者提供对机构的直接控制。消费者控制能够有效地抑制合约失灵、机构垄断和集体性消费品的价格排他等现象，产生完全的价格歧视，促进了社会福利的增加②。互益型社会组织一般采取捐赠人控制的形式，捐赠人据此能够判断出组织所提供服务的质量。

3. 构建社会资本，激发公共活动的民主参与，促进共同治理

普特南（Putnam，1993a③，1993b④）提出了社会资本理论，该理论强调民间社会组织应促进人际关系网络的发展，并使人们从中获得收益。他指出志愿组织对于构建社区或地区中合作与协作网络的"社会资本"具有至关重要的作用，社会资本有利于激发实现共同目标的集体性行动，以满足公民的社会需求，甚至能够超出公民对政府的预期。同时，志愿组织通过公众参与所形成的社会资本能够对政府与公共政策产生积极的影响：第一，志愿组织能够提高政府的透明度与受托责任，进而提高政府服务的质量与有效性；第二，志愿组织为政府提供了一种可供替代的组织工具，以提供公共服务、优化消费者的选择和满足多元化的社会需求；第三，志愿组织有助于强化公众参与度，激发潜在个体对公共生活的积极参与和回应。

---

① Henry B. Hansmann. The Role of Nonprofit Enterprise [J]. Yale Law Journal. 1980, 89 (5): 835－901.

② Avner Ben－Ner. Non－Profit Organizations: Why Do They Exist in Market Economies?. In Susan Rose－Ackerman (ed.), The Economics of Nonprofit Institutions: Studies in Structure and Policy, Oxford: Oxford University Press, 1986.

③ Putnam Robert D.. Making Democracy Work: Civic Traditions in Modern Italy [M]. Princeton: Princeton University Press, 1993a: 69－92.

④ Putnam Robert D.. The Prosperous Community: Social Capital and Public Life [J]. The American Prospect. 1993b (13): 35－42.

4. 动员社会资源，实现第三次分配

市场经济条件下的收入分配包括三次分配，在第一次分配和第二次分配失灵的情况下，社会组织应发挥其第三次分配的职能，通过努力征集公益慈善捐款，动员社会资源，进而实现整个社会收入的第三次分配（王名，2006[①]；周旭亮，2006[②]）。

5. 存在志愿失灵，导致生产低效率、捐赠者控制等问题

社会组织在履行职能的过程中，产生了一系列的弊端，如“慈善不充分”“特殊主义”“家长式统治”“业余性”，萨拉蒙（Salamon，1981）将其称为志愿失灵[③]。慈善捐赠作为社会组织重要的资金来源之一，具有自愿性的特点，无法像税收那样能够为组织带来稳定的收入来源，因而出现慈善不充分的问题。在剩余不分配的约束条件下，社会组织的领导者往往缺乏强烈的动机按照成本最小化/利润最大化的原则组织生产，易导致生产低效率的结果，且社会组织对消费者需求的回应要比营利企业慢得多。在消费者控制的社会组织中，高需求的消费者期望能够控制组织，并设定价格和产出以实现福利最大化，进而剥夺了具有相同地位的其他消费者的权利。同时，很多社会问题都需要专业性的服务予以解决，而志愿服务一般都是业余性的，很难保证公共产品的高质量。资本的有限性、缺乏企业家精神、捐赠者控制和业余性等因素成为制约社会组织发展的重要“瓶颈”。

当然，一国的政体、社会起源、历史环境等因素也会影响社会组织的角色定位。安德森（Andersen，1990）提出了制度选择动态理论，指出一国政体的特征也是影响社会组织发展的重要因素之一，商品化程度高的强国对普世权利的拒绝使得社会组织与营利企业能够更

① 王名. 非营利组织的社会功能及其分类［J］. 学术月刊，2006年第9期：8-11.

② 周旭亮. 非营利组织“第三次分配”的财税激励制度研究［D］. 济南：山东大学，2006：21-40.

③ Lester M. Salamon. Rethinking Public Management：Third-Party Government and the Changing Forms of Government Action［J］. Public Policy. 1981，29（3）：255-275.

好地承接现有的服务系统，以实现公民社会福利的提高[①]。在安德森研究的基础上，萨拉蒙和安赫尔（Salamon & Anheier，1998）提出了社会起源论，他们指出国家非营利部门的社会起源能够更好地解释社会组织在不同国家的差异，历史环境因素也会影响特定社会中社会组织的演变与发展[②]。然而，这两种理论着重研究影响社会组织职能的外在因素，对社会组织的角色界定得相对比较笼统。

（二）政府的职能定位

几十年来，公共行政理论、新公共管理理论和新公共服务理论等对政府的职能定位进行了深入的研究：公共行政理论主张政府公共行政职能的中立性，将政府的角色定位为“划桨”——即通过现存的政府机构来实施项目，政府所设计和执行政策要集中关注于一个在政治上加以界定的单一目标；新公共管理理论认为政府作为公共管理者，其角色应该是掌舵而不是划桨，政府应通过创建一些制度设计和激励结构借助私人机构和社会组织来实现其政策目标（Osborne，Gabler，2006[③]）；新公共服务理论则强调政府的“服务而非掌舵”职能，即政府应对公民和社区团体之间的利益进行协商和协调，并创建共同的价值观，在这个过程中，政府需要建立公共机构、社会组织和私人机构的联盟以满足彼此都认同的需要（Janet，Robert，2010[④]）。安秀梅（2005）从公共治理的角度提出政府的职能不再是单方面地行使权力、提供服务、实施管制、解决争端，而是通过使用新的工具和技术来控制和指引，形成政府与市场、政府与社会、政府与企业、

---

① Esping – Andersen Gøsta. The Three Worlds of Welfare Capitalism [M]. Princeton: Princeton University Press, 1990: 40 – 78.

② Lester M. Salamon Anheier Helmut: Social Origins of Civil Society [J]. Voluntas. 1998, 9 (3): 213 – 248.

③ 戴维·奥斯本，特德·盖布勒．改革政府［M］．周敦仁，译．上海：上海译文出版社，2006：3 – 50.

④ 珍妮特 V. 哈登特，罗伯特 B. 哈登特著．新公共服务——服务，而不是掌舵［M］．丁煌，译．北京：中国人民大学出版社，2010：25 – 40.

政府与公民之间的良性互动①。这意味着政府首先应该为社会经济的发展提供良好的宏观制度环境，即通过必要的财税政策扶持为社会组织的发展提供良好的外部环境，让社会组织能够较好地承接来自政府的经济调节、市场监管、社会管理和公共服务等各项职能的转移，然后再按照规定完成自己在国家中的责任分工。

（三）政府与社会组织的关系

早期关于政府与社会组织关系的研究主要从福利服务提供、社会组织行为、制度博弈等方面提出了几种政府与社会组织关系的模式。基德仁等（Gidron et al.，1992）按照不同主体在福利服务的资金筹集、授权和实际配送环节的功能划分，将政府与社会组织之间的关系界定为四种模式：政府支配模式、第三部门支配模式、双重模式和合作模式。政府支配模式是指政府在资金筹集和服务提供中居于主导地位，第三部门支配模式是由社会组织负责资金的筹集和服务的提供，这两种模式都是政府与社会组织关系发展的极端模式。双重模式强调政府与社会组织共同参与福利服务的供给，且二者都有相当大且相对自治的资金筹集和服务提供体系，各自分工明确，在这一模式下，社会组织既提供补充性服务，又提供互补性服务。合作模式也是由政府与社会组织共同开展公共服务的提供工作，与双重模式不同的是，合作模式的资金筹措方一般是政府，即由政府提供资金通过合同或伙伴制由社会组织来完成服务的提供②。杨（Young，1999）结合社会组织行为的经济学理论提出了政府与社会组织的三种互动模式，即补充

---

① 安秀梅．公共治理与中国政府预算管理改革［M］．北京：中国财政经济出版社，2005：9－12.

② Benjamin Gidron，Ralph Kramer，M. Salamon. Government and the Third Sector［M］. San Francisco：Josser－Bass Publishers. 1992：18.

模式、互补模式和对抗模式[①]，补充模式和增补模式仍然针对的是政府与社会组织在提供公共服务中的职能划分，而对抗模式则反映了政府与社会组织之间的制衡关系：社会组织可以通过督促政府的行为影响公共政策的制定与执行，强化公众的问责；政府也会通过制定相关法律法规来影响、监控社会组织的行为。与杨的观点相似，纳杰姆（Najam，2000）利用目标一致与否的制度博弈法对政府与社会组织的关系做出了进一步的补充，他指出政府与社会组织之间存在着合作、互补、冲突和相继抉择的关系，简称“4C”模式[②]。在早期的研究中，“4C”模式能够较为系统地反映政府与社会组织的动态关系，当然，尽管这三种观点使用不同的解释方法，形成了不同的关系模式，但从本质上讲，三种观点的内涵是一致的。

史密斯等（Smith et al.，2006）[③]从全新的视角对政府—社会组织的关系做出了进一步系统性的阐述，他们基于组织关系属性、经济属性和政治结构属性三个潜在假设，提出了政府与社会组织关系的三种范式：供给/需求范式、公民社会范式和新制度范式。供给/需求范式主要通过市场定位模式和交易模式来反映，市场定位模式比较直观地反映了政府与社会组织之间的关系，这与早期的研究结果一致。而交易模式通过不同主体之间交易成本与收益的比较来体现政府与社会组织之间竞争此消彼长的动态关系，同时，交易模式还提出了合同机制所产生的很多关于竞争角色的政治问题以及供应者的类型选择问

---

① Dennis R. Young. Complementary, Supplementary, or Adversarial? A Theoretical and Historical Examination of Nonprofit-government Relations in The United States. In Elizabeth T. Boris and C. Eugene Steuerle (ed.), Nonprofits and Government: Collaboration and Conflict, Washington DC: Urban Institute Press, 1999: 31 - 67.

② A. Najam The Four - C's of Third Sector - Government Relations: Cooperation, Confrontation, Complementarity, and Co-operation [J]. Nonprofit Management and Leadership. 2000, 10 (4): 383.

③ Steven Rathgeb Smith, Kirsten A. Grønbjerg. Scope and Theory of Government - Nonprofit Relations. In Walter W. Powell, Richard Steinberg (ed.), The Nonprofit Sector: A Research Handbook. New Haven, Conn.: Yale University Press, 2006: 221 - 280.

题，这使得政府、市场与社会组织之间的关系变得更为复杂。公民社会范式强调政府与社会组织的关系不仅仅是伙伴制或交换关系，而且还存在着内在的张力——政府凭借其政治强制力会破坏基层和社区的回应能力，减少社会项目的有效性，社会组织应被视作是特定价值观的表现形式，它在民主与善治的发展过程中发挥着重要作用。新制度范式主要关注制度环境按照何种方式来塑造社会组织，它结合社会资本/社会运动范式的观点，提出政府机构与公民社会各行为主体之间应建立动态专业的网络关系，政府、社会组织和企业都不可能独自拥有资源和专业知识以提供可持续发展方案，新制度范式高度强调了国家的作用，因为国家作为提供公共物品和法治的最终仲裁者，能够通过建立一定的绩效问责机制培育、平衡社会组织的发展。因此，随着政府与社会组织之间的相互影响与相互促进，社会组织的发展与公众服务需求的增强，需要引入必要的公共规制与管理，这体现了一种嵌入性的理念，嵌入式理念进一步模糊了政府、市场和社会组织之间的边界。

上述研究对分析中国政府与社会组织之间的关系具有很大帮助，但是在理论借鉴的基础上也要考虑我国的具体国情。康晓光（1999）①按照国家与社会关系演变过程将我国政府与社会组织关系的发展分为三个阶段：第一阶段为国家合作主义体制，政府在这一阶段处于绝对主导地位，社会组织受官方控制；第二阶段为准国家合作主义体制，政府在这一阶段处于相对主导地位，社会组织与政府之间属于官民合作的关系；第三阶段为社会合作主义体制，政府与社会组织之间属于平等合作的关系，社会组织实现真正的民间自治。中国政府与社会组织的关系正努力从第二阶段向第三阶段迈进，在这个过程中，政府与社会组织的发展应当是齐头并进的，史云贵（2010）从国家治理的高度指出现代国家构建的基本路径是在科学界定现代国家和现代社会

① 康晓光. 权力的转移［M］. 杭州：浙江人民出版社，1999：3－150.

角色与功能的基础上，强调国家与社会的同构，在充分发挥现代国家效能的基础上，培育现代公民社会，建立、完善现代国家与社会组织良性互动的制度平台、有效机制和可行性路径①。

政府与社会组织的关系理论是政府制定社会组织财政政策的直接理论依据，一个国家政府与社会组织的关系如何直接引导政府关于社会组织的政策偏好，政府只有对社会组织的角色、政府与社会组织的关系做出正确的定位，才能制定出科学合理的财税政策。

二、资源配置的理论综述

任何一项财税政策都具有资源配置的职能，社会组织的财税政策也毫不例外。政府对捐赠者、社会组织实施的税收优惠、财政补贴、政府购买政策的初衷是为了提高整个社会的资源配置效率，然而财税工具若使用不当也会影响局部配置效率的损失。

（一）政府的财税激励能够激发民间资源流入慈善领域

政府通过对纳税人提供一定的捐赠扣除制度（如所得税减免、不动产税减免、遗产税减免），激发民间捐赠的增加，并借助社会组织这一载体，将捐赠资源用于发展慈善事业，弥补政府公共产品供给的资金缺口（Bremner，1988②；Salamon，1995③；石英华，2003④）；通过向社会组织提供配套补贴的形式，激发社会组织的筹资努力，鼓

① 史云贵. 中国现代国家构建进程中的社会治理研究——一种基于公共理性的研究路径［M］. 上海：上海人民出版社，2010：68－100.

② Robert H. Bremner. American Philanthropy（eds）［M］. Chicago：University of Chicago Press，1988：1－100.

③ Lester M. Salamon. Partners in Public Service：Government－Nonprofit Relations in the Modern Welfare State［M］. Baltimore，MD：Johns Hopkins University Press，1995：3－55.

④ 石英华. 借鉴国外政府对非营利组织的管理经验推动我国事业单位改革［J］. 财政研究，2003（11）：21－23.

励其开展募捐活动增加捐赠收入（Andreoni & Payne，2003[①]）。

（二）税收优惠/财政补贴能够弥补志愿失灵，增加服务供给

汉斯曼（1980）指出政府给予社会组织的财政补贴往往具有交叉性补贴的特点，即社会组织利用补贴组织生产，凭借市场化力量或低成本优势通过销售环节获得剩余，并将这部分剩余用以实现组织的宗旨。政府之所以对某些领域提供税收减免是因为在没有补贴的情况下，该领域的产品或服务是供给不足的，且这类产品/服务往往具有差异化的特点，政府通过提供补贴可以使社会组织将全部或大部分补贴传递给消费者，从而实现资源的有效配置[②]。

（三）政府通过与社会组织签订购买合同能够节约政府的财政资金

与政府相比，一些社会组织在提供特定的公共服务方面具有成本低、创新性强、高质量的比较优势，且社会组织具有剩余不分配的特点，若将这部分公共服务交由社会组织来提供，可以为政府节省大量的项目初始成本，并能促使政府对新识别的公众需求及时做出回应。除了支出成本的节省外，以合同形式向社会组织购买服务能够削减政府看得见的职能，稀释了政府的受托责任（Smith & Grønbjerg，2006[③]）。

---

① James Andreoni and A. Abigail Payne. Do Government Grants to Private Charities Crowd Out Giving or Fund - Raising? [J]. The American Economic Review. 2003, 93 (3): 792 - 812.

② Henry B. Hansmann. The Role of Nonprofit Enterprise [J]. Yale Law Journal. 1980, 89 (5): 835 - 901.

③ Steven Rathgeb Smith, Kirsten A. Grønbjerg. Scope and Theory of Government - Nonprofit Relations. In Walter W. Powell, Richard Steinberg (ed.), The Nonprofit Sector: A Research Handbook. New Haven, Conn.: Yale University Press, 2006: 221 - 280.

（四）税收差别待遇会导致社会组织与营利企业的不正当竞争

在国外社会组织的运营实践中，一部分社会组织商业销售收入占全部收入的比重较大，如果让这部分收入享受税收减免待遇，必然会导致这部分组织与提供同类商品或服务的营利企业之间形成不公平的竞争。社会组织在掌握绝对的低成本优势下会通过购买营利企业而非挤出的方式迅速占领整个市场，产生巨大的经济无效率（Hansmann，1989①），这意味着政府的税收优惠政策要尽可能避免整个经济中出现不正当竞争的局面。

（五）政府的财税激励能够影响社会组织支出的跨期选择

在只考虑税收优惠而不存在税收规制的情况下，社会组织往往具有很强的储蓄而非支出动机，导致当期形成投资的项目支出减少，进而影响社会组织跨期支出的决策选择。

三、第三次分配的理论综述

第三次分配理论主要是从捐赠人的行为动机出发研究其捐赠行为，奥伯乐（Obler，1981）对捐赠者的基本行为动机做出了比较合理的划分，将其分为利他动机、互惠动机和直接受益动机②。这三种动机通过不同的路径影响捐赠人的行为，政府应结合这三种动机的作用机理制定出有针对性的财税政策。

---

① Henry B. Hansmann. Unfair Competition and the Unrelated Business Income Tax. Virginia Law Review. 1989（75）：605－635.

② Jeffrey Obler. Private Giving in the Welfare State［J］. British Journal of Political Science. 1981，11（1）：17－48.

(一) 利他动机

利他动机主要源自个人对他人的同情、道德规范以及对他人的承诺。传统的理论经济学用慈善捐赠来刻画个人对利他动机，并把捐赠视作为一种商品与私人产品共同构成个人的效用函数，在既定的收入预算约束线下满足个人的效用最大化条件。纯粹利他动机会导致政府的捐赠扣除政策产生完全的挤出效应，即税收政策是无效的，而这与现实是相违背的，在现实中，个人除了单纯的同情外，还受到道德准则、承诺等压力做出非独立性的决策。在此基础上，安卓尼（Andreoni，1990）① 假定个人对自己、他人和政府的捐赠并非无动于衷，即存在温情效应（warm-glow effect），他建立了非纯粹利他主义模型，得到了“挤出是不完全的”“捐赠扣除政策有效”的结论，使理论结果更加符合现实预期。

(二) 互惠动机

互惠动机是指人们在互相帮助的过程中彼此能够获得自己想要的利益，奥伯乐（1981）指出互助型协会和宗教性团体的大部分收入都来自互惠性的捐赠，人们把捐赠视为一种特殊的社会保险，给予捐赠如同购买保险，人们能够从中获得相应的潜在收益②。人们基于互惠动机所支付的捐赠取决于个人对捐赠所带来潜在收益的预期，政府的财税激励对这种动机的影响力相对较弱，甚至会产生严重的挤出效应，影响财税政策的效果。韦斯特朗德（Vesterlund，2006）指出个人捐赠所带来的公共收益会导致免费“搭车”现象的发生，捐赠者可能会减少捐赠的数量甚至将捐赠降为零，此时政府补贴对捐赠产生

---

① James Andreoni. Impure Altruism and Donations to Public Goods: A Theory of Warm-glow Giving [J]. The Economic Journal. 1990, 100 (401): 464 -477.

② Jeffrey Obler. Private Giving in the Welfare State [J]. British Journal of Political Science. 1981, 11 (1): 17 -48.

完全的挤出效应[①]。

（三）直接受益动机

直接受益动机是指人们在提供帮助的过程中获得直接的或有形的收益。个人通过向社会组织提供志愿服务以保证家庭或自身对该项服务的消费，或通过捐赠获得社会组织和声誉，这些私人收益会激励捐赠人增加捐赠，基于这种动机，政府给予一定的税收激励会进一步激发个人的慈善动机进而增加个人的捐赠数量，此时政府的捐赠扣减政策是有效的。

四、税基定义的理论综述

税基定义理论主要从税收层面来分析社会组织享有税收减免政策的原因，这一理论是由彼特科和瑞德特（Bittker & Rahdert）提出的，他们在海格 - 西蒙斯（Haig - Simons）的合理税基定义——对纳税人的个人消费和净财富的增加予以征税的基础上，提出公益慈善组织的收入不是为了实现个人利益，且政府很难对社会组织按照其收入所得制定相应的税率，从而无法正确计算其应纳税额，基于此应给予社会组织相应的税收减免待遇。然而税基定义理论并没有得到广泛性的支持，由于该理论的部分内容违背了学术界长期公认的一些税收规则（Simon et al.，2006[②]）。汉斯曼（1981）指出，对慈善组织的收入征税在技术上与税法的基本规则是兼容的，同时也不会产生累退效

---

① Lise Vesterlund. Why Do People Give? In Powell，Walter（ed.），The Nonprofit Sector：A Research Handbook. New Haven，Conn.：Yale University Press，2006：568 - 586.

② John Simon，Harvey Dale，Laura Chisolm. The Federal Tax Treatment of Charitable Organizations. In Walter W. Powell，Richard Steinberg（ed.），The Nonprofit Sector：A Research Handbook. New Haven，Conn.：Yale University Press，2006：267 - 306.

应[①]，因此不能基于税基定义理论而不对社会组织的收入所得予以征税，相对来讲，税基定义理论对于解释社会组织的税收减免存在着很大的局限性。

第二节 社会组织财税政策的职能定位与工具选择

一、税收政策的职能定位与工具选择

西蒙等（Simon，2006）指出税收政策应发挥四大功能："支持（support）"功能、"公平（equity）"功能、"规制（regulation）"功能和"边界巡逻（border patrol）"功能。支持功能是指通过税收减免鼓励支持社会组织的发展和扩张；公平功能强调为实现资源再分配和机会公平而尽可能减少税收歧视；规制功能是指通过税收机制来约束社会组织管理者的行为，强化其受托责任；边界巡逻功能是指通过税收机制限制社会组织在商业部门和公共部门中的经营能力，保证其与商业实体和政府实体的公平竞争地位[②]。在各国的实践中，支持功能体现为两个方面：第一，通过捐赠者的所得税减免、不动产税减免、遗产税减免等方式激发民间对社会组织的捐赠；第二，对社会组织取得的捐赠收入、政府拨款等给予免税待遇，而公平、规制和边界巡逻功能主要通过无关商业收入税（UBIT）、惩罚性税收（exercise tax）等手段来实现。

---

① Hansmann B. Henry. The Rationale for Exempting Nonprofit Organizations from Corporate Income Taxation［J］. Yale Law Journal. 1981，91（1）：54－100.

② John Simon，Harvey Dale，Laura Chisolm. The Federal Tax Treatment of Charitable Organizations. In Walter W. Powell，Richard Steinberg（ed.），The Nonprofit Sector：A Research Handbook. New Haven，Conn.：Yale University Press，2006：267－306.

二、财政政策的职能定位与工具选择

与税收政策相比，政府的财政政策是反映政府与社会组织关系最为直接的体现。近年来，各国一直致力于不断探索服务外包内容的确定和方式的选择，随着政府与社会组织之间的交易日趋多样化，政府的支持方式已经远远超出了之前的直接补贴与合同的范围，例如种子基金、市政债券、消费券、贷款贴息等，但合同与政府补贴仍然是政府支持的最广泛而直接的方式（Stefan Toepler，2010[①]）。

萨拉蒙（2009）指出目前有很多手段和工具可供政府用来构建其与第三部门的合作关系，不同工具的选择会影响政府与社会组织在履行社会职能的角色定位，他把这些工具进行归类整理，将其分为生产方补贴和消费方补贴两大类，其中生产方补贴的主要方式包括整笔拨款、分类补助、整笔资助和合同。消费方补贴的主要方式包括服务消费券、税收优惠[②]、贷款和贷款保证[③]。就生产方补贴而言，政府对社会组织提供资金支持的主要原因是借助社会组织这一载体为公民提供更好的公共服务，因此政府财政政策的基本定位是政府直接提供导向程度高的社会服务；政府与社会组织签订合同向社会组织购买中等导向程度的服务；社会组织提供导向程度低的服务，政府给予必要的拨款和资助。就消费方补贴而言，政府选择消费券、贷款和贷款保证这些工具主要是为了促进社会组织在提供服务方面相互竞争，以提供更加优质的社会服务。

---

① Stefan Toepler. Government Funding Policies. in Bruce A. Seaman and Dennis R. Young (eds), Handbook of Research on Nonprofit Economics and Management, Massachusetts: Edward Elgar Publishing, Inc, pp: 320 – 334.

② 本书将税收优惠放在税收政策的范围内进行讨论，此处不再赘述。

③ Leon E. Irish, Lester M. Salamon, Karla W. Simon. Outsourcing Social Services to CSOs: Lessons from Abroad [R]. World Bank Working Paper. 2009, https://openknowledge.worldbank.org/handle/10986/3105.

第三节　社会组织财税政策的效应分析与实证检验

一、社会组织财税政策对社会组织自治力的影响

尽管社会组织财税政策的目标之一是为了培养社会组织的自治能力，然而在财税政策特别是财政政策的实施过程中，社会组织的自治能力并未像政府最初预期的那样得到很大程度的提高，反而出现了逆向激励的情况。托普勒（Toepler，2010）从两个角度说明了财政补贴对社会组织发展现状的影响：第一，政府的资金支持能够使机构得以扩张（如规模化），有助于提高整个机构财力的稳定性，同时也增加了组织在社区中的合法性与可靠性；第二，政府补贴能够产生冲突的责任、鼓励社会组织的使命漂移、改变社会组织的治理结构，进而影响社会组织的独立性，导致自治能力的缺失①。社会组织的自治能力包括财务的独立性、组织使命与目标实现以及项目选择的独立性，一旦政府涉入导致社会组织的目标设置、资源配置和项目选择受到约束时，社会组织的自治能力就会受到威胁。利浦斯基等（Lipsky et al. , 1989/90）② 指出，在政府的财税激励下，社会组织可能将服务宗旨由满足局部性的群体需要转变为满足全部的公众需要，这与政府部门的使命无异。郑宽浩等（Jung Kuangho et al. , 2007）在研究韩国文化组织时发现，政府的财政补贴导致了韩国一些地区文化组织的

---

① Stefan Toepler. Government Funding Policies. in Bruce A. Seaman and Dennis R. Young (eds), Handbook of Research on Nonprofit Economics and Management, Massachusetts: Edward Elgar Publishing, Inc, pp: 320 - 334.

② Machael Lipsky and Steven R. Smith. Nonprofit Organizations, Government, and the Welfare State [J]. Political Science Quarterly. 1989/90, 104 (4): 625 - 648.

管理者治理能力低下[①]，而在这之前，安赫尔等（Anhier et al.，1997）已经发现财政上高度依靠政府扶持的社会组织会更加偏向于发展以政府为导向的项目，试图通过获得更多的政府拨款来弥补其资金缺口[②]。

不同财税工具对社会组织自治力的影响程度也不尽相同，萨拉蒙（2002b）就不同财税工具对社会组织自治力的影响进行了归纳整理，得出结论：合同机制会对社会组织自治力产生严重影响；整笔资助对社会组织自治力的影响较为温和，甚至较弱；消费券、税收扣除以及贷款等方式对社会组织自治力的影响较小；间接补贴与社会保险偿付对社会组织自治力没有影响[③]。

二、社会组织财税政策对资源配置的影响

从理论上讲，政府对社会组织的财税激励工具能够促进整个社会的资源配置效率，而这些工具对资源配置的影响程度很大程度上取决于政策的稳定性和清晰性，财政扶持项目的减少会减少社会组织的收入来源，合同的高要求致使社会组织无剩余可循，财政压力和模糊的税收优惠政策加剧了社会组织业务更深层次的复杂性，收入的有限性又会严重抑制社会组织产出的效率性（Zimmerman，1991[④]；Stefan

---

① Jung Kwangho，M. Jae Moon. The Double-edged Sword of Public-resource Dependence：The Impact of Public Resources on Autonomy and Legitimacy in Korean Cultural Nonprofit Organizations［J］. The Policy Studies Journal. 2007，35（2）：205－226.

② Helmut K. Anheier，Stefan Toepler，S. W. Sokolowski. The Implications of Government Funding for Non-profit Organizations：Three Propositions［J］. International Journal of Public Sector Management. 1997，10（3）：190－213.

③ Lester M. Salamon. The Tool of Government：A Guide to the New Governance［M］. New York：Oxford University Press，2002b：60－80.

④ Zimmerman Dennis. Nonprofit Organization，Social Benefits and Tax Policy［J］. National Tax Journal. 1991，44（3）：341－349.

Toepler，2010[①])。现有的文献主要围绕着社会组织以及营利企业的行为来分析财税政策对社会组织资源配置效率的影响。

（一）财税政策工具对产出效率的影响

学术界关于财税政策工具对产出效率影响的研究更多的是以案例分析的形式展开，王浦劬等（2010）分别以政府向社会组织购买养老服务、农村医疗服务、社区服务为例对购买服务过程中的基本情况、购买方式与过程分析、取得成效和仍需完善之处展开了详细的叙述[②]；刘尚希等（2013）以深圳市一元制管理模式、无锡模式、广州越秀区“三个一”模式为例分析我国政府向社会组织购买服务所取得的成效[③]。这方面的实证研究在早期关于社会组织行为的最优化目标分析中相对较多，威廉姆等（2010）对早期的研究进行了总结，指出财税工具对社会组织产出效率的影响更多地取决于社会组织的行为动机，而组织的行为动机又受到消费者反映的制约。一项基于提高服务质量的财政补贴政策的实施会通过两种机制影响社会组织中决策者的行为：第一，社会组织的直接效用函数；第二，公众对组织的产出需求，财政补贴无限制的增加会使社会组织在安排生产的过程中更加重视其捐赠人的偏好[④]。随着财政补贴方式的不断更新，财政补贴对产出效率影响的实证研究却一直停滞不前。

① Stefan Toepler. Government Funding Policies. In Bruce A. Seaman and Dennis R. Young (eds), Handbook of Research on Nonprofit Economics and Management, Massachusetts: Edward Elgar Publishing, Inc, 2010: 320 - 334.

② 莱斯特·M. 萨拉蒙等. 政府向社会组织购买公共服务研究——中国与全球经验分析［M］. 王浦劬，译. 北京：北京大学出版社，2010：50 - 100.

③ 刘尚希等. 培育和发展社会组织财税政策研究——基于对潍坊市的调查与思考［M］. 北京：当代中国出版社，2013：121 - 123.

④ Patricia Hughes, William Luksetich. Modeling Nonprofit Behavior. In Bruce A. Seaman and Dennis R. Young (eds), Handbook of Research on Nonprofit Economics and Management, Massachusetts: Edward Elgar Publishing, Inc, 2010: 120 - 141.

（二）筹资动机对慈善捐赠的影响

单纯从筹资成本而言，直接接受政府补贴比募捐的筹资成本要低得多，加之社会组织会对财政补贴产生一定的财政依赖，因此社会组织在接受直接性拨款和资助的同时，可能会弱化筹资动机，减少募捐活动，导致捐赠的减少。安卓尼等（2003）通过理论模型推导得出政府补贴能够弱化筹资动机，对捐赠产生挤出效应，然后以艺术类组织和社会服务类组织为研究对象，用2SLS法分别从总筹资支出、分项筹资支出的角度考察了财政补贴对筹资支出的影响，实证结果支持了挤出效应的假设①。这意味着当社会组织得到政府财政补贴后，在捐赠者还未意识到政府补贴对慈善团体收入的影响时，社会组织可能会产生削减筹资行为的动机，进而导致捐赠额的减少。

为了进一步验证上述理论，安卓尼等（2011）② 通过使用工具变量法对美国8000多个慈善团体18年（1985~2002年）非平衡面板数进行估计，得出总的挤出效应约为75%，这种挤出主要是由筹资行为减少导致的。他们测算每10000美元的财政补贴会导致筹资费用减少1410美元，进而导致捐赠减少7570美元，如果将减少的1410美元抵减捐赠的减少额，那么净挤出率约为62%。经研究发现，慈善团体自身的行为几乎能够解释全部挤出效应，这意味着政府需要采取多种途径强化慈善团体的筹资努力。一种行之有效的办法是采取配套补贴的方式，凯瑟琳和菲利普（Catherine & Phiuip，2003）通过对配套补贴进行实证检验，发现慈善捐赠与配套补贴存在敏感关系，且

---

① James Andreoni，A. Abigail Payne. Do Government Grants to Private Charities Crowd Out Giving or Fund－Raising? [J]. The American Economic Review. 2003，93（3）：792－812.

② James Andreoni，A. Abigail Payne. Is Crowding Out due Entirely to Fundraising? Evidence from a Panel of Charities [J]. Journal of Public Economics. 2011，95（5－6）：334－343.

以配套补贴所产生的挤入效应大于捐赠扣除所产生的挤入效应①。艾科尔等（Eckel et al.，2006）通过实证研究发现，在税收返还机制下捐赠价格弹性为 -1.2，而在配套补贴机制下捐赠价格弹性为 -2.6，由此得出配套补贴机制的政策效果更好②。

（三）免税资格与组织形式的选择

政府对社会组织与营利企业之间的税收差别待遇易导致纳税人通过变换机构组织形式而达到避税目的，在考虑税收的情况下，组织形式的选择往往会导致经济的无效率，因为组织形式不再是按照所有制与管理的最有效率的结构来安排。税收差别待遇可能会影响经济实体对组织形式的选择，然而这一论断并未在学术界得到一致性的证实。汉斯曼（1987）③ 通过对美国州一级数据进行实证研究发现，在非营利组织与营利企业竞争的部门，高公司所得税率对非营利组织的市场占有份额具有正向影响，且公司所得税比不动产税减免和销售税减免具有更大的影响。古力等（Gulley et al.，1993）④ 从医院部门的数据中进一步证实了汉斯曼的结论，即更高的州公司所得税税率会导致非营利医院占有更大比例的市场份额，遗憾的是公司所得税税率对相关行业市场份额影响程度的大小，学术界对此无法预测。与上述观点不同，格雷瑟等（Glaeser et al.，2001）⑤ 指出，商业实体即使在不形

---

① Catherine C. Eckel, Phillip J. Grossman. Rebate Versus Matching: Does How We Subsidize Charitable Contributions Matter [J]. Journal of Public Economics. 2003, 87 (3 - 4): 681 - 701.

② Catherine C. Eckel, Philip J. Grossman. Subsidizing Charitable Giving with Rebates or Matching: Further Laboratory Evidence [J]. Southern Economic Journal. 2006, 72 (4): 794 - 807.

③ Henry B. Hansmann. The Effect of Tax Exemption and Other Factors on the Market Share of Nonprofit Versus For-profit Firms [J]. National Tax Journal. 1987, 40 (1): 71 - 82.

④ Gulley O. David, Rexford E. Santerre. The Effect of Tax Exemption on the Market Share of Nonprofit Hospitals [J]. National Tax Journal. 1993, 46 (4): 477 - 486.

⑤ Glaeser Edward L., Andrei Shleifer. Not - For - Profit Entrepreneurs [J]. Journal of Public Economics. 2001, 81 (1): 99 - 115.

成公司的情况下也可以营利，如果企业家偏好提供高度不可合约化水平的服务，同时不介意以社会组织的形式获得额外补贴而不是以营利为目的来享受成功，那么公司所得税将对组织形式的变化没有较大的影响。

（四）商业化与不公平竞争

近年来，各国财政补贴对社会组织发展的扶持力度正随着政府与社会组织之间合作伙伴关系的发展完善而不断增大，提供公共服务的质量和普及范围也得到了提高，然而这并不意味着社会组织服务供给者的运行状况是良好的。托普勒（2010）指出不公平的伙伴制会改变社会组织财政依赖的路径，财政补贴的干涸、合同的高要求以及捐赠收入的有限性会迫使社会组织选择更加商业化的财政依赖路径，致使社会组织参与商业活动的行为日渐兴盛①。

社会组织的活动包括两类——免税活动和课税活动，税收减免待遇会使得社会组织有动机将费用从免税活动转移到课税活动以降低其整体税负。税法对税收减免范围规定的模糊不清导致纳税人的税收遵从度降低，社会组织出于税收激励动机的费用转移行为抑制了公平竞争的实现②。罗伯特（Robert，2001）指出，这种费用转移行为一般与社会组织的组织属性有关，如医疗、教育类社会组织就存在着显著的费用转移现象，而慈善类社会组织却不存在。与此同时，若政府对社会组织的商业活动不进行必要的税收规制（如UBIT），社会组织还会凭借其所获得税收优势能够占领更大的市场份额，汉斯曼（1989）指出，对社会组织来说，由于购置企业的成本一般比扩展无关商业来挤出营利企业的成本要低，社会组织通过收购行为获得巨大的潜在税

① Stefan Toepler. Government Funding Policies. in Bruce A. Seaman and Dennis R. Young (eds), Handbook of Research on Nonprofit Economics and Management, Massachusetts: Edward Elgar Publishing, Inc, 2010: 320 - 334.

② Robert J. Yetman. Tax - Motivated Expense Allocations by Nonprofit Organizations [J]. The Accounting Review. 2001, 76 (3): 297 - 311.

收收益，并产生经济的低效率①。因此，政府对社会组织的商业活动采取必要的税收规制以维护社会组织与营利企业之间的竞争秩序，遏制社会组织不合理的税收规避行为。

（五）税收优惠与支出的跨期选择

政府给予社会组织必要的税收优惠待遇，能够影响社会组织在支出方面的跨期选择行为。汉斯曼（1989）以大学基金会为例，指出这类组织会出现削减科研、教学和学生奖学金支出的动机，并将这部分资金进行储蓄用以支持无关商业活动的发展，投资取得的收益用于支持未来更多的科研、教学和奖学金的支出②。如果不进行必要的税收规制就会扭曲非营利组织在当期和未来支出行为的选择，减少当期的服务供给而增加未来的服务供给。

三、社会组织财税政策对第三次分配的影响

社会组织财税政策对第三次分配的影响主要考察政府的财税政策对慈善捐赠的影响。丹尼尔（Daniel，2010）将政府的财税激励对慈善捐赠的影响传导机制主要从社会公众的慈善动机、国民对特定公共产品的需求两个方面来考察：第一，通过对捐赠扣除影响捐赠者的捐赠动机进而影响捐赠数量；第二，通过对社会组织进行财政补贴影响公共产品的供给进而影响捐赠数量③。就第一条路径而言，政府采取捐赠扣除的初衷是发挥税收工具的杠杆性融资作用，激励民间捐赠的增加，为社会组织的发展募集资金，即产生挤入效应，但从各国财税激励的实践来看，很多学者发现政府的财税激励政策可能会产生挤出

①② Henry B. Hansmann. Unfair Competition and the Unrelated Business Income Tax [J]. Virginia Law Review. 1989, 75 (3): 605 - 635.

③ Daniel Tinkelman. Revenue Interaction: Crowding Out, Crowding In, Or Neither? In Bruce A. Seaman and Dennis R. Young (ed.), Handbook of Research on Nonprofit Economics and Management. Massachusetts: Edward Elgar Publishing, Inc. 2010: 18 - 41.

效应的后果。就第二条路径而言，对社会组织提供财政补贴支持主要是为了激发社会组织的活力，提供更多的社会产品和服务，更好地满足社会公共需要，社会公众为了满足自身的商品需求也会增加其捐赠数量，产生挤入效应。然而一旦社会组织提供的产品数量不足、质量不高时，捐赠者就会减少其捐赠数量，即产生挤出效应。就目前而言，财税激励对捐赠的影响究竟是挤出、挤入还是不显著，学术界对此尚未得出一致性的结论。

（一）捐赠扣除对慈善动机的影响研究

最早刻画慈善动机的行为模型源自贝克尔的纯粹利他主义模型，该模型从理论上阐述了捐赠扣除形式的政府补贴会对志愿捐赠产生完全挤出效应，即政府的税收激励是无效的，但该模型的理论含义并未在结果预测方面得到广泛的推广（Warr，1982①；Roberts，1984②），有大量实证研究（Kingma，1989③；Schiff，1990④；Okten，Weisbrod，2000⑤）显示捐赠扣除对捐赠的挤出效应没有理论上那么大，甚至非常小。为了弥补纯粹利他主义模型在实证解释上的不足，安卓尼（1990）提出了非纯粹利他主义模型⑥。在此基础上，学者们通过使用不同的研究方法对捐赠者的行为动机进行实证分析得到了迥然不

① Peter G. Warr. Pareto Optimal Redistribution and Private Charity [J]. Journal of Public Economics. 1982, 19 (1): 131-138.

② Roberts Russel D. A Positive Model of Private Charity and Public Transfers [J]. Journal of Political Economy. 1984, 92 (1): 136-148.

③ B. Kingma. An Accurate Measurement of the Crowd-out Effect, Income Effect and Price Effect for Charitable Contributions [J]. Journal of Political Economy. 1989, 97 (5): 1197-1207.

④ Schiff Jerald. Charitable Giving and Government Policy: An Economic Analysis [M]. New York: Greenwood Press, 1999.

⑤ Okten Cagla and Weisbrod A. Burton. Determinants of Donations in Private Nonprofit Markets [J]. Journal of Public Economics. 2000, 75 (2): 255-272.

⑥ James Andreoni. Impure Altruism and Donations to Public Goods: A Theory of Warm-glow Giving [J]. The Economic Journal. 1990, 100 (401): 464-477.

同的结论：一部分学者分别通过对捐赠调查数据（Duncan，1999[①]）、个人税收返还数据（Schiff，1990[②]）和其他数据（Ferris，West，2003[③]；Garrett，Rhine，2005[④]）进行最小二乘法回归（OLS）得出政府的捐赠扣除会减少私人部门捐赠的结论；除了回归的方法外，一些学者（Eckl，Grossman & Johnston，2005[⑤]）还通过行为实验的方法研究政府补贴对捐赠行为的影响，同样得到了部分挤出的结论；与上述观点不同的是，部分学者（Brooks，1999[⑥]；Kropf & Knack，2003[⑦]）经过研究发现捐赠扣除所产生的挤出效应并不显著，甚至还有一些研究（Schiff，1985[⑧]、1990[⑨]）发现捐赠扣除能够产生 10% ~ 50% 的挤入效应。朱迎春（2009）利用 2007 年中国 A 股上市公司捐赠的横截面数据进行 OLS 回归，发现企业所得税的减免是上市公司实施捐赠的主要因素，同时捐赠支出还受到企业利润水平的制约，而行业因素对企业捐赠的影响不明显，因此国家的行业税收优惠政策对

---

① Duncan Brian. Modeling Charitable Contributions of Time and Money [J]. Journal of Public Economics. 1999, 72 (2): 213 -242.

② Schiff Jerald. Charitable Giving and Government Policy: An Economic Analysis [M]. New York: Greenwood Press, 1990.

③ Ferris J. Stephen and Edwin G. West. Private Versus Public Charity: Reassessing Crowding Out from the Supply Side [J]. Public Choice. 2003, 116 (3 -4): 399 -417.

④ Garrett Thomas A. and Russell M. Rhine. Do Government Spending Really Crowd Out Charitable Contributions? New Time Series Evidence [C]. Federal Reserve Bank of St. Louis Working Paper No. 2007 -012A.

⑤ Catherine C. Eckel, Philip J. Grossman, Rachel M. Johnston. An Experimental Test of the Crowding Out Hypothesis [J]. Journal of Public Economics. 2005, 89 (8): 1543 -1560.

⑥ A. C. Brooks. Do Public Subsidies Leverage Private Philanthropy for the Arts? Empirical Evidence on Symphony Orchestras [J]. Nonprofit and Voluntary Sector Quarterly. 1999, 28 (1): 32 -45.

⑦ Kropf M. and Knack S. Viewers Like You: Community Norms and Contributions to Public Broadcasting [J]. Political Research Quarterly. 2003, 56 (2): 187 -197.

⑧ Schiff Jerald. Does Government Spending Crowd Out Charitable Contributions? [J]. National Tax Journal. 1985, 38 (4): 535 -546.

⑨ Schiff Jerald. Charitable Giving and Government Policy: An Economic Analysis [M]. New York: Greenwood Press, 1990.

企业的捐赠行为影响不大[①]。总的来说，由于刻画捐赠动机的基础模型一般存在着较多的假设条件，一旦这些假设条件被放松或被变化，就会产生实证中出现的挤出效应、挤入效应和不显著的不同结果。

在衡量挤出/挤入效应时，学者们一般会选择捐赠的价格弹性这一指标，韦斯特朗德（2006）[②] 指出捐赠行为可视为一种商品的购买行为，社会组织取得的捐赠数量会受到捐赠者的收入水平和捐赠价格的影响，而捐赠的价格则取决于个人或机构的边际税率，捐赠扣除能否对慈善捐赠产生挤出效应取决于捐赠价格弹性的绝对值与 1 的比较，当捐赠价格弹性的绝对值小于或等于 1 时，政府的税收损失将全部转入捐赠中代替私人捐赠，从而产生挤出效应；只有当捐赠价格弹性的绝对值大于 1 时，私人捐赠的增加量大于政府税式支出的增加量，进而产生挤入效应。布鲁克斯（Brooks，2007）[③] 对不同慈善部门捐赠的税收价格弹性进行估计，发现捐赠的平均税收价格弹性为 -2.7，而在被调查的所有部门中，健康部门的捐赠价格弹性仅仅为 -0.58，这意味着对健康部门的捐赠扣除政策是无效的。从节约成本的角度而言，政府对于捐赠税收价格弹性在（-∞，-1）区间的部门应当选择捐赠扣除政策。

（二）财政补贴对特定公共产品需求满足的影响

捐赠能够为财政补贴提供补充性资金，有助于弥补财政对公共产品供给不足的资金缺口，捐赠者增加捐赠的前提之一是其对公共产品的有效需求能否得到满足。斯顿伯格（Steinberg，1987）指出捐赠对政府支出变化的回应系数符号和大小比较模糊，这一系数的符号与大

---

① 朱迎春．我国企业慈善捐赠税收政策激励效应——基于 2007 年度我国 A 股上市公司数据的实证研究［J］．当代财经，2010（1）：36 -42.

② Lise Vesterlund. Why Do People Give?. In Powell, Walter (ed.), The Nonprofit Sector: A Research Handbook. New Haven, Conn.: Yale University Press, 2006: 568 -586.

③ Arthur C. Brooks Income Tax Policy and Charitable Giving [J]. Journal of Policy Analysis and Management. 2007, 26 (3): 599 -612.

小取决于捐赠品是正常品还是劣质品、捐赠与公共支出的关系是互补还是替代、其他人对公共品的供给数量是高于还是低于捐赠者在无约束状态下的最优目标①。

对于财政补贴对特定公共产品需求的满足进而影响捐赠数量的研究主要基于公共事业或部门的层面，大量文献致力于讨论财政补贴对非营利部门的影响，这些文献从内容上看可以归结为两类：一类是以税收为筹资方式的政府服务供给对私人捐赠的影响；另一类主要讨论私人在享受公共服务时的“免费搭车”现象（Daniel，2010②）。瑟科勒斯基（Sokolowski，2012）通过对40个国家非营利机构的经验数据进行实证检验，发现不同领域的机构呈现出慈善使命漂移的结果。这意味着部分非营利机构的运作已经违背了其公共产品供给的使命，尽管实证结果支持了政府对非营利机构的支付对总的私人捐赠产生挤入效应的假设③，然而，由于经验数据的数量有限，因此实证结果的稳健程度并不是很高。韦斯特朗德（2006）指出捐赠行为在一定程度上能够给捐赠者带来公共收益和私人收益两重收益：公共收益强调捐赠者对社会组织所提供的产品/服务质量的关注；而私人收益是指捐赠者能够通过捐赠获得的社会尊重和声誉。如果个人能够从捐赠中获得私人收益，那么捐赠者们就不会把他人的捐赠作为自己捐赠的完全替代品，也就不存在完全的“搭便车”现象，政府补贴不会影响个人的捐赠行为，而政府补贴所产生的挤出/挤入效应的大小取决于公共收益与私人收益在全部收益中如何分配④。

---

① Richard Steinberg. Voluntary Donations and Public Expenditures in A Federalist System [J]. American Economic Review. 1987, 77 (1): 24-36.

② Daniel Tinkelman. Revenue Interaction: Crowding Out, Crowding In, Or Neither? In Bruce A. Seaman and Dennis R. Young (ed.), Handbook of Research on Nonprofit Economics and Management. Massachusetts: Edward Elgar Publishing, Inc. 2010: 19.

③ S. W. Sokolowski. Effects of Government Support of Nonprofit Institutions on Aggregate Private Philanthropy: Evidence from 40 Countries [J]. Voluntas, 2013, 24 (2): 359-381.

④ Lise Vesterlund. Why Do People Give?. In Powell, Walter (ed.), The Nonprofit Sector: A Research Handbook. New Haven, Conn.: Yale University Press, 2006: 568-586.

在研究过程中，学者们发现采用对公共产品进行行为实验的办法一般能够比直接使用经验数据进行 OLS 回归产生更高程度的挤出效应（Ledyard，1994①；Vesterlund，2006②），在行为实验中，无经验的实验对象在互相讨论中往往会产生一次性决策过程的大量捐赠，然而单纯依靠行为实验的方法很难保证捐赠收入的永久性，因此使用行为实验的方法对于刻画政府补贴对特定公共产品需求的影响一般会夸大捐赠者的行为结果，与对经验数据进行回归的方法相比，具有较大的不稳定性。

四、社会组织财税政策对政府职能转变的影响

随着新公共服务理念在全球范围的推广，各国政府逐渐意识到只有建设服务型政府才能适应市场经济发展的需要。叶茨等（Yates et al.，1987）根据科斯的交易成本论和层级之间的关系推测，交易成本会随着廉价信息技术的普及而全面下降，科层制会越来越让位于市场或合作单位之间并没有层级关系的权力较为分散的组织形式③，把决策权下放到层级较低并使之更接近信息发源地，能够使组织对某些外部环境的变化做出更快的反应，分散性的组织基于单位比较小、经营方法灵活的特点能够进行不断的创新，这比规模庞大的政府具备更强的管理优势（福山，2007④）。然而，在传统的社会组织管理制度框架下，社会组织的行政化倾向明显，在承接政府职能转移方面发挥作用的空间和余地都很小，王浦劬（2010）指出中国政府向社会组织购买公共服务主要存在六个方面的问题：第一，购买行为“内部

① Ledyard John O. Public Goods, A Survey of Experimental Research. Social Science Working Paper 861. Pasadena: California Institute of Technology, 1994.

② Lise Vesterlund. Why Do People Give?. In Powell, Walter (ed.), The Nonprofit Sector: A Research Handbook. New Haven, Conn.: Yale University Press, 2006: 568-586.

③ Malon W. Thomas and Yates Joanne et al. Electronic Markets and Electronic Hierarchies [J]. Communications of the ACM. 1987 (30): 484-497.

④ 弗朗西斯·福山. 国家构建——21 世纪的国家治理与世界秩序［M］. 黄胜强，许铭原，译. 北京：中国社会科学出版社，2007：50-78.

化”，社会组织成为政府部门的延伸；第二，购买标准不清晰，政府责任较为模糊；社会组织缺乏足够的谈判能力，购买成为单向合作行为；第四，购买程序规范程度较低，合作过程随意性较大；第五，服务评价和监督体系缺失，服务成本难以控制；第六，缺乏公众信任，购买过程形成额外成本①。因此需要不断深化社会组织管理制度改革，处理好政府管理与社会自治的关系，厘清政府与社会组织的职责边界，政府应注重向社会组织购买服务，向社会组织开放更多的公共资源和领域，扩大税收优惠种类和范围，进一步完善社会组织税收政策体系（廖鸿、石国亮等，2013②；聂高民、李振京等，2013③）。政府通过财税政策扶持，为社会组织的发展提供良好的外部环境，能够促使社会组织较好地承接来自政府的经济调节、市场监管、社会管理和公共服务等各项职能的转移，其实质也是政府权力下放的一种信号。政府与社会组织之间由此形成了一种良性循环关系，社会组织通过承接一部分公共职能，有助于改变中国“强政府、弱社会”的局面（李月凤，2005④；张文礼，2013⑤；康晓光，2013⑥）。

五、社会组织税收政策对税基的影响

尽管各方政府为社会组织及其捐赠者提供了一定程度的税收优

---

① 莱斯特·M. 萨拉蒙等. 政府向社会组织购买公共服务研究——中国与全球经验分析［M］. 王浦劬，译. 北京：北京大学出版社，2010：7-31.

② 廖鸿，石国亮，高成运，许昀. 通过社会组织管理体制改革推进现代社会组织体制建设［J］. 行政论坛，2013（6）：66-72.

③ 国务院发展改革委经济体制与管理研究所课题组. 围绕处理好政府与市场的关系深化改革［J］. 宏观经济管理，2013（8）：20-22.

④ 李月凤. 我国非营利组织的发展与政府职能转变［J］. 重庆社会科学，2005（11）：106-110.

⑤ 张文礼. 合作共强：公共服务领域政府与社会组织关系的中国经验［J］. 中国行政管理，2013（6）：7-12.

⑥ 康晓光. 转变政府职能：构建“小政府、大社会”的社会管理模式［J］. 学术探索，2013（12）：4-5.

惠，然而这些优惠政策是以牺牲局部税基为前提的，在这个过程中可能会侵蚀其他税种的税基。汉斯曼（1989）指出废除无关商业收入税的一个严重影响是缩减公司税的税基，因为在这个过程中很多企业家会选择非营利组织这一形式以规避高额的公司所得税①。从各国实践来看，社会组织从政府的税收减免政策中获得了很大的收益，从另一角度来说税收优惠政策给政府带来很大的税式支出损失，然而这一损失目前很难被估计。学者们对从不同的维度对美国不动产税减免进行估计，本罗德等（Penrod et al.，2000）对1995年的美国非营利医院不动产税减免的价值进行评估，发现税收减免价值达到了17亿美元②；利普曼（Lipman，2006b）估计了美国几个大城市的不动产税减免数额：纽约市每年损失60500万美元，波士顿每年损失25800万美元，而洛杉矶、圣弗朗西斯科每年的税收损失额相对较小，分别为8100万美元、4200万美元③，由于评估数据搜集的高耗时性和不易获得性，很少有学者对更高的州一级乃至整个美国的不动产税收损失进行估计。

除了对不动产税收减免进行估计外，一些学者还对公司所得税的减免额、财产税的减免额进行估计，考茨等（Cordes et al.，2006）估计美国非营利组织的公司所得税减免价值约为100亿美元，财产税的减免额应在80亿～130亿美元之间④，然而不同学者对税收减免额的估计存在着一定的出入，波曼等（Bowman et al.，2006）则估计财

---

① Henry B. Hansmann. Unfair Competition and the Unrelated Business Income Tax［J］. Virginia Law Review. 1989，75（3）：605－635.

② John R. Penrod，William M. Gentry. The Tax Benefit of Not-for-profit Hospitals. In David M. Culter（ed.），The Changing Hospital Industry：Comparing Not-for-profit and For-profit Institutions. Chicago，IL：University of Chicago Press，2000：285－324.

③ Lipman Harvey. Cities Take Many Approaches to Valuing Tax-exempt Property［J］. Chronicle of Philanthropy. 2006b，19（4）：14.

④ Brody Evelyn and Joseph Cordes. Tax Treatment of Nonprofit Organizations：A Two-edged Sword?. In Elizabeth T. Boris and C. Eugene Steuerle（eds），Nonprofits and Government：Collaboration and Conflict，Washington DC：Urban Institute Press，2006：141－180.

产税的减免额应在 90 亿 ~ 150 亿美元之间①，尽管数据估计存在差异，但这些估计足以显示出政府的税式支出损失非常大。

第四节 文献评述

政府的财政扶持对社会组织的发展至关重要，前人对社会组织财税政策的理论依据、财税政策的功能定位与工具选择以及政策效果进行了大量的研究。在梳理国内外大量文献之后，从本书的研究角度观察，这些文献的贡献及不足之处如下。

一、现有文献的贡献

第一，前人已经对社会组织财税政策的理论依据做出了系统性的阐述，对社会组织的定位、政府与社会组织的关系、国家治理能力、资源配置、收入分配、税基界定等多个维度来透析社会组织财税政策的理论依据。在这些理论中，政府与社会组织的关系理论对政府财政政策的制定与执行以及解释政府财政政策的动态变化提供了最直接的理论依据，为本书从财政学的角度研究社会组织的财税政策提供了宝贵的思想指导。

第二，学者们对社会组织财税政策的职能已经做出了明确的定位，并评估了政策工具的作用效果。这对于结合我国社会组织的发展情况研究应当出台怎样财税政策具有重要意义。

第三，社会组织财税政策存在多重影响，涉及政府、市场、社会组织、服务使用者等多方的利益。学者们分别从社会组织的自治力、

① Bowman, Woods and Marion Fremont - Smith. Nonprofit and State and Local Governments. in Elizabeth T. Boris and C. Eugene Steuerle (eds), Nonprofits and Government: Collaboration and Conflict, Washington DC: Urban Institute Press, 2006: 181 - 213.

资源配置、收入分配、政府职能转变、税基损失等多个维度，通过规范分析、模型推导、实证检验等一系列研究方法较为系统全面地分析了社会组织财税政策的政策影响。这些研究有助于进一步正确认识和深刻了解社会组织财税政策工具的功能效果，对于本书提出相机抉择的财税政策体系具有重要的指导意义。

二、现有文献研究存在的不足之处

第一，研究对象与研究视角的范围比较狭窄。首先，大部分文献没有从国家治理的高度来研究社会组织的财税政策，更多的是出于部门利益。其次，无论是理论研究还是实证研究，其研究对象主要集中在非营利组织的财税政策，对社会组织财税政策的关注度较低。当然，这种研究背景也与各国社会组织发展的具体情况有关。最后，在研究过程中，学者们主要从不同主体行为的变化以及资源配置效率等角度来考察社会组织的财税政策及效果，然而这些研究似乎忽视了财税政策自身对政府财政收支状况的影响，政府财政收支的压力会迫使其逐步削弱对社会组织扶持的力度，进而影响了政策的持续性和稳定性，这也是导致很多社会组织自治力减弱、出现使命漂移现象的重要原因。

第二，现有文献对慈善捐赠的研究已汗牛充栋，但对财税政策经济效应（如公共产品的提供程度、对行业竞争的影响、对整个宏观经济的影响）的研究仍然相对不足，社会组织作为整个社会的重要经济实体，这些效应可能会对整个国家宏观经济产生巨大影响，这也是今后研究中需要继续努力的方向。同时，在考察慈善捐赠时，学者们极少把志愿服务时间这一因子纳入慈善捐赠的范围进行讨论。本书认为志愿服务时间是捐赠的重要方式之一，不考虑志愿服务时间因素会在一定程度上弱化实证研究的解释力。

第三，对税收优惠所形成的税式支出损失进行评估依然是一个世界性难题，尽管一些学者对不同税种的税收减免做出了估计，但也仅仅是局部性、小范围的，一旦我国政府扩大税收优惠与减免的力度，学者们应配合政府部门对这部分的损失给予密切关注和高度重视，确保政策的有效性。

针对以上几个需要进一步研究的地方，本书希望在三个方面有所突破：第一，在国家治理理念下，社会组织财税政策该如何定位，财税政策的着力点在哪里；第二，现有的社会组织财税政策的效果如何，能否利用现有数据展开相应的实证研究，对中国现有财税政策的政策效果进行评估；第三，结合中国财税体系现状，制定怎样的财税政策体系以及相应的制度才能适应社会组织的发展，使之真正成为国家治理的重要一极。

第三章　国家治理视角下中国社会组织财税政策的理论分析

第一节　国家治理视角下中国社会组织财税政策的理论基础

一、国家治理理论

国家治理理论从全局的高度出发，综合地考虑了政府、市场与社会三位一体的良性互动关系，对中国社会组织财税政策体系的构建具有重要的战略性意义，为中国社会组织财税政策的制定与执行提供了最根本的理论依据。

（一）国家治理的内涵

国家治理是治理理论在国家关于社会事务管理中的应用，是国家运用公共权威治理公共事务，既包括对处于内部系统的政治关系和行政关系的治理，也包括对外部系统的国家与社会关系的治理，主要涉及国家权力运行与监督的治理和政府与社会关系的治理。不同国家由于国家性质、国家发展程度的不同，其国家治理的内容、国家治理改革的动因、途径和侧重点的选择也会有所不同。从发达国家的治理实践来看，国家治理主要体现为“针对性”治理，国家治理的核心问题是政府治理；而对发展中国家而言，国家治理则主要侧重于“全面性”治理，既强调政府的分权化治理，又强调政治民主化进程的推进；不仅需要通过推动制度建设、推进民主化进程、重塑价值共识来塑造自上而下推动的良性秩序，还需要培养中国基层社会的相对自主性，在社会成长与国家治理之间构建良性的和谐互动关系，呼吁形成多中心、网络化的合作治理格局，从而实现有效的国家治理（麻宝斌等，2013①）。

与国家统治不同，国家治理首先强调治理主体的多元化，既可以是政府，也可以是微观实体，还可以是政府与微观实体间的合作；其次，从管理过程来看，国家治理是个上下互动的管理过程，它主要通过合作、协商、伙伴关系、确立共同的目标等方式实施对公共事务的管理，其权力向度是多元的、发散的；最后，从权威的基础和性质来看，国家治理的权威主要源自公民的认同与共识，以自愿为主。

（二）国家治理的核心要素

国家治理体系和治理能力是国家治理的核心要素，国家治理体系反映的是国家治理的结构，而国家治理能力强调的是国家治理的功能，二者是一个有机整体，相辅相成。国家治理现代化集中体现为国家治理体系现代化和国家治理能力现代化。

1. 国家治理体系

国家治理体系涉及国家治理各类主体的功能定位、基本结构、运行规则、操作规则与策略。国家治理体系包含三个层面的内容：第一，“理念”层面，理念决定了国家治理体系的目标，甚至还会影响达到目标所采取的方式；第二，“制度”层面，即在特定理念指导

---

① 麻宝斌等. 公共治理理论与实践［M］. 北京：社会科学文献出版社，2013：114－144.

下，为实现目标所采取的一系列经济、政治、社会等领域的形式安排，具体体现为规范政治权力运行、维护公共秩序、促进公共利益的一系列制度和程序；第三，“技术”层面，即一系列具体的技术手段和相应的配套改革。

从具体的构成来看，在横向上，国家治理体系可以分为经济治理、政治治理、社会治理、文化治理与生态治理。其中，经济治理包括市场治理、企业治理和行业协会治理等。政治治理包括政府治理、政党治理和司法治理等。社会治理包括社区治理、社会组织治理等。在纵向上，国家治理可以分为全国性的国家治理、地方治理和基层社会治理（张小劲、于晓红，2014①）。

2. 国家治理能力

从本质上讲，国家治理能力是一种治理主体自我重构的能力，即国家通过改造自身体制、与社会组织和公民相结合共同构建自主性治理网络的能力。胡鞍钢等（2014）指出，国家治理能力是实现国家治理目标的实际能力，包括国家机构履职能力、人民群众依法管理国家事务、经济社会文化事务、自身事务的能力以及运用中国特色社会主义制度有效治理国家的能力②。

世界银行自1996年起就建立了一套衡量国家治理能力的指标体系，并进行了多次的更新，目前这一体系由6类指标组成，包括：话语权与问责（voice & accountability），政治稳定与无暴力（political stability & absence of violence），政府效能（government effectiveness），规制质量（regulatory quality），法治（rule of law），遏制腐败（control of corruption），其中社会组织（包括志愿机构、贸易协会和专业性团体），政府政策，政府/制度效能和市场竞争程度分别是衡量话

① 张小劲，于晓红．推进国家治理体系和治理能力现代化六讲［M］．北京：人民出版社，2014：53－63.

② 胡鞍钢等．中国国家治理现代化［M］．北京：中国人民大学出版社，2014：91－100.

语权与问责、政府有效性和规制质量的重要指标①。

二、社会组织在国家治理体系中的作用

从各国发展的实践来看，社会组织在提供服务、反映诉求、规范行为、促进民主等方面发挥着重要的作用。在宏观层面上，社会组织的发展有利于化解社会矛盾，促进社会和谐，保证长治久安，实现有效的社会治理和整个社会的良性发展。除了社会治理功能外，在微观层面上，不同类型社会组织分别在经济治理、政治治理、文化治理和生态治理方面也发挥着积极的作用，如图 3－1 所示。结合中国社会组织的分类，本书将社会组织在国家治理体系中的作用具体概括为以下几个方面。

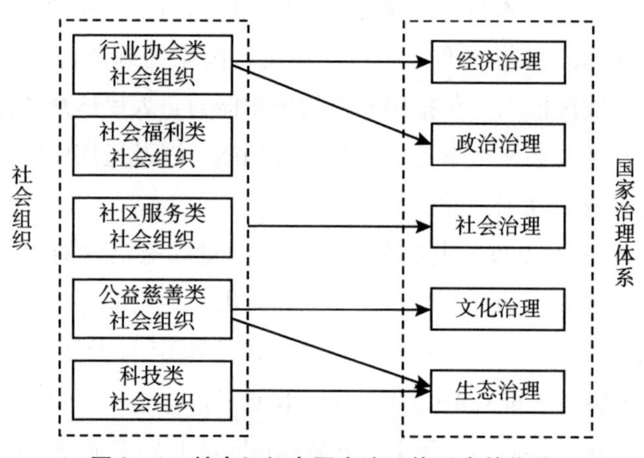

图 3－1 社会组织在国家治理体系中的作用

（一）发挥中观调控，规范市场秩序，完善经济治理

作为政府与企业间的桥梁，行业协会类社会组织能够汇集行业全

① Daniel Kaufmann. Aart Kraay and Pablo Zoido－Lobatón：Governance Matters［C］. World Bank. Policy Research Working Paper（2196）. Oct. 1999.

体企业的共同愿望，及时向政府转达企业的共同诉求，参与制定并贯彻落实国家宏观调控和产业政策，参与国家标准和行业标准的制定，协调本行业企业间的经营行为，并对本行业产品和服务质量、竞争手段、经营作风进行严格监督；推动技术创新和产业升级；扩大国际交流，帮助企业开拓国际市场；加强行业规范和自律建设，维护会员的合法权益，协调会员关系，稳定市场秩序；推动社会诚信体系建设，促进企业履行社会责任；发挥行业统计与分析功能，分析研究本行业所存在的问题，提出建议供企业和政府参考，进而为微观经济主体的发展提供良好的外部环境。

（二）实现政社分离，推动政府职能转变，完善政治治理

由于历史的原因，中国出现了大量的“官办”性社会组织（主要是行业协会类社会组织），这类社会组织多是20世纪八九十年代政府治理创新的产物，是由政府部门直接自上而下或内部设置生成的，挂靠在不同的政府职能部门下面，具有普遍的“官办”属性。作为行政机构的变形，这类组织内部官本位思想严重，缺乏服务意识，服务质量较差，缺乏自治能力，未能充分发挥社会组织的作用。

党的十八大报告指出要加快形成政社分开、权责明确、依法自治的现代社会组织体制，按照“政社分开、管办分离”的要求，行业协会商会要在机构、人员、财务等方面逐步与行政机关脱钩，改变行业协会商会的行政化倾向，分类推进行业协会商会类社会组织改革，政府通过购买服务这种契约方式代替过去的组织管理方式以进一步理顺政府与社会组织间的利益关系，规范政府与社会组织间的管理关系，实现了政府职能的转变，以完善政治治理。

（三）承接公共服务，激发民间捐赠，完善社会治理

随着治理理论和服务型政府理念的形成与发展，呼吁国家与社会关系重构的多中心治理理念已经成为全球性政府治理改革的共识。近

年来，中国行政改革的发展趋势逐步从公共行政转向公共管理，政府的角色开始从行政权力的配置向公共产品的供给转变，政府的行政管理也从中心控制向网络化的协同治理转变，强调多元治理中心。在公共服务的提供上，政府出于节约成本的考虑，选择购买服务的方式来取代以往直接提供服务的方式，引入市场竞争机制，选择微观企业和社会组织等多元化实体共同参与公共服务的供给，社会组织在这个过程中承接了部分公共服务的供给工作，促进了社会专业化分工。

社区服务类社会组织通过一套规范的标准，开展意见征求、摸底调查、基础数据统计，使群众的需求得到及时反映，积极参与社区事务的管理与服务，不断完善社会服务项目，弥补了政府职能的缺位。社会福利类社会组织和公益慈善类社会组织的一个主要的功能是社会救济，他们致力于社会公益事业，通过开展公益慈善活动激发民间捐赠，号召志愿者参与到扶贫救济的活动中，解决那些政府职能缺位而市场组织无暇顾及却又与社会、人类切身利益相关的重大社会问题，对弱势群体或边缘性社会群体施以援手，动员社会资源不断投入到国家的慈善事业中，推动国民收入的第三次分配，减少社会冲突因素的产生，及时化解社会矛盾。

（四）开展政策倡导，推动民主化建设，完善文化治理

伴随着社会群体性事件的逐年增多以及自然灾害的频发，公益慈善类社会组织以志愿参与、利他互助、慈善公益等理念在人与人、人与社会、人与自然之间搭建理解、对话、互动的桥梁，倡导“互助、博爱、共享、进步”，弘扬人道主义精神，引导公民树立正确的社会责任观和理性的社会财富观。通过电视、广播、报纸、网络等众多媒体宣传加大民众对发展慈善事业的认识，增强公民的慈善意识。公民通过自主结社将彼此间具有共同需要的利益诉求和权利意识达成集体意志，通过集体行动的方式参与到公共事务中，通过表达与参与形成话语权。

作为推动社会公益事业的主体之一，社会组织在立法与公共政策的倡导方面发挥着举足轻重的作用。社会组织积极地参与相关立法与公共政策的制定，通过表达其利益诉求和政策主张努力在立法与公共政策的制定过程中实现更为广泛的社会公正，以达到政策结果的公益性和普惠性，以此推动整个国家的民主化建设，不断完善文化治理。

（五）发挥舆论倡导，推动科技创新，完善生态治理

把生态文明建设放在突出地位融入各项建设的全过程是发展中国特色社会主义的必然选择，是促进社会和谐的基础和保障。科技类社会组织凭借其较强的文化普及力，组织开展生态文明理论知识的宣传普及、生态环保政策法规宣传普及以及生态文明科学知识普及，公益慈善类社会组织通过环保活动的开展，激发了民众的环保热情，培养公众参与生态文明建设的自觉意识和志愿服务精神，推动公民的绿色生活方式。此外，一些科技类社会组织通过开展新能源技术、节能减排技术和可再生能源技术等方面的技术研究，动员了社会资源，促进创新要素的聚集，形成了“科技 + 产业 + 资本”的新型运作模式，用科技创新来武装环境保护，不断完善生态治理。

三、财税政策影响社会组织发展的传导机制

尽管社会组织在国家治理体系中发挥重要的作用，然而财力的有限、自身发展的不足以及志愿失灵等缺陷要求社会组织需要借助良好的外部制度环境来推动自身的发展，其中，政府的财税政策就是一股重要的外部力量。财税政策如何作用于社会组织的发展，这个过程中存在着何种传导机制？图 3 – 2 为财税政策影响社会组织发展的传导机制图，能够较为清晰地反映财税政策对社会组织发展的影响。

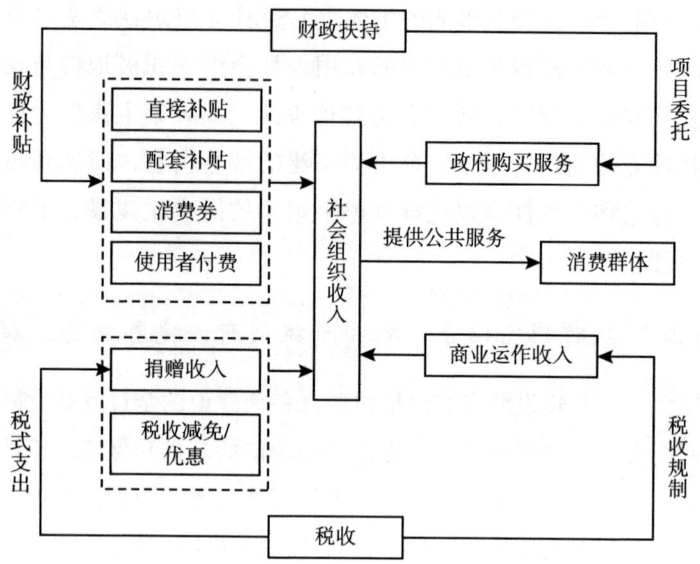

图 3－2　财税政策影响社会组织发展的传导机制

资料来源：周旭亮．非营利组织“第三次分配”的财税激励制度研究［D］．济南：山东大学，2010：43．

（一）财政扶持对社会组织发展的影响

1．财政补贴

财政补贴是指一国政府根据一定时期政治经济形势及方针政策，为达到特定目的，对制定的事项由财政安排的专项资金补助支出。从各国的实践来看，政府向社会组织提供财政补贴的形式多种多样，不同财政补贴形式对社会组织的发展影响各不相同。按照补贴对象的不同，财政补贴分为生产方补贴和消费方补贴。生产方补贴是政府通过财政专户直接向社会组织拨付资金，以支持其日常运营活动和提供公共服务。消费方补贴是政府不直接向社会组织提供财政资金支持，而是向为社会组织提供服务的使用者发放补贴，通常采取发放消费券、使用者付费等形式。

直接补贴能够为特定类型社会组织初期的发展提供必要的物质基

础，一般采取开办费、设备购置费、房租经费补贴、人员经费补贴等多种形式，以激发社会组织初创期的能力建设。配套补贴通过为社会组织开展项目提供必要的配套资金，进一步巩固了社会组织项目的实施能力，强化其对公共产品/服务的提供。消费券作为一种间接资助方式，是政府对符合相关标准的消费者发放消费券，并由消费者在特定范围内的社会组织那里去购买相关的服务。消费券制度的特点是政府不直接向社会组织提供财政资金支持，而向被服务群体发放消费券或消费卡，由他们自主选择社会组织的服务。消费者凭借政府发放的消费券向社会组织购买社会服务，而社会组织凭借从消费者处获得的消费券向政府报销。使用者付费是指在社会组织提供公共服务的过程中，政府负责较大部分的公共服务费用，并要求消费者按照“谁使用，谁付费”的原则，收取部分成本费用。社会组织提供服务的资金一部分来自政府财政资金，另一部分来自消费者支付的费用。相对于其他的政府财政支持方式，消费券和使用者付费对社会组织的绩效激励效应较强，有利于促进社会组织间的竞争，提升社会组织提供公共服务的质量。

当然，除了上述几种财政补贴的方式外，各国政府还积极探索了其他多种形式的财政补贴，后面将对此展开详细的叙述。

2. 政府购买

与政府相比，社会组织在提供特定类型公共服务、公共管理事务等方面更具备比较优势，而这些服务又是政府执政过程中的分内之事。伴随着有效政府理念的发展和政府职能的转变，政府通过合同契约的形式向社会组织购买服务，为社会组织开展项目提供必要的资金支持，确保社会组织提供服务过程中资金链条的稳定性，有助于增强社会组织的经营能力和服务能力。

（二）税收对社会组织发展的影响

1. 税式支出

政府向社会组织提供的税式支出主要涉及捐赠扣除与社会组织的

税收减免/优惠，政府通过向捐赠人给予捐赠扣除激发捐赠行为的增加，社会组织可以从中获得更多的捐赠收入，支持其项目的开展，维持其日常的经营活动。与此同时，收入来源多元化是保证社会组织高度自治的一个必要的物质基础，增加捐赠收入有助于强化社会组织自治能力的建设，减少社会组织行为的异化。

由于社会组织在提供公共产品/服务方面发挥着巨大的作用，且存在剩余不分配的约束，因此政府应当对于社会组织开展的部分业务活动给予税收差别待遇，即社会组织可以在增值税、营业税、房产税等方面享受低税率的税收优惠以及免税待遇，这在一定程度上可以减少社会组织的营运支出，将节省下来的财力用于更多的项目中，实现社会组织的持续健康发展。

2. 税收规制

随着社会组织（特别是养老院、日托机构等社会服务机构）的兴起，迫于支出的压力，社会组织开始探索商业化的运营模式，然而社会组织所享有的税收减免优惠会导致这类组织与市场上的营利机构在产品/服务的提供上产生不正当竞争，这对市场秩序产生了巨大的冲击，违背了政府、市场与社会的良性互动的原则，威胁了营利企业的利益。为了维护市场秩序的统一，政府应当按照法定的税率对社会组织从事的商业性活动进行征税，规范社会组织的经营行为，尽可能减少社会组织行为的使命漂移，保证市场的有效竞争。

第二节　国家治理视角下中国社会组织财税政策的着力点与职能定位

一、国家治理视角下中国社会组织财税政策的着力点

按照世界银行国家治理能力指标体系的要求，社会组织财税政策

的制定与实施要使国家治理能力在话语权与问责、政府有效性、规制质量、法治和控制腐败方面有新的突破，如表3-1所示。

表3-1 国家治理视角下中国社会组织财税政策的着力点

总指标	指标解释	着力点
话语权与问责（VA）	反映一国公民参与公共事务的民主化程度，包括公民的选举权、言论自由权、结社自由权、媒体自由权	社会组织参与公共事务的程度提高，影响政府行为决策的能力提升，公共价值的倡导能力增强
政治稳定性与无暴力（PV）	反映一国政府基于非宪法或暴力因素被推翻或动荡的可能性，如政治暴力、恐怖主义	
政府有效性（GE）	反映政府提供公共服务、履行行政事务的质量、不受政治压力制约的程度、政策制定与实施的质量以及政府对这些政策做出承诺的可信度	公共服务的供应质量提高、提供成本降低、公共支出效率提升；财政政策具有较强的连贯性，存在前瞻性的规划，能够保证财政活动的可持续
规制质量（RQ）	政府制定与执行允许私人部门发展的政策及规制的质量	财税政策要防止不公平竞争，对社会组织从事的商业活动给予必要的税收规制，减少税收优惠带来的扭曲效应
法治（RL）	反映机构遵守社会规则、履行合同契约、保护私人财产权、公安执法、法院司法运转、防治犯罪与暴力的程度	财税政策的制定要坚持财税法定的原则，遵循宪法及相关法律的规定，合同的执行要体现契约精神，保证政府资金的及时到位
控制腐败（CC）	反映公权力用于获得私人收益的程度	为获得政府合同做出额外支付，合同实施过程要确保项目执行中的透明度

资料来源：Daniel Kaufmann，Aart Kraay and Pablo Zoido - Lobatón. Governance Matters - Aggregate and Individual Governance Indicators（1996 - 2008）[C]. World Bank：Policy Research Working Paper（4978）. Jun. 2009.

第一，话语权与问责指标强调一国公民参与公共事务的民主化程度，政府通过向社会组织提供相应的财政扶持政策鼓励社会组织积极参与公共事务的管理，在公共事务的管理过程中，社会组织对于政府行为决策的影响力大幅提升，公共价值的倡导能力不断增强。

第二，政府有效性指标强调政府提供公共服务、履行行政事务的质量、不受政治压力制约的程度、政策制定与实施的质量以及政府对这些政策做出承诺的可信度。社会组织财税政策要致力于实现公共服务质量的提升、提供成本的降低、公共支出效率的提升，财政政策需具备较强的连贯性，具备科学的前瞻性发展规划，确保财政活动的可持续。

第三，规制质量指标强调政府制定与执行允许私人部门发展的政策及规制的质量。社会组织财税政策的制定要遵循公平原则，既要为社会组织提供公共服务给予必要的财政补贴和税收优惠，又要维护市场秩序，对社会组织所从事的商业活动给予必要的税收规制，完善资源配置效率，减少税收优惠所带来的扭曲效应，抑制社会组织与营利部门间的争利行为，避免不正当竞争。

第四，法治指标反映机构遵守社会规则、履行合同契约、保护私人财产权、公安执法、法院司法运转、防治犯罪与暴力的程度。社会组织财税政策的制定与执行要坚持财税法定的原则，遵循宪法及相关法律的规定。政府与社会组织间合同的执行要体现契约精神，保证政府资金的及时到位。

第五，控制腐败指标要求财税政策的制定与执行要尽可能减少公权力用于获得私人收益的可能。为了实现这一目标，需要用法律来监督、约束政府政策的制定与执行过程，真正地实现把权力关进制度的笼子。

二、国家治理视角下中国社会组织财税政策的职能定位

国家治理理念要求政府在制定与落实社会组织财税政策的过程中要从全局出发，充分考虑到政策实施过程中可能存在的各种利益冲突与矛盾摩擦，加强顶层设计和整体规划，完善各个领域的改

革，强化各项改革之间的关联性、系统性和协同性，明确财税政策的职能定位。

（一）提升社会组织的自治能力，发挥社会组织的民主治理功能

在现代国家构建过程中，国家与社会关系的调试是国家治理的基本内容，理想状态下国家治理的最佳选择是一个规模适度、制度合理、能力充分、治理有效的“强国家”与一个理性自律、自主自立、自助自治的“大社会”的良性互动。目前财税政策的首要职能是扶持社会组织的发展，实现从补血到造血，让社会组织真正成为国家治理的重要一极，政府通过对社会组织制定必要的财税激励提升社会组织的自治能力，发挥社会组织的民主治理功能，按照托克维尔（Tocqueville）的观点，社会组织民主功能的重要性要远胜过社会组织“提供公共服务”和“经济功利主义”的功能（Smith & Lipsky，1989/90①；Smith & Grønbjerg，2006②）。

（二）满足社会公共需要，提升政府服务效能，优化资源配置

一方面，与政府相比，社会组织能够更为及时地洞悉公民对公共产品/服务的社会需求，政府以购买服务的形式履行其公共事务的管理和公共服务的提供职能，既可以大大降低政府的支出成本、提高支出效率，又可以抑制公共产品/服务供应与需求的错配，减少供求结构的不平衡，减少政府职能的越位与缺位。另一方面，社会组织能够提供政府与市场均难以提供的特定类型的产品/服务，政府通过提供

① Lipsky Machael and Steven R. Smith. Nonprofit Organizations, Government, and the Welfare State [J]. Political Science Quarterly. 1989/90, 104 (4): 625 -648.

② Steven Rathgeb Smith and Kirsten A. Grønbjerg. Scope and Theory of Government - Nonprofit Relations. In Walter W. Powell, Richard Steinberg (eds). The Nonprofit Sector: A Research Handbook. New Haven, Conn.: Yale University Press, 2006: 221 -242.

财税支持（如税收减免、财政补贴）鼓励社会组织的发展有助于提升社会组织的服务能力，增加其对特定产品/服务的供应数量与质量，提高了社会的专业化分工水平，优化了现有的资源配置效率。

（三）提升社会组织的筹资能力，实现第三次分配

作为调节收入分配的第三只手，社会组织凭借捐赠扣除这一政策工具，通过开展慈善公益活动不断激发民间捐赠的增加，并将取得的捐赠收入用于支持特定公益项目的发展和满足特定人群利益的诉求，实现收入的第三次分配。除了捐赠扣除政策外，政府通过向社会组织捐赠收入给予配套补贴的方式可以直接激发社会组织筹集捐赠的努力，增强社会组织开展捐赠活动的积极性与主动性。

（四）维护市场秩序，保证公平竞争

为防止社会组织与营利企业间的不正当竞争，针对社会组织从事商业活动的行为，政府应当给予必要的税收规制，发挥税收工具的规制与边界巡逻职能，限制社会组织在商业部门的经营行为，确保市场秩序的有序与统一。

（五）完善财税管理体制，推动现代财政制度建设

政府间财政管理体制、税收体制和预算管理体制的科学性、规范性和可预见性是衡量现代财政制度建立的重要标志，社会组织财税政策的制定对于规范现有的财税管理制度、建立现代财政制度影响深远。

首先，新一轮的社会组织财政扶持服务政策会进一步触及政府间事权与支出责任的划分问题，在目前已经严重走样的分税制下，很多地方政府很难为此次的政策实施提供充足的财力支持，深化政府间的财政管理体制改革迫在眉睫；其次，社会组织的税收减免优惠直接威胁到现有的税制管理体系，以间接税为主导的税制体系无法为税收减

免政策提供良好的制度支持，税基减少会对现有的个人所得税、房产税产生巨大冲击，倒逼以间接税与直接税为主导的双主体税制体系的建立，有助于推动个人所得税、房产税的改革以及遗产税和赠与税的开征；再次，社会组织的财政补贴与购买服务政策涉及财政支出的预算管理问题，由于很多项目都是跨年的，因此，原有的年度预算管理的限制会影响政府对项目的决策选择，不利于政府更好地履行服务职能，建立健全财政中期规划势在必行；最后，税式支出预算尚未列入现有的全口径预算管理体系中，社会组织的税收减免以及捐赠扣除必然涉及大规模的税式支出，强化社会组织财税政策的预算管理对全口径预算管理体系的建立提出了新的要求，税式预算的建立刻不容缓。

第三节　国家治理视角下中国社会组织财税政策需要处理好的几个关系

在社会组织财税政策的制定与执行过程中，涉及社会组织、政府、市场、公民等多方利益格局的重新调整，涉及政府、市场与社会关系的大变革，在这个过程中需要处理好以下几个方面的关系，以保证财税政策的持续性、稳定性和有效性。

一、正确处理政府、市场和社会三者的关系

国家治理理念强调政府、市场与社会三个子系统的协同互动，财税政策在扶持与规范社会组织的发展过程中要充分考虑政府、市场与社会的关系，明确政府与社会组织、社会组织与市场之间的活动边界和职责范围，加快政社分开，尽可能减少政府职能的越位与缺位，推进社会组织依法自治、发挥作用，同时避免政府放权所带来的责任向社会组织推诿。警惕政府支持对社会组织筹资的逆向激

励，避免政府过度干预所产生的社会组织异化，减少社会组织的使命漂移与志愿失灵。发挥市场在资源配置的决定性作用，注重行业协会商会在开放型市场体系中的作用，减少非营利部门与营利部门的争利行为，尽可能减少财税优惠所带来的扭曲效应，实现整个社会资源配置效率的最大化。

二、正确处理财政支出与赤字压力的关系

尽管政府扶持在推动社会组织发展（特别是初创期发展）的过程中发挥着举足轻重的作用，然而，无论是财政补贴（包括实物补贴和货币补贴）还是政府购买服务，都会给政府财务带来巨大的赤字压力。与此同时，财政支出往往存在着刚性增长的趋势，政府需要对用于支持社会组织提供公共产品/服务的那部分财政资金做出详细的项目规划与预算安排，建立中长期支出框架，确保资金流的持续与稳定。

三、正确处理地区经济差距与社会组织发展不平衡的关系

国家治理理念强调全国性治理、地方治理与基层社会治理的协调发展，社会组织的发展与本地区经济发展水平高度相关，不同地区间社会组织的发展既存在着存量的差异，也存在着增量上的差异。为了改善社会组织在地区间发展不平衡的局面，社会组织财税政策的制定与执行要立足于中国的财税管理体制、政府间财权与财力、事权与支出责任划分的实际，做到政策的制定与本地区的财政情况、经济发展水平相适应。中央政府与地方政府之间应进一步调整事权与支出责任的划分范围，中央进一步上移事权，通过有效的转移支付机制以减少地区间的差距。

四、正确处理税收减免优惠与税基侵蚀的关系

政府在向社会组织以及捐赠人提供税收减免优惠的过程中会产生一定规模的税式支出，由于全口径预算中尚未囊括税式支出预算，因此，政府每年的税式支出金额无从获知。与此同时，中国的税制体系是一个以间接税为主体税种的税制体系，个人所得税在整个税制体系中所占比重较小，对捐赠人的费用扣除会进一步减小个人所得税的税基，需要通过不断完善现有的个人所得税征收管理体制来缓解税基侵蚀的问题。

第四章 中国社会组织财税政策的现状：组织发展与政策实践

第一节 中国社会组织的历史演变与发展现状

一、中国社会组织的历史演变

中国从清末和民国时期起就开始出现了学会、商会、教育会等一些处于萌芽状态的现代意义的民间社团，但影响力极为有限。伴随着中华人民共和国的成立，原有的一些民间团体逐步解体，有的自动终止，有的被纳入党政体制，成为新的机构。一些人民团体（如中华全国总工会、中国共产主义青年团、中华全国妇女联合会等）作为准政府组织，在贯彻落实党的各项方针政策、参政议政、反映群众诉求和动员群众参与经济社会建设方面发挥着积极的作用，成为党联系各界群众的重要桥梁和枢纽。改革开放以来，中国社会发生了深刻的变化。经济活动的组织方式逐步从计划经济向市场经济转变，社会服务的组织方式也随之发生变化，即从单位制向社会化转变，特别是政府职能开始从微观干预向宏观调控转变，这些有利的外部环境为社会组织的发展提供了广阔的空间，社会组织通过与政府部门、市场部门的合作逐步形成了一种良性互动的社会化管理模式，在组织社会经济生活和介入社会治理等环节发挥着举足轻重的作用。总体而言，改革开放后中国社会组织的发展大致分为以下四个阶段。

（一）初步探索期（1978～1992年）

党的十一届三中全会以后，伴随着市场经济的发展和对外开放，中国社会出现了第一波结社高潮。这个阶段主要是由具有结社传统的知识分子推动社会组织的发展。据不完全统计，1978年全国有78家学会、研究会及分会成立，到1979年有249家，学术类社会团体的发展在20世纪80年代中后期达到高潮。以科学技术协会（以下简称"科协"）为例，截止到1987年底，科协下属的全国性协会有146家，分会1555家，乡镇科普协会有46569家[①]。除了学术性社会团体外，其他各类社会团体也得到了快速发展。自1981年起，中国食品工业协会、中国广告协会、中国交通运输协会等具有行业协会性质的社会团体相继成立。同时，社会团体也在省份、城市层面得到了广泛的认同与发展，如安徽、山东等地的农村开始出现农民读书会、老年人协会等社区组织。

随着1978年国务院恢复红十字会的工作，政府开始鼓励教育、社会和文化领域基金会的发展，拉开了以基金会为主体的各类公益社会组织发展的序幕。1981年，中国儿童和少年基金会以及华侨茶叶发展研究基金会在北京成立，此后，又有包括宋庆龄基金会在内的十多家基金会成立。与此同时，各地还形成一批小规模的基金会，这些基金会大多带有集资或公益的性质，如职工基金会、退休基金会、人口基金会、教育基金会等。

然而，社会组织在面对改革开放释放的巨大能量的同时，却潜藏

① 王名．社会组织概论［M］．北京：中国社会出版社，2010：81－82．

着巨大的治理危机。社会组织外部没有相应的法律法规给予约束，而内部也没有成熟的治理结构进行规范。1988 年与 1989 年国务院相继出台了《基金会管理办法》《社会团体登记管理条例》，1990 年政府对社会组织实施了相应的清理整顿工作，但只是初步的管理。整体而言，这一时期社会组织的管理一直处于较为混乱的状态。

（二）规范管理期（1993 ~2000 年）

由于政府在初步探索期没有对社会组织进行完善的规范管理，致使社会团体出现了粗放式发展的局面，为了扭转这一局面，政府开始对社会团体实行归口管理，形成了社会团体的登记注册机制，并对社团实行登记管理机关与业务主管单位双重负责的管理体制。

1997 年，政府对社会组织展开了全面的清理整顿工作，并颁布了新的《社会团体登记管理条例》和《民办非企业单位登记管理暂行条例》，在制度上对双重管理体制做出具体而清晰的规定，严格的制度约束促使社会组织的发展更加规范，但同时也使得社会组织的发展更加缓慢。在 1993 ~2000 年间，社会组织的数量呈现出微弱的先增后减趋势，从 1993 年的 16. 8 万个增加到 1996 年的 18. 5 万个，后逐步调整为 2000 年的 15. 3 万个，整体变动较为平稳，如图 4 –1 所示。

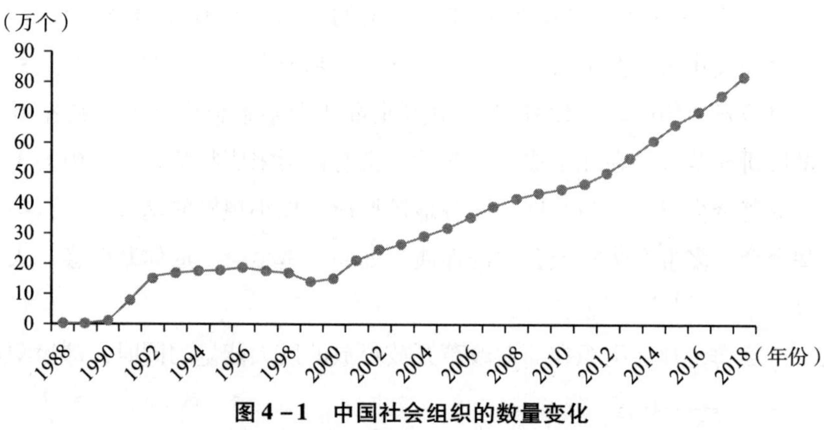

图 4 –1 中国社会组织的数量变化

资料来源：《中国民政统计年鉴（2017）》《2018 年民政事业发展统计公报》。

（三）快速增长期（2001～2012年）

进入21世纪，我国社会组织的增速较快，其数量从2001年的21.1万个增加到2012年的49.9万个，年平均增速约为8.14%，如图4－1所示。伴随着社会主义市场经济的逐步建立和政府职能转变的不断深化，政府对社会组织的作用也有了新的认识。2001年，中国加入世界贸易组织（WTO）后，行业组织在经济领域的作用日渐突出。在全球化以及多中心治理理念的推动下，政府将传统体制下由事业单位把控的一些社会服务领域，如教育、卫生、科研、文化等陆续向民间开放，各种形式的社会服务机构如雨后春笋般迅速发展起来。2004年，国务院颁布了《基金会管理条例》，将基金会区分为公募与非公募两种基本形式，在继续发展以公募为特征的传统基金会的同时，开辟了促进企业家和富人以散财为特征的非公募基金会的发展道路，自2005年以来，登记注册的基金会数量出现了显著增加。2007年，党的十七大报告提出要"发挥社会组织在扩大群众参与、反映群众诉求方面的积极作用，增强社会自治功能"，将社会组织的发展提高到了战略高度。2012年，党的十八大报告提出要"加快形成党委领导、政府负责、社会协同、公众参与、法治保障的社会管理体制，……加快形成政社分开、权责明确、依法自治的现代社会组织体制"。这些有利的外部环境和条件为民间社会组织的发展提供了更加广阔的空间。

（四）高质量发展期（2013年至今）

随着近年来我国社会组织法律政策体系的加快健全与完善，社会组织在国家治理体系中的地位和作用进一步巩固和提升，开始迈入发展的新时代。党的十九届三中全会把社会组织作为党和国家机构改革的一部分，社会组织第一次被纳入国家最高层面的机构改革进行设计，成为党和国家机构改革统筹谋划的一部分，社会组织成为党总揽全局、协调各方中的一支重要力量主体。这一时期，我国社会组织的发展呈现如下特征：第一，社会组织已经开始从快速增长阶段迈入高质量发展阶段，从重视数量扩张逐步转向更重视质量提升；第二，社会组织因受到监管部门的严格把关而在运营管理上更加规范；第三，社会组织为配合政府职能转变的需要，承接了更多社会管理事务，自身治理能力得以不断提升。

二、中国社会组织的分类

（一）社会组织的国际分类标准

国际通行的关于社会组织的分类方法主要有三种：第一种是联合国国际标准产业分类体系（ISIC），它把社会组织划分为 3 大类 15 小类；第二种是欧共体经济活动产业分类体系（GACE），它对 ISIC 进行了进一步的完善，把社会组织划分为 5 类 18 项；第三种是萨拉蒙（2002）根据 26 个国家的比较研究，建立了国际非营利组织分类标准（ICNPO），把社会组织分为 12 大类、24 小类，具体内容如表 4 -1 所示。

表 4 -1　　国际通行的关于社会组织的分类方法

分类方法	内容
联合国国际标准产业分类体系标准（ISIC）	1. 教育：小学教育、中学教育、大学教育、成人教育 2. 医疗和社会工作：医疗保健、兽医和社会工作 3. 其他社区服务和个人服务：环境卫生、商会和专业组织、工会、其他会员组织（包括宗教和政治组织）、娱乐机构、新闻机构、图书馆、博物馆及文化机构、运动和休闲机构
欧共体经济活动产业分类体系标准（GACE）	1. 教育：高等教育、中小学教育、职业教育和护理教育、研究与开发 2. 医疗与卫生：医院、诊所、其他医疗机构、牙医与兽医 3. 其他公众服务：社会公众、慈善机构、专业组织、雇主协会、工会、宗教组织、学会和旅行社 4. 休闲与文化：娱乐机构、图书馆、档案馆、博物馆、动物园和体育组织 5. 其他

续表

分类方法	内容
国际非营利组织分类标准（ICNPO）	1. 文化与休闲：文化与艺术、体育、休闲 2. 教育和研究：初等教育和中等教育、高等教育、其他教育、研究 3. 卫生保健：医院和康复、护理中心、心理健康和危机干预、其他卫生保健服务 4. 社会服务：社会服务、应急和救济、收入支持和维持 5. 环境：环境、动物保护 6. 发展和住宅：经济、社会和社区发展、住宅、就业和培训 7. 法律、倡导和政治：公民和倡导性服务、诉讼和法律服务、政治组织 8. 慈善中介和志愿促进 9. 国际 10. 宗教 11. 商业、行业协会和工会 12. 其他

资料来源：王名. 社会组织概论［M］. 北京：中国社会出版社，2010：6－20.

（二）中国社会组织的分类

按照民政部的分类方法，中国社会组织分为社会团体、基金会和社会服务机构三大类。其中，社会团体是指中国公民自愿组成，为实现会员共同意愿，按照其章程开展活动的非营利性社会组织；基金会是指利用自然人、法人或其他组织捐赠的财产，以从事公益事业为目的，按规定成立的非营利性法人；社会服务机构是指企业事业单位、社会团体和其他社会力量以及公民个人利用非国有资产举办的，从事非营利性社会服务活动的社会组织。这一分类方法与国际标准存在显著差异，国际分类标准较为具体，而官方的分类方法较为模糊，只是概括了各类社会组织的一般属性，并不能反映社会组织的特性与职能。

不同组织的宗旨、社会治理职能、资金筹集与运作方式往往存在显著差异，如果按照现有的官方这种分类来制定社会组织的财税政策，其政策制定的针对性和可操作性不强。王名（2010）从一种规范分析的视角对社会组织进行分类，首先按照社会组织的构成和制度特征将其划分为会员制组织和非会员制组织，按照会员制组织所体现的公益属性将其划分为公益型组织和互益型组织，其中公益型社会组织按照是否在民政部门登记注册分为免予登记公益型社会团体（人民团体）和一般公益型社会团体，而互益型组织按照其所体现的经济社会关系的性质分为互益型社会团体和行业协会等经济实体；非会员制组织按照组织的活动类型与功能分为基金型组织和实体型组织，其中基金型组织按照其运作资金的性质和类型可分为慈善募捐协会、公募基金会和非公募基金会，而实体型组织按照其资金来源和管理体制分为社会服务机构和事业单位，如图4-2所示。这种分类方法尽管能够从宏观上反映我国社会组织的构成全貌，且系统性较强，但从分类的实质来看，这一分类方法仍然是遵循着社会团体、基金会和社会服务机构的分类原则，存在着“覆盖范围较广，研究对象界定模糊”等问题，如果按照这种分类方法制定财税政策，依然会出现财税政策针对性和可操作性不强的问题。

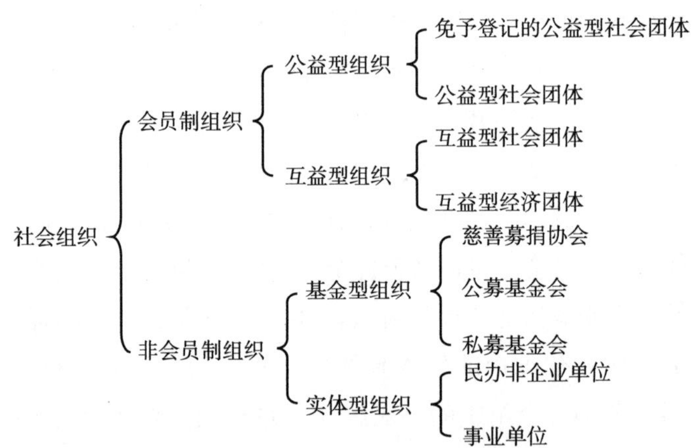

图4-2　中国社会组织的构成全貌

资料来源：王名．社会组织概论［M］．北京：中国社会出版社，2010：19-20.

在比较社会组织分类的国际与国内标准的基础上，本书认为，政府在制定扶持和规范社会组织发展的财税政策过程中应当打破现有的分类方式，按照社会组织所履行的治理职能对社会组织的分类进一步细化。为了便于分析，本书将中国社会组织分为行业协会类社会组织、社区服务类社会组织、社会福利类社会组织、公益慈善类社会组织、科技类社会组织5大类。在这种分类方法下，政府可以明确社会组织的扶持范围与扶持重点，通过扶持社会组织，借助社会组织这一治理载体解决当前中国经济社会发展中存在的重大矛盾、问题等，结合各类社会组织的属性、筹资与运作方式、社会治理职能等特色，制定适合各类社会组织发展的相机抉择的财税政策。

三、中国社会组织发展中存在的问题与瓶颈

尽管中国社会组织的发展取得了很多可喜的成就，社会组织的数量也在稳步增加，然而中国社会组织发展中仍然存在着比较严峻的问题，一些障碍、瓶颈也会制约社会组织的发展。具体而言，主要包括以下五个方面。

（一）社会组织的立法层次不高，组织分类缺乏法律依据

目前，中国关于社会组织的立法层次并不高，上位法有宪法的结社条款，现行的主要法规是《社会团体登记管理条例》（2016年）《民办非企业单位登记管理暂行条例》（1998年）和《基金会管理条例》（2004年）。同时，社会团体、社会服务机构、基金会等三种组织的分类缺乏法理依据，同一类型内部也缺乏同质性，如“民非”的类型就很难界定（贾西津，2014①）。由于我国一直奉行的是大陆法系，大陆法系强调法典的系统性，目前很多大陆法系的国家（如南非、保加利亚、俄罗斯等）对社会组织这一法人实体给予了立法，

① 贾西津．以统一立法解决现行社会组织的分类问题［N］．中国社会组织，2014－08－12．

制定了“非营利组织法”“非营利法人法”“非商业法人法”等；法国和德国把宪法基本法、民法典和结社法作为社会组织的基本法律制度框架。因此，我国也应加快社会组织的统一立法进程，突破社会团体、基金会和社会服务机构的分类，按照法人属性对社会组织进行分类及规制。

（二）社会组织的能力建设严重不足，社会治理功能难以充分发挥

由于大多数社会组织的形成时间较短，社会资源投入不足，外部的法律制度环境不利，加之政府财税扶持较弱，使得我国社会组织与很多发达国家的同类组织相比，存在着严重的能力不足。社会组织的能力不足，一方面表现为资源的匮乏，包括场地、设施、专业人员的能力、机构的运作能力、组织管理能力等所导致自身能力的不足。另一方面表现为社会组织在提供公共服务、发挥政策倡导和社会治理职能等方面的无法作为，社会组织的发展缺乏活力。

（三）双重管理体制限制了社会组织的准入门槛，存在严重的制度弊端

尽管双重管理体制在改革开放初期有利于规范社会组织的发展，然而随着改革的深入，双重管理体制的存在提高了社会组织的准入门槛，同时进一步造成了各类社会组织间发展不平衡的结果。在实践中，双重管理体制往往被简化为一种政治把关和共担责任的分权机制，这种体制实际上将社会组织和政府置于相互对立的关系，政府管理社会组织的首要目标是限制其发展并规避可能产生的政治风险（王名，2010①），这与国家治理的理念是相背离的。此外，对于那些获得资格认证的社会组织而言，这一体制会产生逆向激励作用，由于

① 王名. 社会组织概论［M］. 北京：中国社会出版社，2010：91.

社会组织面临的法律环境较为宽松，组织一旦获得资格认证就会觉得万事大吉，没有必要的政策给予支持和引导，同时政府对组织行为的监管非常有限。

（四）各类社会组织的总体结构不平衡，部分协会、商会行政色彩浓厚

长期以来，由于政府对“官办”类社会组织和非“官办”类社会组织予以区别对待：与政府职能部门关系密切的行业协会、商会等社会组织从政府所获得的照顾较多，取得的资源也较丰富，而自下而上形成的市场化运作的社会组织，政府给予的支持则相对不足，加之民间资源投入的有限，导致各类社会组织之间呈现明显的不平衡发展局面，“官办”类社会组织发展较快，而非“官办”类社会组织的发展往往面临着严峻的困境。“官办”类社会组织由于受到传统的官本位思想的影响，因此，这些组织的行为往往存在着较为浓厚的行政色彩。虽然我国正在致力于建立政社分开、权责明确、依法自治的社会组织管理体制，然而很多社会组织在与政府职能部门脱钩的过程中，并未完全遵循市场化规律来运作，“去行政化”的落实还不彻底。对于行业协会商会类社会组织而言，改革的核心是使其回归到“商”的本性，即通过建立必要的契约关系，对去行政化的组织进行市场化运作，以完善社会组织的制度建设，增强社会组织的活力。

（五）社会组织筹资渠道不畅，一些社会组织甚至出现使命漂移

筹资难、资金匮乏是制约社会组织发展的致命性瓶颈。目前，社会组织的筹资渠道不畅，很多社会组织的活动经费往往来自其负责人或合伙人个人经营的企业盈利，社会组织的运作方式不可持续，所开展的志愿活动和服务也因资金匮乏而大大减少，抑制了社会组织活力

的充分发挥。很多社会组织为迎合政府偏好，争取政府注资，积极参与政府购买服务项目，出现了只提供政府偏好型公共服务的倾向，甚至出现了使命的漂移。

第二节　中国社会组织财税政策的现状分析

一、中国社会组织财政扶持政策的实践

在我国，现阶段政府扶持社会组织发展的财政政策主要体现为直接的财政拨款、财政补贴、合同购买等。结合社会组织的能力、提供公共服务的质量以及各地的经济发展情况，合同购买与财政补贴存在着多种实践形式。

（一）财政拨款

财政拨款是指各级人民政府对纳入预算管理的事业单位、社会团体等组织拨付的财政资金，政府通过全额或差额拨款的形式来支持社会组织的运作。这类财政扶持的对象是部委所联系的直管协会、个别代管协会和一些事业单位。由于中国的很多社会组织是顺应政府的大部制改革自上而下产生的，基于历史的原因，这类社会组织的日常经营所需经费、一部分工作人员的工资薪金由财政资金全额负担，公益项目运作资金一般采取政府专项拨款的形式。这类社会组织协助政府承担了部分的公共服务事项。随着政社分离的实现，这些自上而下形成的所谓“官办”类社会组织开始逐步与政府脱钩，政府与社会组织之间的产权关系也要求进一步明晰，政府对这类社会组织的财政拨款逐步趋于规范。

（二）财政补贴

从中国政府向社会组织提供财政补贴的实践来看，财政补贴的方式仍然以生产方补贴为主，其中比较常见的是专项补贴和项目资助。部分地区开始试点消费方补贴的形式，如发放消费券和开展使用者付费，然而由于消费券和使用者付费这两种补贴形式的实质是政府对公共服务的购买。因此，本书将消费券与使用者付费这两种补贴形式纳入政府购买服务的范围进行讨论，此处不再赘述。

1. 专项补贴

专项补贴是指政府为了促进社会组织的发展，根据特定类型社会组织的实际运作及公益服务绩效等情况，在开办费、设备购置费、办公场地租金、人员培训等方面按照一定的标准给予资助，以强化其自身的能力建设。为加大社会组织的培育发展力度，促进社会组织的独立规范发展，中央政府与地方政府不断加大支持社会组织参与社会服务的补贴力度。自2012年起，中央财政每年通过民政部的部门预算安排2亿元左右的财政专项资金用于支持社会组织参与社会服务，主要资助的项目包括发展示范类项目（A类）、承接社会服务试点项目（B类）、社会工作服务示范项目（C类）以及人员培训示范项目（D类），专项补贴对扶持社会组织的发展发挥着积极的作用，且资金主要向中西部地区的社会组织服务倾斜。与此同时，我国也有多个地区出台了对原有以及新成立的社会组织给予专项补贴的财政扶持政策，社会组织一般通过申报的方式获得专项补贴。例如，上海市静安区、广东佛山市禅城区等相继出台了《静安区社会组织发展专项资金管理办法》《佛山市禅城区社会组织发展专项扶持资金管理办法》，对社会组织申报补贴的条件、补贴范围、补贴标准、程序操作等方面做出了明确的规定，如表4－2所示。

表 4 –2　各地扶持社会组织发展的专项补贴管理

地区	专项补贴管理情况
静安区	1. 补贴对象 直接服务于民生的公益性社会组织，枢纽型、支持型、专业社会工作类社会组织，行业协会以及具备行业组织性质的社会组织，其他确需扶持的社会组织 2. 补贴标准 （1）初创期经费补贴。直接服务于民生的公益性社会组织以及枢纽型、支持型社会组织在本区登记成立后，符合一定的人员从业要求，经认定，给予一次性初创期经费补贴 3 万元 （2）房租经费补贴。本区登记的直接服务于民生的公益性社会组织，在区内租赁自用办公用房的，根据租赁协议，经认定，给予日租金 30%、建筑面积不超过 200 平方米的补贴；本区登记的枢纽型、支持型、专业社会工作类以及具备行业组织性质的社会组织，在区内租赁自用办公用房的，根据租赁协议，经认定，给予日租金 40%、建筑面积不超过 200 平方米的补贴；属本区重点发展产业的新入驻的行业协会商会，在区内租赁自用办公用房的，根据租赁协议，经认定，给予日租金 50%、建筑面积不超过 200 平方米的补贴 （3）人员经费补贴。本区登记的直接服务于民生的公益性社会组织，引进专业人才、吸收全日制大专及以上学历人员就业，符合一定的人员从业要求，经认定，按照每人每年 1 万 ~2 万元的标准给予社会组织人员经费补贴，一个社会组织补贴人数最多为 3 人。本区登记的枢纽型、支持型、专业社会工作类社会组织，具备行业组织性质的社会组织，以及获得社会组织规范化建设等级评估 4A 级及以上的社会组织，引进专业人才、吸收全日制大专及以上学历人员就业，符合一定的人员从业要求，经认定，按照每人每年 2 万元的标准给予社会组织人员经费补贴，一个社会组织补贴人数最多为 3 人 （4）活动经费补贴。社会组织及行业协会在区内主办具有国内外影响力和一定规模的展览、会议等活动，经认定给予支出经费 30% 的补贴，一个社会组织一年补贴最多不超过 10 万元 3. 补贴管理流程 社会组织申报—服务中心初审—评审指导组审核—政府常务会议审议—专项资金使用的管理评估
禅城区	1. 补贴对象 在禅城区社会组织管理部门注册登记的社会组织 2. 补贴标准 （1）规范化建设扶持。首次获得社会组织等级评估 4A 级的奖励 2 万元，首次获得 5A 级的奖励 3 万元 （2）项目扶持。项目扶持资金用于扶持当年实施公益服务类、经济服务类、科学研究类、文化体育类等项目的社会组织。每年设置一定的项目扶持资金，并通过举办社会组织项目扶持创投大赛的形式，对每个评定的项目给予 5 万元到 10 万元不等的补助资金 3. 补贴管理流程 申报—评审—资金拨付（预拨资金总额的 60%，根据项目实施完成情况进行绩效评价）—信息公开与监督管理

除了对特定类型的社会组织给予专项补贴外，很多地区还积极建立社会组织培育基地和孵化基地，为公益类社会组织提供初期孵化、政策咨询、人员培训、项目指导等集约化服务，为社会组织发展提供良好的生存环境。一些地区（如广东中山市）通过对现有的社会组织进行甄选，探索枢纽型社会组织建设，以枢纽型社会组织为载体，畅通政府与社会组织的对话合作渠道，支持“枢纽型”社会组织带领相关社会组织开展基本公共服务、便民服务和社会公益服务，发挥核心带动作用，通过资源共享、协助互动形成良好的社会组织生态循环圈。

2. 项目资助

项目资助是指在某些特定领域（如卫生、医疗、教育或社会服务领域），政府为支持社会组织为民众提供公共产品和服务，向社会组织按照其所提供公共产品和服务的标准给予相应的经济补助，项目资助的标准和内容一般根据各国政府的支出偏好而定。项目补助是我国政府使用最为频繁，且拨款金额较大的财政补贴方式。

近年来，很多发达省市（如广东、上海等）开始不断探索对社会组织的项目资助，并形成了一些相对成熟的范式。以广东东莞市为例，2019 年，东莞市为回应社会发展需要，面向全市社会组织公开遴选一批社会急需的公共服务项目进行资助。全市 68 家社会组织成功申报了 82 个项目，经过项目申报—专家评审—立项公示—市政府评定等一系列环节遴选，最终确定了 28 个资助项目。这些项目主要分为两大类：一类是服务于该市产业转型升级，强化行业共建共治共享的项目，共 16 个，资助金额为 362.03 万元，用于支持这类项目信息共建共享、产业创新研究等；另一类是参与基层社会治理、资助社区公共服务的项目，共 12 个，资助金额为 159.83 万元，用于开展社区营造、社区矫正、社区康复等。

除了专项补贴与项目资助外，个别地区还出台了贷款贴息的补贴扶持政策。2013 年，广东深圳市政府曾针对社工组织融资难问题，探索创新融资模式，与建设银行合作推出了全国首个低息金融信贷产品——“融益贷”，以金融创新解决社会组织的政府购买支付延时和机构发展的资本支持问题。数家社工组织已在中国建设银行深圳分行实现了无抵押贷款，首批授信金额总计 1500 万元。

（三）政府购买服务

建立现代社会组织体制迫切要求政府与社会组织之间要实现政社分开、权责明确，社会组织要成为依法自治的独立法人实体。为进一步理顺与完善政府与社会组织的产权关系、培育和发展社会组织，政府将适合由社会组织提供的公共服务和解决的事项交由社会组织承担，通过向社会组织开展购买服务，支持社会组织承接政府职能转移，推进政府职能的转变和提高政府的行政效能。

2012 年，广东省率先在全国推出了《政府向社会组织购买社会服务暂行办法》，同年，同样作为全国首创，广东省财政厅发布《2012 年省级政府向社会组织购买服务项目目录》，将 262 项服务项目纳入第一批政府购买服务的范围。2013 年，随着《国务院办公厅关于政府向社会力量购买服务的指导意见》的出台，各地纷纷制定《政府向社会组织购买服务的暂行办法》，发布了《政府向社会组织购买服务目录》，明确了政府向社会组织购买服务的范围、程序方式和拨款安排，设计了政府购买服务的三级目录，逐步确立了政府主导、社会参与、公办民办并举的新型公共服务供给模式。这些规定所涉及的政府购买服务一般以合同购买的方式来实现，除了合同购买外，政府向社会组织购买服务的形式还包括消费券、使用者付费等方式。

1. 合同购买

合同购买是指政府[①]通过与社会组织签订合同，规定公共服务的数量和质量，并对社会组织的经营活动进行监督，政府依据合同的执

① 此处的政府是指经费由财政承担的各级行政机关和承担管理职能的事业单位。

行进度支付财政资金。合同购买的核心是通过建立政府与社会组织之间的契约关系，在保持政府和社会组织独立性的前提下，实现政府部门与社会组织合作提供公共服务的目的。这种财政支持方式有助于提高政府财政资金的使用效率，节约政府的财政资金开支。

（1）政府购买服务的范围。从各地出台的《政府向社会组织（或社会力量）购买服务的暂行办法》来看，尽管不同政府购买服务的内容有所差异，但购买内容以突出公共性和公益性为原则，购买范围主要集中在基本公共服务事项、社会事务服务事项、行政管理与协调事项、技术服务事项、政府履职所需辅助性和技术性事项6大类适合采取市场化方式提供、社会能够承担的服务。

（2）承接购买服务主体的选择。在实施政府购买服务的实践过程中，由于政府偏好的差异，不同省市政府对承接政府购买服务主体（以下简称“承接主体”）的资质认定有所不同。一些地方的政府（如上海、江苏）针对社会组织的资质做出了“依法成立的能够承担独立民事责任，内部治理结果健全，独立的财务管理、会计核算和资产管理制度，三年内无重大违纪行为”的一般性规定，然而部分地区（如山东、浙江等）的政府出于确保提供服务的数量与质量、降低购买服务过程的交易成本的意图对社会组织的资质认定往往过于严苛，倾向于选择获得3A以上评估等级的社会组织承接主体，这一做法实质上是对社会组织给予区别对待，不利于促进同类社会组织间的竞争，易导致地区内同类社会组织能力发展不平衡的局面。

（3）政府购买服务的方式与程序。多年来的政府采购实践为政府向社会组织购买服务提供了宝贵的经验，全国大多数省市已根据《中华人民共和国预算法》、《中华人民共和国政府采购法》（以下简称《政府采购法》）、《中华人民共和国合同法》等相关规定，结合本地区服务项目供应市场的实际，制定出了适应本地区发展的政府向社会组织购买服务的操作流程。各地出台的《政府向社会组织购买服务的暂行办法》中明确指出：对符合政府采购范围标准的项目采取以公开招标为主的政府采购方式；对市场竞争不充分、处于市场孵化期的部分公共服务项目探索邀请招标、竞争性谈判、单一来源采购、询价等其他多种采购形式；对重大项目、重大民生事项或党委、政府因工作需要临时确定的重要事项需向社会组织购买的服务由财政部门委托第三方机构开展公开招标的方式来实施；对不属于政府采购范围的项目（单笔金额较小的项目除外）通过公开竞争方式来实施。

在政府向社会组织购买服务的实践管理中，上海市杨浦区出台的《杨浦区政府购买社会组织公共服务实施办法（试行)》提供了一套行之有效的管理操作程序，涉及项目开展各个环节的管理，如图 4－3 所示。

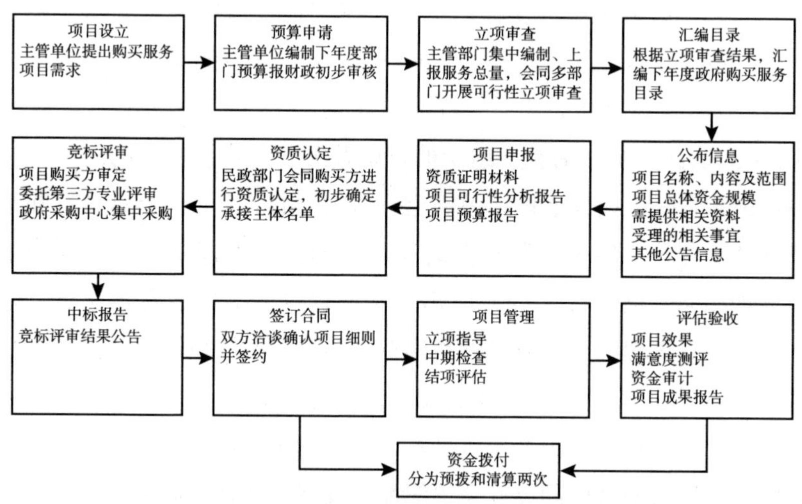

图 4－3　杨浦区政府购买社会组织公共服务的操作流程

在项目设立阶段，购买主体结合自身实际提出政府向社会组织购买服务的项目需求；在预算申请阶段，购买主体随同部门预算申报年度购买计划，报财政部门初步审核；在立项审查阶段，主管部门集中编制、上报服务总量，会同多个部门开展可行性立项审查；在汇编目录阶段，政府将立项审查结果汇编成购买服务目录；在公布信息阶段，民政部门向社会组织公布政府购买服务项目的有关信息，发布投标邀请书，投标邀请书涉及购买服务项目的名称、申报项目的内容及范围、实施项目的总体资金规模、申请人的资质、条件和需报送的材料、信息受理的时间、地址等信息；在项目申报阶段，社会组织向民政部门提交资质证明、研究可行性报告和项目预算报告等；在资质认定阶段，民政部门会同购买主体进行资质认定，初步确定竞标服务提供方名单；在竞标评审阶段，针对不同项目标的金额，选择项目购买方审定制、委托第三方专业评审、政府采购中心集中采购等方式完成竞标评审工作；在中标公告阶段，民政部门公布竞标结果，发布中标通知书；在签订合同阶段，项目购买方与中标服务提供方签订项目合同，明确各自权利义务、服务内容、项目金额、评估标准、付款方式、评估办法、违约责任、协议期限、协议变更和解除等内容；在项目管理阶段，实行项目购买方负责制和中标服务提供方负责制，购买方要加强立项指导、中期检查和结项评估等工作，中标服务提供方按照计划进度完成项目任务；在评估验收阶段，根据合同约定和项目购买方提出的评估标准，以项目实施效果、满意度测评和资金审计为重点，按照项目标的金额开展自主评估、第三方独立评估等形式的评估验收工作，并形成书面报告；在资金拨付阶段，财政部门按照项目的实际执行进度将资金统一拨付项目购买方，一般分为预拨和清算两次。

（4）购买价格的确定。财政部门会同物价管理部门结合本地区的物价水平、生活水平、居民收入状况、财政支付能力等因素，对政府向社会组织购买服务项目实施成本核算，进行综合定价。政府向社会组织购买服务的具体定价方法包括全额补贴法、差额补贴法、平均成本法和微利法。

①全额补贴法，是以服务项目的劳务成本为依据确定购买公共服务的价格，公共服务的劳务成本全部纳入政府预算，由财政给予全额补贴，此类方法适用于社会福利性公共服务项目。

购买价格 = 人员基本工资 + 材料消耗费用 + 社会保障费用

②差额补贴法，是政府根据本地区的物价水平、基本生活水平状况进行差额补贴，此类方法主要适用于政府鼓励单位参与公共服务领域基本建设，且提供公共服务过程中的成本难以全面准确核算的项目。

购买价格 = 同业价格 × 服务数量

③平均成本法，即购买价格与平均成本相等，财务收支相抵，损益平衡。此类方法主要应用于政府不擅长或为完成该服务必须专门负担人员经费，从而导致效率低下的专门服务项目。

购买价格 = 该服务的社会平均单价 × 服务数量

④微利法，是指根据社会平均成本加上经营者的合理收益来确定，这种方法可以使服务提供者能够获得微利。此类方法主要适用于已存在充分竞争的市场，且专业性较强，技术含量较高的公共服务供应主体。

购买价格 =（成本 + 利润）× 服务数量

2. 消费券

政府依据公共服务项目所服务的对象和标准选择符合条件的消费者，向其发放消费券，消费者凭借所获得的消费券向社会组织购买社会服务，并以消费券进行部分服务费用的支付，而社会组织凭借从消费者处获得的消费券在政府相关授权部门兑现资金。相对于其他的政府财政支持方式，消费券模式通过允许消费者自主选择社会组织服务的方式向社会组织提供财政支持，可促进社会组织间的竞争，提升社会组织提供公共服务的质量。

与发达国家相比，我国关于发行消费券的实践经验相对较少，局部地区开展了教育券（如浙江省长兴县、河南省郑州市）、居家养老消费券（如广东省深圳市盐田区）、公共服务卫生消费券（如河北省石家庄市桥东区）等试点，教育券的试点范围比其他类消费券的试点范围大。然而，教育券的实施一直在学术界备受争议，教育券从效率的角度所追求的目标与教育本身的目标往往相去甚远，通过教育券实现教育市场化，可能会带来过度竞争，不利于我国现阶段基础教育的健康发展。总体来说，我国以消费券的形式支持社会组织发展的模式尚不成熟，还需要进行不断的探索。

3. 使用者付费

使用者付费主要是政府基于消费者购买力不足的前提而使用的政策工具，社会组织在使用者付费这一制度中主要充当连接政府与使用者并提供服务的载体，而使用者付费属于消费方补贴，这一政策工具的使用既有助于满足公众的社会公共需要，同时也进一步激发了社会组织提供服务的素质和竞争力。

2014 年，浙江省杭州市江干区为支持养老服务的发展，积极引入社会组织承接养老服务，初步构建起了以居家为基础、社区为依托、机构为支撑的养老服务体系，共建成区级居家养老指导中心 1 家、街道（镇）服务中心 8 家、综合性居家养老服务照料中心 48 家，并引进 5 家社会服务机构，为辖区内孤寡、失独、失能失智、特殊贡献、低保、困难等 12 类群体，开展专业化居家养老服务[①]。为了满足当地居民养老服务的需要和保证养老机构提供服务的质量，江干区政府根据《江干区养老服务需求评估办法》的相关规定，率先在养老服务领域引入了使用者付费制度，对 5 类 60 岁以上拥有江干区户籍的老人进行养老服务需求评估，根据最终的评估分值向符合条件的老人提供养老服务补贴，如表 4－3 所示。

表 4－3　　杭州市江干区养老服务使用者付费补贴制度

补贴依据	内容
养老服务需求评估对象	辖区户籍人口中空巢、独居、孤寡老年人，或市级以上劳模、重点优抚对象、失独、归侨、纯居干等特殊贡献老人或特殊对象，且老年人的退休金或养老保险金在 3000 元/月及以下，年满 60 周岁以上的老年人

① http：//zjnews. zjol. com. cn/system/2014/09/30/020283020. shtml。

续表

补贴依据	内容
享受补贴的对象	60 周岁以上失能失智、半失能老人 60 周岁以上低保困难、孤寡、失独、身患八类疾病的老人 60 周岁以上特殊贡献、特殊对象：区级以上劳模、重点优抚对象、归侨、纯居干（无工资有补贴的居委会退休干部）老人 60 周岁以上与丧失生活自理能力的病残子女共住的老人 90 周岁以上老人
养老服务付费的标准	收入在 3000 元以下的老年人，享受全额补贴 收入在 3000～4500 元（不含），政府补贴 70%，自行承担 30% 收入在 4500～9000 元（不含），政府与老年人各承担 50% 收入在 9000 元以上的，政府补贴 30%，自行承担 70%
评估程序	申请：评估对象本人或家属（也可委托他人）向村（居）民委员会提出养老服务补贴申请，并填写《杭州市养老服务需求评估申请表》 社区（村）初评：社区（村）居民委员会接到申请后，应在 5 个工作日内组织初评小组上门对评估对象的身份信息、经济状况、居住状况等进行初评，根据情况及时报请乡镇或街道评估 街道（乡镇）评估：街道或乡镇街道社区（村）居民委员会的评估请求后 15 个工作日内组织评估小组对评估对象进行评估，填写《杭州市养老服务需求评估表》，根据调查评估情况，做出评估意见，出具《评估报告》，明确享受补贴、享受补贴的档次和接受服务的方式（居家养老服务或入住养老机构） 公示：社区（村）居民委员会应将拟享受养老服务补贴的评估意见予以公示，公示期为 5 个工作日。公示无异议的上报给乡镇（街道）；公示有重大异议的，乡镇（街道）应组织原评估人员以外的人员实施复检评估 审核：乡镇人民政府或街道办事处在 5 个工作日内对评估结论进行审查并上报区、县（市）民政部门，区、县（市）民政部门在收到审核意见及有关材料后 5 个工作日内做出是否核准的意见，予以核准的，向申请对象发给《杭州市养老服务补贴告知书》，同时对异地享受服务补贴的老年人给予《杭州市异地养老服务联系单》，不予核准的会以书面形式说明理由

资料来源：http：//health. zjol. com. cn/system/2014/08/16/020202341. shtml。

二、中国社会组织税收优惠政策的实践

世界上大部分国家都没有对社会组织设立专门的税收法律制度，有关社会组织的税收优惠政策散见于各税种的税法规定之中，我国也是如此。我国社会组织的税收优惠政策主要体现为对社会组织的税收优惠政策，对企业、个人向社会组织进行捐赠的捐赠扣除政策两种。

（一）社会组织的税收优惠政策

按照我国现有的税制结构，政府对社会组织的税收减免优惠政策包括所得类税收的减免、流转类税收的减免、财产类税收的减免和行为类税收的减免四大类。其中，所得类税收的减免体现为企业所得税的减免，流转类税收的减免体现为增值税、营业税和关税的减免，财产类税收的减免体现为房产税、车船税的减免，行为类税收的减免体现为城镇土地使用税、耕地占用税和契税的减免。

1. 所得类税收的减免

（1）所得税减免资格的确认。《中华人民共和国企业所得税法》（以下简称《企业所得税法》）第二十六条第四项将符合条件的非营利组织的收入列为免税收入，《中华人民共和国企业所得税法实施条例》（以下简称《企业所得税法实施条例》）第八十四条对“符合条件的非营利组织”做出解释。符合条件的非营利组织是指同时符合“依法履行非营利组织登记手续；从事公益性或非营利性活动；取得的收入除用于与该组织有关的、合理的支出外，全部用于登记核定或者章程规定的公益性或非营利性事业；财产及孳息不用于分配；按照登记核定或章程规定，该组织注销后的剩余财产用于公益性或非营利性目的，或者由登记管理机关转赠给与该组织性质、宗旨相同的组织，并向社会公告；投入人对投入该组织的财产不保留或享有任何财

产权利；工作人员工资福利开支控制在规定的比例内，不变相分配该组织的财产”条件的组织。《关于非营利组织免税资格认定管理有关问题的通知》在此基础上又增加了两项条件，即除当年新设立或登记的事业单位、社会团体、基金会及社会服务机构外，事业单位、社会团体、基金会及社会服务机构申请前年度的检查结论为“合格”。对取得的应纳税收入及其有关的成本、费用、损失应与免税收入及其有关的成本、费用、损失分别核算。2018 年，财政部和国家税务总局废止了 2014 年的《关于非营利组织免税资格认定管理有关问题的通知》，重新出台了该通知，放松了免税资格的确认条件，取消了“除当年新设立或登记的事业单位、社会团体、基金会及社会服务机构外，事业单位、社会团体、基金会及社会服务机构申请前年度的检查结论为‘合格’”这项规定。

（2）免税收入的范围。《企业所得税法实施条例》第八十五条将符合条件的非营利组织免税收入的范围界定为财政拨款、行政事业性收费、政府性基金和不征税收入，但不包括非营利组织从事营利性活动取得的收入，国务院财政、税务主管部门另有规定的除外。2009 年，财政部和国家税务总局根据《企业所得税法》及其实施条例的规定，对非营利组织企业所得税“免税收入”的范围做出了进一步的明确，免税收入范围包括：接受其他单位或个人捐赠的收入；除《企业所得税法》第七条规定的财政拨款以外的其他政府补助收入，但不包括因政府购买服务取得的收入；按照省级以上民政、财政部门规定收取的会费；不征税收入和免税收入产生的银行存款利息收入；财政部、国家税务总局规定的其他收入。

除了《企业所得税法》以及暂行条例的一般性规定外，政府为促进高新技术的开发和成果转化，鼓励高新技术产业的发展，对非营利性科研机构、高等学校服务于各业的技术成果转让、技术培训、技术咨询、技术服务、技术承包所取得的技术性服务收入出台了暂免征收企业所得税的规定。

2. 流转类税收的减免

（1）增值税的减免。增值税的减免主要是对一些特殊的应税物品予以免税，并允许销售免税货物的单位将免税货物的进项在其他内销货物的销项税额中抵扣。现行的《中华人民共和国增值税暂行条例》涉及社会组织相关的免税物品主要有：直接用于科学研究、科学试验和教学的进口仪器、设备；由残疾人组织直接进口供残疾人专用的物品以及供残疾人专用的假肢、轮椅、矫形器；非营利性医疗机构自产自用的制剂；血站供应给医疗机构的临床用血；外国政府与国际组织无偿援助的进口物资和设备等。

（2）关税的减免。税收优惠政策中涉及社会组织关税减免的规定较少：对外国政府、国际组织无偿赠送的物资免征关税；对直接用于科学研究、科学试验和教学的进口仪器、设备和由残疾人组织直接进口供残疾人专用的物品免征进口关税。

3. 财产类税收与行为类税收的减免

政府关于社会组织财产类税收与行为类税收减免主要是一些小税种的减免，为了便于分析，本书将这两大类税收减免合起来讨论。目前我国对社会组织财产类税收和行为类税收减免的规定主要以行政法规和规范性文件的形式来体现，在这些文件中，行政法规是对社会组织做出的普惠性税收减免规定，主要包括《中华人民共和国房产税暂行条例》《中华人民共和国契税暂行条例》《中华人民共和国城镇土地使用税暂行条例》《中华人民共和国耕地占用税暂行条例》；规范性文件是针对特定类型的社会组织（如非营利性科研机构、老年服务机构）给予相应的税收减免优惠待遇，主要包括《关于促进科研成果转化有关税收政策的通知》、《关于非营利性科研机构管理的若干意见（试行）》的通知、《关于非营利性科研机构税收政策的通知》、《财政部税务总局关于对老年服务机构有关税收政策问题的通知》等。表4－4是对政府出台的关于社会组织财产类、行为类税收方面的优惠规定进行的整理与归纳。

表 4-4 政府关于社会组织财产类、行为类税收方面的优惠规定

<table>
<tr><th>税种</th><th>税收优惠</th></tr>
<tr><td>房产税</td><td rowspan="2">人民团体、事业单位、宗教寺庙、公园和名胜古迹自用的房产、土地免征房产税①、城镇土地使用税②；对国家拨付事业经费和企业兴办的各类学校、托儿所、幼儿园自用的房产、土地免征房产税、城镇土地使用税③；非营利性科研机构自用的房产、土地免征房产税、城镇土地使用税④；对政府部门和企事业单位、社会团体及个人等社会力量投资兴办的福利性、非营利性的老年服务机构自用房产、土地免征房产税、城镇土地使用税⑤</td></tr>
<tr><td>城镇土地使用税</td></tr>
<tr><td>车船税</td><td>对政府部门和企事业单位、社会团体以及个人等社会力量投资兴办的福利性、非营利性的老年服务机构自用车船，非营利性医疗机构自用的车船，免征车船税⑥</td></tr>
<tr><td>耕地占用税</td><td>学校、幼儿园、养老院、医院占有耕地免征耕地占用税，但学校从事非农业生产经营占用耕地、职工夜校、学习班、培训中心、函授学校不予免税⑦</td></tr>
<tr><td>契税</td><td>事业单位、社会团体承受土地、房屋用于办公、教学、医疗、科研和军事设施的，免征契税⑧。用于教学的，是指教室（教学楼）及其他直接用于教学的土地、房屋。用于科研的是指科学实验的场所及其他直接用于科研的土地、房屋。对县级以上人民政府教育行政主管部门或劳动行政主管部门审批并颁发办学许可证，由企业事业组织、社会组织及其他社会和公民个人利用非国家财政性教育经费面向社会举办的学校及教育机构，其承受的土地、房屋权属用于教学的，免征契税⑨</td></tr>
</table>

① 《中华人民共和国房产税暂行条例》，国家税务总局官网，2011 年 1 月 8 日，http://www.chinatax.gov.cn/chinatax/n810346/n810825/c101434/c28479821/content.html。

② 《中华人民共和国城镇土地使用税暂行条例》，国家税务总局官网，2006 年 12 月 31 日，http://www.chinatax.gov.cn/chinatax/n368/c1405/content.html。

③⑦⑨ 《关于教育税收政策的通知》，国家税务总局官网，2004 年 2 月 5 日，http://www.chinatax.gov.cn/chinatax/n362/c1841/content.html。

④ 《关于非营利性科研机构税收政策的通知》，国家税务总局官网，2001 年 2 月 9 日，http://www.chinatax.gov.cn/chinatax/n362/c1815/content.html。

⑤⑥ 《关于对老年服务机构有关税收政策问题的通知》，国家税务总局官网，2000 年 11 月 24 日，http://www.chinatax.gov.cn/chinatax/n362/c1812/content.html。

⑧ 《中华人民共和国契税暂行条例》，国家税务总局官网，1997 年 7 月 7 日，http://www.chinatax.gov.cn/chinatax/n375/c1586/content.html。

（二）捐赠扣除政策

1. 捐赠扣除资格的确认

《中华人民共和国企业所得税法实施条例》对公益性捐赠的定义做出了阐释，即企业通过公益性社会团体或县以上人民政府及部门用于《中华人民共和国公益事业捐赠法》规定的公益事业的捐赠，其中公益性社会团体需是满足如下条件的基金会、慈善组织等社会团体："依法登记，具有法人资格；以发展公益事业为宗旨，且不以营利为目的；全部资产及其增值为该法人所有；收益和营运结余主要用于符合该法人设立目的的事业；终止后的剩余财产不归属任何个人或营利组织；不经营与其设立目的无关的业务；有健全的财务会计制度；捐赠者不以任何形式参与社会团体财产的分配；国务院财政、税务主管部门会同国务院民政部门等登记管理部门规定的其他条件。"

《关于公益性捐赠税前扣除有关问题的通知》对社会组织的免税资格做出了进一步的明确：第一，符合《企业所得税法实施条例》的相关规定外；第二，申请前 3 年内未受到行政惩罚；第三，基金会在民政部门依法登记 3 年以上（含 3 年）的，应当在申请前连续 2 年年检合格，或最近 1 年年检合格且评级在 3A 以上（含 3A），登记 3 年以下 1 年以上（含 1 年）的应在申请前 1 年年检合格且评级在 3A 以上（含 3A），满足捐赠扣除资格的登记 1 年以下的基金会；公益性社会团体（不含基金会）在民政部门依法登记 3 年以上的，净资产不低于登记的活动资金数额，申请前连续 2 年年检合格，或最近 1 年年检合格且评级在 3A 以上（含 3A），申请前连续 3 年每年用于公益活动的支出不低于上年总收入的 70%（含 70%），同时需达到当年总支出的 50% 以上（含 50%）。

2. 捐赠扣除的范围与比例

《关于公益性捐赠税前扣除有关问题的通知》指出，向公益事业的捐赠支出范围包括：救助灾害、救济贫困、扶助残疾人等困难的社会群体和个人的活动；教育、科学、文化、卫生、体育事业；环境保护、社会公共设施建设；促进社会发展和进步的其他社会公共和福利事业。接受捐赠的公益性社会团体需要按照收到货币性资产捐赠的实际金额和收到非货币资产捐赠的公允价值确认捐赠资产的价值。如果捐赠方向公益性社会团体和县级以上人民政府及其组成部门和直属机构捐赠时，应提供注明捐赠非货币性资产公允价值的证明；如果不能提供上述证明，受捐赠方不得向其开具公益性捐赠票据。2018 年，财政部、国家税务总局发布的《关于公益性捐赠支出企业所得税税前结转扣除有关政策的通知》指出，企业通过公益性社会团体或县级以上人民政府及其部门，用于慈善活动、公益事业的捐赠支出，在年度利润总额 12% 以内的部分，准予在计算应纳税所得额时扣除；超过年度利润总额 12% 的部分，准予结转以后三年内在计算应纳税所得额时扣除。

《中华人民共和国个人所得税法》（以下简称《个人所得税法》）规定个人将其所得对教育事业和其他公益事业捐赠的部分，按照国务院有关规定从应纳税所得中扣除。《中华人民共和国个人所得税法实施条例》对上述规定做出了进一步的解释，个人将其所得对教育事业和其他公益事业的捐赠，是指个人将其所得通过中国境内的社会团体、国家机关向教育和其他社会公益事业以及遭受严重自然灾害地区、贫困地区的捐赠，其中，捐赠额未超过纳税义务人申报的应纳税所得额 30% 的部分，可以从其应纳税所得额中扣除。

2016 年，财政部、国家税务总局出台了《关于公益股权捐赠企业所得税政策问题的通知》，规定企业向公益性社会团体实施的股权捐赠，应按规定视同转让股权，股权转让收入额以企业所捐赠股权取得时的历史成本确定。企业实施股权捐赠后，以其股权历史成本为依据确定捐赠额，并依此按照企业所得税法有关规定在所得税前予以扣除。公益性社会团体接受股权捐赠后，应按照捐赠企业提供的股权历史成本开具捐赠票据。

第三节　中国社会组织财税政策的政策效应与问题探究

一、中国社会组织财税政策的政策效应

从社会组织发展的实践来看，能力建设不足、资金匮乏是制约大多数社会组织发展的主要瓶颈，政府结合社会组织的类型、所处的发展阶段以及与政府的服务承接关系等制定出有针对性的财税政策，对促进社会组织的发展、提高服务的数量、质量、动员社会资源、完善收入分配等具有积极的效应。

第一，社会组织自身能力建设得到加强，治理能力不断提高。政府通过财政专项资金拨款建立社会组织孵化基地，为社会组织发展提供良好的平台，鼓励社会组织的发展壮大；政府通过为自下而上形成的但能力不足的社会组织提供如开办费补贴、人员培训补贴、租赁办公用房补贴等专项补贴，鼓励这些社会组织的发展，强化组织的能力建设；政府为弥补社会组织提供公共服务资金匮乏的不足，根据国家发展的现实需要，通过对社会组织给予项目补贴，对重点领域的社会组织提供财政拨款，扩大这些社会组织的数量，提高他们提供公共服务的能力，使社会公共需要得到满足；政府对社会组织给予税收减免优惠待遇，为社会组织的发展提供更好的制度环境，减少社会组织的支出负担，有助于提高非营利市场的竞争力；政府通过向消费者发放消费券，有利于加强社会组织间的良性竞争，弥补社会组织提供服务的成本，减少志愿失灵，激发公共服务质量的提高。

第二，整个社会的资源配置效率得到提高，社会的专业化分工水平不断增强，政府提供公共服务的能力得到有效改善。首先，社会组

织在提供某些一般公共服务方面存在着比较优势，往往比政府自身来提供公共服务的成本要低，政府向社会组织购买服务有利于促进其利用有限资金完成更多的公共事务，提高公共服务的质量与效率；其次，在剩余不分配的约束下，社会组织能够有效地抑制市场失灵和合约失灵；最后，由于信息的复杂性，政府财政支出活动可能无法惠及一些边缘性社会群体，而社会组织灵活性强，能够触及政府活动无法涉及的领域，有助于克服政府职能的缺位。

第三，政府与社会组织间产权关系得到进一步理顺与完善。政府向社会组织购买服务有助于理顺政府与社会组织间的产权与隶属关系，使社会组织成为依法自治的实体，能够充分发挥其社会治理的功能；在政社分离的过程中，部分事业单位涉及与政府隶属关系的改革，逐步转型为社会组织，进一步推动我国事业单位转型改革。

第四，动员社会资源，完善收入分配。政府通过向公益捐赠人给予必要的所得税扣除有利于激发民间慈善资源的增加，完善收入分配不公平的局面。作为社会组织收入的重要组成部分，捐赠收入的增加为社会组织提供必要的资金支持以提高公共服务的供给数量与效率，扩大受益群体的覆盖范围，充分发挥慈善的“第三次分配”作用。

二、中国社会组织财税政策存在的问题及成因分析

由于受到双重管理体制的影响，政府长期以来只重视对社会组织的管制控制，未将社会组织作为国家治理的一极，严重忽视了社会组织的治理职能。传统执政理念的僵化使得政府在社会组织财税政策设计上存在严重的制度缺陷。

（一）扶持社会组织发展的财税政策缺乏制度的顶层设计

目前我国政府尚未在国家治理层面上构建社会组织发展的蓝图，社会组织的发展仍处于初级阶段，而且在制度层面还没有设计出一整

套切实可行的促进社会组织发展的制度框架。

首先，各地对财政补贴的制定与管理缺乏系统化的体系，财政扶持呈现出碎片化的管理。财政扶持的碎片化管理集中体现在三个方面：第一，促进社会组织发展的财政政策散见于各类财政政策中，财政政策对社会组织的支持未形成规范化的程序，政府对社会组织的扶持整体上缺乏力度，一些财政政策支持未产生理想的效果。第二，我国还未建立起促进社会组织发展的公共预算制度，政府预算中尚未设立社会组织拨款和政府购买社会组织公共服务的支出科目，政策安排很多都是在体制外运行，不利于财政支出政策的稳定性；而对于彩票公益金，是通过建立财政专户进行管理，缺乏部门预算作为基础，资金管理较为分散。第三，政府对社会组织财政资金的使用缺乏必要的监督和监控手段，不利于敦促和提升社会组织的工作效率。

其次，现行的《政府采购法》难以为政府向社会组织购买公共服务提供规范的制度依据，法律落后于实践。政府向社会组织购买公共服务多体现为分散性购买，这与传统的政府采购“集中性购买”之间存在着较大的差异，《政府采购法》的作用对象是政府集中性的购买行为，无法为政府分散性的购买行为提供有效的指导。同时，现有的《政府采购法》存在着种种弊端亟待解决。2014 年 4 月，财政部出台《关于推进和完善服务项目政府采购有关问题的通知》，对完善服务项目政府采购工作提出了一些总体要求，但缺少实质举措，且这一文件在法律层面上只属于规范性文件，法律效力相对不高。因此，政府向社会组织购买服务也缺乏制度的顶层设计。

最后，政府对社会组织税收减免优惠的立法层次较低。虽然各种税收暂行条例都有关于社会组织的税收减免税规定，但这些规定较为笼统，税务管理可操作性较低。财政部和国家税务总局出台了关于社会组织税收减免优惠的各种补充性文件，这些文件增强了税务管理的可操作性，但却增强了税务管理的复杂性，加剧了不同公益性社会组织间的税收差别待遇，违背了税收公平性原则。

（二）财政扶持没有立足于社会组织的发展现状和公民对公共产品的需求

很多政府在对社会组织提供财政扶持时，没有立足于本地区社会组织发展的现状和公民对公共产品的需求，没有结合本地区的经济发展水平，导致不同地区、不同类型间社会组织发展不平衡的局面。同时，政府与社会组织在购买提供服务过程存在着严重的供求结构性矛盾，具体体现为以下四个方面。

第一，基于社会组织能力建设的财政扶持严重不足，不同组织间财政扶持存在严重的差别待遇。目前，大多数社会组织仍处于发展初期，缺乏场地、人员、设备和技术等的支持，而这些社会组织在提供公共服务方面往往发挥着巨大的作用，需要大量的前期投入。如果政府无法为这些社会组织的发展提供有效的物质保障和制度环境，这些社会组织的生存将面临严峻的困境。按照组织形成方式的不同，社会组织可以分为自上而下与自下而上的社会组织，两类社会组织获得的财政扶持存在较大差别。对于自上而下形成的社会组织而言，政府一般通过财政拨款、财政补贴或政府购买的方式扶持其发展；而自下而上的社会组织一般只能享受到税收政策调整，且往往难以落实，政府对社会组织给予的财政资助极少，社会组织缺乏获得政府资助的合法途径，进而制约了组织的发展。

第二，财税政策工具的使用缺乏针对性。从履行的社会职能来看，不同社会组织所履行的社会管理职能存在较大差异，政府关于社会组织的财政扶持往往存在着“一刀切”的问题，没有结合不同类型社会组织的特点制定出有针对性的财政扶持政策，政府对社会组织的财政扶持尚未形成规范化的体系。首先，政府在制定社会组织的财政扶持政策时，没有充分考虑到社会组织的属性，未对组织的公益性与互益性进行区分；其次，政府在对社会组织提供公共服务的财政扶持过程中，未明确政府与社会组织间的事权与支出责任；最后，政府对同类社会组织的财政扶持未体现一视同仁，不利于规范政府与自上而下形成的社会组织的产权关系，不利于实现政社分离。

第三，政府对社会组织的财政扶持存在着较大的地区差异。由于各地经济发展水平的巨大差异，各政府对社会组织的扶持也存在较大的差异，经济发达的省市由于财力雄厚，往往对社会组织提供的财政扶持力度要大于不发达的省市，且财政扶持的工具选择将更加多样化。在推动社会组织的发展过程中，如果中央政府无法为经济发展落后的地区提供必要的财力支持，不能妥善解决社会组织发展地区间的差异，就会导致社会组织发展出现严重的“马太效应”，即经济不发达地区的社会治理能力要远远落后于经济发达的地区。为了削减社会组织发展中存在的地区性差异，中央政府应扩大对经济不发达地区关于扶持社会组织发展的转移支付力度，鼓励地方政府积极探索适合本地区社会组织发展的财政政策工具。

第四，政府购买服务中存在着严重的供需结构性矛盾，即竞争性招标与社会组织竞标能力不足之间的矛盾和政府购买服务中以项目形式申报的金额与政府购买资金不足之间的矛盾。随着政府购买方式的不断发展，政府向社会组织购买服务原则上应通过公开招标方式进行，但很多地区社会组织的人员素质不高、专业化服务水平不强，甚至很难达到竞标的数量要求，导致政府购买方式难以实现公开招标的尴尬局面，一些地区（如河南郑州、四川成都）只能选择项目申报方式，进而导致政府购买以项目申报形式居多，竞争性招标较少。然而，随着项目的申报，政府购买又面临着资金总量不足的问题，在资金有限的情况下，民政部门又不得不借助专家筛选的方式删减部分必要的申报项目。

（三）税收优惠激励作用有限，不利于提高资源配置效率和激发民间慈善

我国现行税法对社会组织以及捐赠人的激励严重不足，很多社会

组织很难获得免税资格，纳税人享有捐赠税前扣除待遇的门槛较高，捐赠扣除比例较低，具体表现为四个方面。

第一，我国社会组织免税资格确认的相关法规只是原则性规定，没有具体的确认标准，可操作性差，税务机关在实际执行当中主观随意性较大。《税收减免管理办法（试行）》中规定，纳税人享受减免税的税收优惠程序分为报批类和备案类两种形式，但在实际中却鲜有提到备案程序的规定。具体到社会组织，对于纳税人享受备案类减免税优惠并没有做出操作性强的规定，对享受报批类税收优惠则尽管有较为细致的规定，但也存在缺陷，即需要一事一报，对于不同种类的税收优惠，必须重新申报，烦琐的报批程序使得非营利组织税收优惠政策不能真正落到实处。

第二，捐赠扣除资格的准入门槛较高。虽然税法规定，只有向特定的社会组织进行捐赠才能够享受捐赠带来的税收扣除优惠政策，而享有捐赠扣除资格的社会组织往往具有较高的资信评级（3A 及以上），这种资格特许制加大了捐赠者享受税收扣除优惠的难度，出于节税的动机，可能会出现捐赠人只向有捐赠扣除资格的社会组织进行捐赠的局面。这严重影响了税收对于捐赠的激励效果，也影响了社会组织的资金来源。

第三，公益捐赠税前扣除比例偏低，非货币等价物捐赠难以税前扣除。现行税法规定的企业与个人允许捐赠扣除的最高标准分别是年度企业利润总额的 12% 与年度个人应纳税所得额的 30% 的比例扣除，且企业未扣除完的捐赠允许结转，而个人的捐赠扣除不允许结转。与此同时，现有税法对以非货币等价物形式存在的实物捐赠、股权捐赠、不动产捐赠的扣除规定较少，非货币等价物形式的捐赠很难获得税前扣除的资格。

第四，税收优惠执行疏于检查。社会组织的登记管理基本由民政部门负责，确立免税资格由民政、财政、税务、审计四家会审。尽管相关法规规定由业务主管部门和民政部门对注册登记的社会组织实行年度审计制度，但实质上并没有权威的职能机构对获得免税资格的社会组织开展严格的后续审查，且未涉及具体有效的后续监管手段、惩罚和退出措施。另外，税务部门没有单独针对社会组织的票证管理体系，社会组织在活动中基本都使用财政部门的票据，使税务部门难以真正掌握其全部经营情况，无法对其进行管理。社会组织没有统一的社会捐赠发票，为社会组织混淆捐赠收入和经营性收入进行税收逃避提供了机会。

（四）政府财政扶持政策可能导致社会组织的使命漂移

尽管政府试图向社会组织提供各种财税扶持政策以强化其能力建设，然而在实施政策的过程中，一些处于初创期的社会组织可能为获得政府资助而参与和组织宗旨无关的项目的申报、投票，从而违背组织的宗旨，导致组织的使命漂移。因此，应警惕社会组织财政扶持所带来的资源配置的逆向激励作用。

第五章　中国社会组织财政政策的实证研究：机理、模型与结论

由于数据来源及文章篇幅有限，本章主要从社会组织个体与地区两个维度对中国社会组织财税政策的政策效果展开实证研究，分析现有的财政补助政策对社会组织行为的影响、财政扶持对地区间社会组织发展的影响，对现有的政策效果进行评估。

第一节　政府补助对中国社会组织行为影响的实证研究

一、理论框架与假设提出

政府补助对社会组织行为的影响是多方面的，既会影响提供公共产品或服务的能力、社会资本与社区构建的能力，也会影响社会组织的筹资能力、民主参与能力、创新能力等。与发达国家相比，我国政府对社会组织的扶持还处于发展初期，对社会组织的重视与扶持远远不够。在这一阶段，按照边际效用递减规律，政府扶持应当发挥正向激励作用。从理论上讲，政府以直接补助收入和项目补助收入的形式

为社会组织提供财政扶持能够激发社会组织的能力建设：政府通过提供财政补助促进组织建立并提高信誉，以激发更多的捐赠者向组织发起捐赠，获得更多的组织收入；政府通过提供项目扶持促进组织提供数量更多、质量更好的公共服务，激发社会组织的创新能力。

随着社会组织逐步成为国家治理的重要一极，社会公众对社会组织的诉求与关注度日益增加，尽管近年来政府对社会组织的扶持力度也在不断加大，但是政府的扶持政策未必真正有效。目前学术界并没有针对中国政府对社会组织的扶持展开系统性的实证研究，这使得政府扶持的有效性只停留在理论的层面。与社会资本构建能力、民主参与能力、创新能力相比，衡量筹资能力、提供服务能力的指标与数据较易获得，因此，本节主要从筹资能力与提供服务能力两个维度考察政府补助对社会组织行为的影响。

现有的关于政府补贴对社会组织筹资行为影响的文献主要聚焦于不同类型政府补贴对社会组织捐赠收入的影响，已有大量文献致力于研究捐赠扣除这一财政补贴形式对捐赠收入的影响。贝克尔（Becker）最早建立了纯粹利他主义模型，通过理论推导验证了政府的捐赠扣除补贴会抑制捐赠人的捐赠行为，产生完全的挤出效应，然而这一理论并未在实证研究上得到推广（Warr，1982[①]；Roberts，1984[②]）。为了弥补纯粹利他主义模型在实证研究解释上的不足，安卓尼（1990）[③] 提出了非纯粹利他主义模型，通过理论推导得出了政府以捐赠扣除形式给予个人或企业的捐赠激励会替代捐赠人的利他动机，部分地挤出捐赠人的捐赠行为。不同学者分别通过对捐赠调查数据、个人税收返还数据和其他数据进行回归验证了非纯粹利他主义模型的结论，但是由

① Peter G. Warr. Pareto Optimal Redistribution and Private Charity［J］. Journal of Public Economics，1982，19（1）：131－138.

② Russel D. Roberts. A Positive Model of Private Charity and Public Transfers［J］. Journal of Political Economy，1984，92（1）：136－148.

③ James Andreoni. Impure Altruism and Donations to Public Goods：A Theory of Warm-glow Giving［J］. The Economic Journal，1990，100（401）：464－477.

于数据来源的不同，挤出效应的大小也往往不同。

政府补贴对社会组织的筹资影响除了取决于捐赠者的捐赠动机外，还取决于社会组织的筹资动机。对社会组织而言，获得直接性政府补贴的筹资成本要比募捐所消耗的筹资成本要低得多。社会组织一旦获得了政府的财政补贴，往往会减少其筹集捐赠收入的努力，安卓尼等（2003）[①] 通过理论推导证明了这一结论，随后他们通过使用工具变量法对美国慈善团体（1985～2002）非平衡面板进行估计，得出总的挤出效应约为75%，而这种挤出主要是由筹资行为减少引起的（Andreoni & Payne，2011[②]）。相对于直接性的财政补贴相比，配套补贴往往更加有助于激发社会组织的筹资行为，凯瑟琳、菲利普（2003）通过对配套补贴进行实证研究，发现慈善捐赠与配套补贴存在明显的正相关关系，即存在挤入效应[③]。按照财政补贴是否限定用途，中国社会组织的直接性财政补助可以分为限定性政府补助和非限定性政府补助。在借鉴安卓尼等人理论研究的基础上，本书提出第一个假设。

H1：政府补助会对社会组织的捐赠筹资行为产生挤出效应。

H1a：与限定性政府补助相比，非限定性政府补助的挤出效应更明显。

与研究组织的筹资行为相比，学术界关于政府补助对社会组织提供公共服务能力影响的理论研究居多，而实证研究相对较少，无论从交易成本还是资源配置的角度而言，政府补助能够对社会组织提供公

① James Andreoni and A. Abigail Payne. Do Government Grants to Private Charities Crowd Out Giving or Fund－Raising?［J］. The American Economic Review，2003，93（3）：792－812.

② James Andreoni，Payne A. Abigail. Is Crowding Out due Entirely to Fundraising? Evidence from a Panel of Charities［J］. Journal of Public Economics，2011，95（5－6）：334－343.

③ Catherine C. Eckel，Phillip J. Grossman. Rebate Versus Matching：Does How We Subsidize Charitable Contributions Matter［J］. Journal of Public Economics，2003，87（3－4）：681－701.

共服务产生正向激励效应。遗憾的是，社会组织提供公共服务的产出往往潜在难以衡量，需要选择代理变量来代替公共服务的产出，只能从投入端进行衡量，即通过社会组织的公益性支出来衡量。由于限定性政府补助一般是规定了特定的用途，与非限定性政府补助相比，限定性政府补助往往会限制社会组织的资金使用方向，敦促社会组织将资金用以提供更多的公共产品/服务。基于此，本书提出第二个假设。

H2：政府补助会通过增加社会组织的公益性支出来增加公共产品/服务的供应。

H2a：与非限定性政府补助相比，限定性政府补助更有助于激发社会组织公共产品/服务的供应。

二、研究设计

（一）样本选择与数据来源

与很多国家相比，中国社会组织的财务数据较难获得，按照现有的社会组织分类来看，只有基金会和少数社会服务机构的财务数据得到披露。本节数据来源于中国社会组织网基金会子站，通过对涉及政府补助的基金会年检报告进行手工收集获得，所有关于财务数据的连续变量都进行1%的缩尾处理。本书在去除了未获得政府补助的公益性基金会后，最终确定了47家获得政府补助的公益性基金会2007～2013年的财务数据作为研究对象，样本总量为126个，样本类型为非平衡面板数据。

（二）研究模型与变量说明

模型（5.1.1）、模型（5.1.3）是本节的主要回归模型。变量及其定义如下。

$$Lndon_{it} = \alpha_0 + \alpha_1 Lngov_{it} + \beta X + \varepsilon_{it} \qquad (5.1.1)$$

$$Lndon_{it} = \emptyset_0 + \emptyset_1 Lnrgv_{it} + \emptyset_2 Lnnrgv_{it} + \theta X + v_{it} \quad (5.1.2)$$

$$Lnps_{it} = \gamma_0 + \gamma_1 Lngov_{it} + \lambda X + \varepsilon'_{it} \quad (5.1.3)$$

$$Lnps_{it} = \pi_0 + \pi_1 Lnrgv_{it} + \pi_2 Lnnrgv_{it} + \rho X + v'_{it} \quad (5.1.4)$$

其中，don_{it}代表第 i 家慈善基金会第 t 年获得的社会捐赠收入；PS_{it}代表第 i 家慈善基金会第 t 年获得的公益性支出；gov_{it}代表第 i 家慈善基金会第 t 年获得的政府补助收入，限定性补助收入用 rgv_{it} 表示，非限定性补助收入用 $nrgv_{it}$ 表示；X 为控制变量矩阵，α_0、$\emptyset_0$、γ_0、π_0 为截距项，α_1、$\emptyset_1$、γ_1、π_1、β、$\emptyset_2$、θ、λ、π_2、ρ 为系数矩阵，ε_{it}、v_{it}、ε'_{it}、v'_{it}为服从标准正态分布的随机误差项。

1. 被解释变量

在模型（5.1.1）、模型（5.1.2）中，被解释变量为社会组织的捐赠筹资 don，为了能够便于直接观察政府直接性补贴对捐赠筹资的影响，本书对基金会的捐赠筹资额进行了相应的对数化处理。在模型（5.1.2）中，被解释变量为基金会的公益性支出 ps，该变量同样进行了对数化的处理。

除了上述 2 个被解释变量外，还有 2 个被解释变量作为可替代变量用于支持稳健性检验。

捐赠水平的相对指标（Rd）：衡量社会组织捐赠水平的指标除了绝对指标外，还有相对指标。为了检验模型（5.1.1）、模型（5.1.2）的稳健性，本书选择捐赠收入占总收入的比重作为被解释变量，用相对指标来刻画社会组织的捐赠水平。

公共产品/服务供应的相对指标（Rps）：与捐赠水平一样，衡量组织公共产品供应水平的指标也可以选择相对指标，本书选择公益性支出占总支出的比重来刻画社会组织提供公共产品/服务的情况。

2. 解释变量

现有的社会组织财务报告将政府补助分为限定性政府补助与非限定性政府补助两类，为了考察总的政府补助与不同类型政府补助对社会组织捐赠筹资和公共产品提供的影响，在模型（5.1.1）与模型

(5.1.3) 中，本书选择总的政府补助收入 gov 作为解释变量；而在模型 (5.1.2) 与模型 (5.1.4) 中，本书将限定性政府补助 rgv 与非限定性政府补助 nrgv 作为解释变量。值得注意的是，政府对一些社会组织的补助既有限定性的，也有非限定性的，因此不能对社会组织通过虚拟变量分组的形式来观察不同类型政府补助对社会组织捐赠筹资的影响，而是通过模型中的这种方式来刻画。模型中的政府补助都进行了对数化的处理。

3. 控制变量

年末资产总额 (Size)：它能够反映社会组织的资产规模，资产规模大的组织在财务管理、运营等方面较为稳定，社会声誉较高，有利于社会组织从捐赠人那里获得捐赠收入 (Rose - Ackerman，1982①；1987②)，本书对社会组织的年末资产总额进行了对数化的处理。

组织年龄 (Age)：组织在其成长过程中随之时间的推移会逐步积累筹资管理、运营管理等方面的经验，形成成熟的管理模式，便于未来开展捐赠筹资业务。组织年龄是影响社会组织筹资的重要因素 (Khanna & Sandler，2000③)，随着社会组织年龄的增大，社会组织一年中所取得的捐赠收入也会逐步增大。与卡纳等人不同，由于本书所搜集到的样本量有限，且社会组织年龄最大值为 30，因此没有必要对组织年龄进行对数化处理，可以直接使用组织年龄的绝对数指标。

理事人数 (Dir)：社会组织筹集的收入很大程度上来源于理事们对组织的捐赠支持，同时理事还会对社会组织的支出决策产生重要的影响。理事人数这一数据可以直接从基金会的年检报告中获得。

---

① S. Rose - Ackerman. Charitable Giving and "Excessive" Fund Raising [J]. Quarterly Journal of Economics, 1982, 97: 193 - 212.

② S. Rose - Ackerman. Ideals Versus Dollars: Donors, Charity Managers and Government Grants [J]. Journal of Political Economics, 1987, 95: 810 - 823.

③ Jyioti Khanna, Todd Sandler. Partners in Giving. The Crowding-in Effects of UK Government Grants [J]. European Economic Review, 2000, 4: 1543 - 1556.

信用评级（Rate）：我国将社会组织的评级分为1A、2A、3A、4A、5A，现有的法律规定评级在3A以上的社会组织才能享有税收减免资格，与不享有免税资格的基金相比，享有免税资格的基金会往往更加倾向于获得捐赠收入。本书将这一变量作为虚拟变量，3A及以上的社会组织赋值为1，3A以下的社会组织赋值为0。

筹资费用（Lnfinc）：筹资费用也是影响捐赠筹资的重要因素，这一指标可以从社会组织的年检报告中直接获得，本书也同样对社会组织的筹资费用进行了对数化处理，不同的是，由于个别社会组织特定年份财务报告中的筹资费用为0，因此为保证对数化后的结果有意义，本书在取对数前做了“筹资费用+1”处理。

人均管理费用（Lnpex）：管理费用是衡量一个组织运作效率的重要指标，按照社会组织的宗旨，社会组织的收入应当尽可能少地用于日常的管理费用，人均管理费用越大意味着管理费用占用整个组织中的资源越多和管理的低效率，这也会抑制捐赠筹资的增加。本书首先对管理费用进行了人均化处理，然后与筹资费用类似，在取对数之前做了“人均管理费用+1”的处理。

是否有官员任职（D1）：与很多国家不同，中国的一部分社会组织是政府大部制改革的产物，在党的十八届三中全会提出政社分离之前，在一些社会组织中曾出现过部级干部在组织任职的情况。从理论上讲，有官员任职的社会组织往往更容易获得政府的财政补贴，而这一信息也会在社会组织的年检报告中予以反映。本书将这一指标也设为虚拟变量，有官员任职赋值为1，无官员任职赋值为0。

志愿水平（Rvol）：志愿者这一因素既能影响社会组织的筹资活动，也能影响公共产品或服务的提供水平，然而在数据搜集过程中，如果用志愿服务时间来衡量志愿水平，这一指标较难获得，本书选择用志愿者占总人数的比重这一指标来反映组织的志愿水平。

三、实证分析

（一）样本描述性统计分析

表5-1提供了回归变量的描述性统计结果。从捐赠筹资水平来看，大部分社会组织取得的捐赠收入较为可观，且捐赠收入在总收入中所占的比重较大，衡量捐赠水平的两个指标 Lndon、Rd 的均值为16.3、0.731；中位数分别为17.3、0.881。然而个别社会组织不存在捐赠筹资，即 Rd 的最小值为0，但这类社会组织在总的样本中数量极少。从不同形式政府补贴的均值和中位数来看，现有的政府给予社会组织的补助主要体现为限定性补助，社会组织获得非限定性补助的可能性较小，且数量较少。从评级来看，Rate 的均值为0.738，说明在社会组织所有样本中3A及以上评级的社会组织所占比重较大。从是否有官员任职来看，D1 的均值是0.73，中位数是1，说明有超过一半的组织曾出现过有官员任职的情况。

表5-1　回归变量的描述性统计

变量	样本数	均值	中位数	标准差	最大值	最小值
Lndon	126	16.30	17.30	4.03	21.20	0.00
Rd	126	0.73	0.88	0.40	0.99	0.00
Lngov	126	14.90	14.20	2.66	20.60	8.29
Lnrgv	126	11.40	13.80	6.45	20.60	0.00
Lnnrgv	126	4.42	0.00	7.12	20.5	0.00
Size	126	18.30	18.50	1.46	20.90	13.80
Age	126	15.80	16.50	8.33	30.00	1.00
Dir	126	19.20	20.00	4.79	28.00	6.00
Rate	126	0.74	1.00	0.44	1.00	0.00
Lnfinc	126	6.06	6.11	5.76	15.70	0.00

续表

变量	样本数	均值	中位数	标准差	最大值	最小值
Lnpex	126	13.00	13.70	2.89	16.20	0.00
D1	126	0.73	1.00	0.45	1.00	0.00
Rvol	126	0.48	0.48	0.41	1.00	0.00

（二）实证结果分析

1. 政府补贴政策对社会组织捐赠筹资的影响

本书分别就不分类情况下的政府直接性财政补贴与分类情况下的财政补贴对社会组织捐赠筹资的影响进行固定效应模型估计与随机效应模型估计，根据豪斯曼检验的结果，无论是否分类，模型均支持随机效应模型假设，如表 5－2 所示。

表 5－2　政府补贴对社会组织筹资行为影响的模型估计

变量	(1)		(2)	
	固定效应	随机效应	固定效应	随机效应
Lngov	－0.19 (－0.80)	－0.34** (－2.22)		
Lnrgv			－0.055 (－0.69)	－0.032 (－0.46)
Lnnrgv			－0.021* (－1.71)	－0.085** (－1.97)
Size	0.940** (2.22)	1.257*** (4.53)	0.926** (2.17)	1.039*** (3.92)
Age	0.030** (2.58)	0.013* (1.76)	0.304** (2.56)	0.026* (1.73)
Dir	－0.110 (－1.07)	－0.012* (－1.62)	－0.131* (－1.86)	－0.027** (－1.99)
Rate	0.111* (1.73)	0.106* (1.82)	0.248 (1.28)	0.07* (1.74)

续表

变量	(1)		(2)	
	固定效应	随机效应	固定效应	随机效应
Lnfinc	0.030 (1.53)	0.030* (1.92)	0.032 (1.54)	0.036* (1.83)
常数	-0.922* (-1.78)	-1.474* (-1.86)	-2.58* (-1.77)	-1.733 (-0.38)
年份	控制		控制	
样本量	126	126	126	126
R^2	0.236	0.250	0.189	0.249
修正 R^2	0.159	0.224	0.128	0.241
F 检验	4.06		3.41	
Wald 检验		26.28		23.35
Hausman 检验	11.93	17.27		
$P>X^2$	0.1136	0.1447		

注：*、**、*** 分别表示在 10%、5% 和 1% 的置信度上显著，括号内的数值为各个系数的 t 值。

（1）政府补助对捐赠筹资的影响。从表 5-2 中可以看出，回归结果验证了模型（5.1.1）和模型（5.1.2）的假设。在不分类的情况下，随机效应模型中政府补贴的系数符号为负值且显著，这说明直接性的政府补贴行为会抑制社会组织的筹资行为，即产生挤出效应；而在分类的情况下，随机效应模型中非限定性政府补助的系数符号为负值且显著，限定性政府补助的系数不显著，这意味着与限定性政府补贴政策相比，未限定用途的财政补贴政策的挤出效应更明显。

本书所选择样本的类型是公益基金会，基金会的主要宗旨是筹集资金用于支持各类公益事业的发展，筹资对组织而言应是第一要务。就目前来说，我国基金会的主要筹资渠道是捐赠与政府补助，销售产品/服务取得的收入在总收入中所占比重微乎其微。与政府补贴不同，捐赠收入除了涉及特定捐赠人外，其收入来源一般较为分散，不利于避免捐赠人控制和政府控制的局面。按照资源依赖理论，组织在从捐赠人、政府等外部环境那里取得资金支持的同时，也需要满足这些外部主体所提出的要求。这就可能导致组织行为的异化，使组织偏离了自身的核心使命，转而去迎合外部资源提供者的需求。任何一种收入渠道都会存在限制和潜在的弊端（如不稳定、使命漂移等），收入来源多元化对于维持社会组织自治是非常必要的（Froelich，1999①），组织试图通过收入多元化策略和提供物品/服务取得收入的方式减少对特定外部资源提供者的财政依赖。政府财政补贴政策对基金会捐赠筹资所带来的挤出效应抑制了基金会收入来源的多样化，加深了基金会对政府补贴的财政依赖，尽管大多数组织中捐赠收入占总收入的比重较大，然而对于那些过度依赖政府补贴的基金会而言，这种过度依赖行为会威胁组织的财务稳定性和自治力。

（2）控制变量对捐赠筹资的影响。从整体上讲，控制变量的系数基本是显著的，但显著性水平不高，组织年龄、组织评级、筹资费用三个变量的系数只在10%水平上显著。控制变量的系数符号（除Dir外）也基本符合理论的预期。组织规模、组织年龄、组织评级、筹资费用的系数符号均为正，说明这些变量对于基金会捐赠筹资能够产生正向的激励作用。组织规模、组织年龄、组织评级是衡量社会组织综合实力的重要指标，捐赠者为保证捐赠款和实物能够有效地发挥作用，一般倾向于选择组织规模大，发展时间长、发展模式成熟、评级水平高的基金会进行捐赠，尽可能减少捐赠收入被挪用、占用的概率。虽然筹资费用对社会组织的捐赠筹资存在正向影响，但从描述性统计的结果来看，基金会用于筹资的支出极低，有的基金会筹资费用甚至为0，这意味着基金会发起筹资的努力远远不足，总是被动地等待捐赠人来捐赠，这种保守的、被动的等待并不利于组织的扩张和捐赠收入的增加，社会组织应当充分发挥自身的主动性，积极地发起募

---

① K. A. Froelich. Diversification of Revenue Strategies: Evolving Resource Dependence in Nonprofit Organization [J]. Nonprofit and Voluntary Sector Quarterly, 1999, 28: 246 - 268.

捐行为，呼唤捐赠人的捐赠意识，激发民间资源用于支持公益事业的发展。

理事数量作为衡量社会组织内部治理的重要指标之一，也是影响社会组织取得捐赠收入的重要因素。担任基金会的理事一般是具有较高社会地位、有一定社会影响力的人士，能够动员一定的社会资源。理事数量越多，其所能发动的社会资源一般也越多，因此，从理论上讲，Dir 的符号应为正。然而，与本书的预期相反，Dir 的符号为负。之所以出现这种情况，可能是存在以下三个方面的原因：第一，基金会的理事并未真正地做到人尽其职，即可能存在着管理上不作为的情况；第二，理事们对组织现有的收入情况较为满意，安于现状，筹资动机保守，没有继续扩大捐赠筹资的意愿；第三，理事数量越多，决策的投票权越分散，可能不利于组织决策的制定，单个理事对组织的捐赠筹资决策的影响力不强，影响捐赠筹资的结果。

在现有的条件下，我国很多基金会的发展仍处于初级阶段，需要大量的资金、人员和设备支持。基金会除了筹集公益资金的使命外，还需要发挥一部分提供公共产品/服务的职能，需要政府提供必要的财政补贴，财政补贴将成为基金会开展活动的重要来源。然而，与捐赠筹资相比，社会组织获得政府补贴的交易成本一般较低，稳定的政府补贴会使得社会组织坐享其成，不断弱化对外筹资的主动性，抑制了捐赠收入的增加。在没有外部压力的情况下，组织自治是基金会的最终目标，这种自治力被定义为制定与追求组织宗旨、议程的自由（Wang，2006①），因此，政府应尽可能减少对组织发展的干预，换言之，政府应为基金会的发展提供良好的外部环境，发挥“看不见的手”的重要作用，逐步取代直接性的财政补贴或项目补助。

（3）稳健性检验。为了保证模型（5.1.1）和模型（5.1.2）的稳健性，本书通过增加控制变量和替换被解释变量这两种方式对模型

① S. Wang. Money and Autonomy：Patterns of Civil Society Finance and Their Implications [J]. Studies in Comparative International Development，2006，40（4）：3－29.

进行重新估计，如表 5 –3 和表 5 –4 所示。表 5 –3 和表 5 –4 分别是增加控制变量与替换被解释变量的稳健性检验。

表 5 –3　　筹资能力的稳健性检验 1

变量	(1)	(2)	(3)	(4)	(5)	(6)	(7)	(8)
	Lndon	Lndon	Lndon	Lndon	Lndon	Lndon	Lndon	Lndon
Lngov	-0. 340 ** (-2. 22)		-0. 344 ** (-2. 18)		-0. 339 ** (-2. 10)		-0. 327 ** (-1. 99)	
Lnrgv		-0. 032 (-0. 46)		-0. 034 (-0. 49)		-0. 030 (-0. 43)		-0. 028 (0. 48)
Lnnrgv		-0. 085 ** (-1. 97)		-0. 082 * (-1. 95)		-0. 078 ** (-2. 09)		-0. 072 ** (-2. 12)
Size	1. 257 *** (4. 53)	1. 039 *** (2. 62)	1. 22 *** (4. 32)	1. 02 *** (3. 78)	1. 228 *** (4. 25)	1. 052 *** (3. 78)	1. 215 *** (4. 17)	1. 049 *** (3. 73)
Age	0. 013 * (1. 76)	0. 026 * (1. 73)	0. 007 * (1. 91)	0. 023 * (1. 87)	0. 009 * (1. 74)	0. 025 * (1. 73)	0. 008 * (1. 79)	0. 024 * (1. 68)
Dir	-0. 012 * (-1. 67)	-0. 027 ** (-1. 99)	-0. 016 ** (-2. 05)	-0. 03 * (1. 74)	-0. 015 * (-1. 77)	-0. 027 * (-1. 76)	-0. 016 * (-1. 71)	-0. 027 * (-1. 69)
Rate	0. 106 * (1. 82)	0. 07 * (1. 74)	0. 095 * (1. 90)	0. 07 ** (1. 99)	0. 08 ** (2. 16)	0. 022 * (1. 84)	0. 088 ** (1. 98)	0. 027 * (1. 85)
Lnfinc	0. 030 * (1. 92)	0. 036 * (1. 83)	0. 028 (1. 44)	0. 034 * (1. 79)	0. 028 * (1. 85)	0. 034 * (1. 69)	0. 026 * (1. 82)	0. 033 * (1. 90)
Lnpex			0. 057 * (1. 77)	0. 038 * (1. 68)	0. 057 * (1. 72)	0. 036 * (1. 83)	0. 056 ** (1. 97)	0. 039 * (1. 68)
D1					0. 118 * (1. 83)	0. 431 ** (2. 02)	0. 08 * (1. 75)	0. 40 ** (2. 05)
Rvol							0. 29 * (1. 92)	0. 176 * (1. 86)
常数	-1. 474 * (1. 86)	-1. 733 (-0. 38)	-1. 470 * (-0. 33)	-1. 740 (-0. 38)	-1. 595 (-0. 35)	-2. 134 (-0. 46)	-1. 685 (0. 36)	-2. 224 (-0. 47)
观测值	126	126	126	126	126	126	126	126
R^2	0. 250	0. 249	0. 232	0. 181	0. 230	0. 184	0. 241	0. 184
修正 R^2	0. 224	0. 241	0. 183	0. 160	0. 184	0. 177	0. 183	0. 177

注：*、**、*** 分别表示在 10%、5% 和 1% 的置信度上显著，括号内的数值为各个系数的 t 值。

表 5-4 筹资能力的稳健性检验 2

变量	(1)	(2)	(3)	(4)	(5)	(6)	(7)	(8)
	Rd	Rd	Rd	Rd	Rd	Rd	Rd	Rd
Lngov	-0.122 *** (-8.61)		-0.122 *** (-8.66)		-0.123 *** (-8.62)		-0.121 *** (-8.36)	
Lnrgv		-0.021 ** (-2.18)		-0.021 ** (-2.20)		-0.021 ** (-2.10)		-0.021 ** (-2.09)
Lnnrgv		-0.028 *** (-3.15)		-0.028 *** (-3.15)		-0.029 *** (-3.21)		-0.026 *** (-2.75)
Size	0.075 *** (2.63)	0.013 (0.39)	0.072 ** (2.50)	0.015 (0.45)	0.071 ** (2.45)	0.015 (0.47)	0.070 ** (2.39)	0.017 (0.52)
Age	0.006 * (1.70)	0.001 (0.28)	0.006 * (1.71)	0.001 (0.24)	0.006 * (1.68)	0.001 (0.27)	0.006 * (1.66)	0.001 (0.27)
Dir	-0.015 ** (-2.25)	-0.006 (-0.74)	-0.014 ** (-2.07)	-0.005 (-0.64)	-0.013 * (-1.73)	-0.004 (0.45)	-0.013 * (-1.75)	-0.004 * (-1.68)
Rate	0.056 * (1.73)	0.054 * (1.78)	0.057 * (1.84)	0.054 * (1.82)	0.059 ** (1.97)	0.051 * (1.87)	0.065 ** (1.98)	0.036 * (1.92)
Lnfinc	0.010 * (1.71)	0.013 * (1.89)	0.009 (1.52)	0.013 * (1.78)	0.009 (1.48)	0.012 * (1.69)	0.008 (1.40)	0.012 * (1.67)
Lnpex			0.011 * (1.68)	0.007 (1.52)	0.011 * (1.72)	0.007 * (1.69)	0.011 ** (1.97)	0.007 * (1.68)
D1					0.025 * (1.78)	0.021 ** (2.02)	0.024 * (1.69)	0.029 ** (2.16)
Rvol							0.036 * (1.79)	0.063 * (1.76)
常数	0.879 ** (2.06)	1.150 ** (2.18)	0.838 * (1.96)	1.127 ** (2.13)	0.859 * (1.98)	1.134 ** (2.12)	0.838 * (1.91)	1.130 ** (2.09)
观测值	126	126	126	126	126	126	126	126
R^2	0.431	0.152	0.437	0.154	0.437	0.154	0.438	0.158
修正 R^2	0.402	0.101	0.403	0.096	0.399	0.088	0.395	0.085

注：*、**、*** 分别表示在 10%、5% 和 1% 的置信度上显著，括号内的数值为各个系数的 t 值。

对于模型（5.1.1）和模型（5.1.2）而言，一个需要慎重考虑的问题是遗漏相关变量所产生的偏误，为了尽可能减少这一偏误，本书在控制变量中依次加入了 Lnpex、D1、Rvol 这三个变量，模型依旧支持随机效应的估计结果，从回归结果来看，无论是核心解释变量还是控制变量，其系数的符号没有发生显著性的变动，这意味着所设定的模型是稳健的。

在排除了遗漏解释变量的问题后，本书通过替换被解释变量的方式，即用捐赠收入占总收入的比重这一指标替代捐赠收入这一指标的方式对模型的稳健性进行进一步的检验，并不断增加控制变量。从表 5－4 的结果来看，核心解释变量系数的显著性明显增强，限定性政府补助 Lnrgv 的系数由不显著转变为显著为负，核心解释变量的系数符号均没有变动。由于样本数量有限，在选择了不同的被解释变量之后，核心解释变量的系数属性可能会发生一定的变化，在将 Lndon 替换为 Rd 后，限定性政府补贴也反映出了显著的挤出效应。在替换被解释变量和添加控制变量的过程中，一些控制变量系数的显著性也发生了变化，但整体来说系数符号变动不大，由于本书主要关注的是核心解释变量系数的变动情况，因此不再对控制变量系数变动的原因详加解释。

基于上述的分析，本书无法对限定政府补助能否产生显著的挤出效应得出一个确定性的结论，但可以确定的是，与限定性政府补助相比，非限定政府补助的挤出效应更明显，从而支持了假设 H1a。

2. 政府补贴政策对社会组织提供公共产品/服务的影响

财政补贴政策除了能对社会组织的筹资行为产生影响外，还能影响社会组织提供公共产品/服务的水平。本书依旧按照上述分析方法就不分类情况下的政府直接性财政补贴与分类情况下的财政补贴对社会组织提供公共产品/服务的影响进行固定效应模型估计与随机效应模型估计，根据豪斯曼检验的结果，无论是否分类，模型均支持随机效应模型假设，如表 5－5 所示。

表 5-5　政府补贴对社会组织提供公共产品/服务行为影响的模型估计

变量	(1)		(2)	
	固定效应	随机效应	固定效应	随机效应
Lngov	-0.116 (-0.78)	0.123* (1.77)		
Lnrgv			0.073 (1.55)	0.045* (1.76)
Lnnrgv			-0.019 (-0.45)	0.01 (0.30)
Size	0.676** (2.60)	0.867*** (7.29)	0.646** (2.56)	0.939*** (8.37)
Age	0.247** (3.17)	0.024* (1.69)	0.217** (2.88)	0.021* (1.72)
Dir	0.030 (0.48)	0.020* (1.67)	0.050 (0.81)	0.031** (1.97)
Rate	1.53** (2.87)	0.106* (1.82)	1.378** (2.66)	0.248* (1.76)
Rvol	0.031* (1.72)	0.030* (1.92)	-0.062 (-0.12)	0.387* (1.90)
Constant	1.111 (0.24)	-1.474* (-1.86)	-0.571* (-0.13)	-1.647 (-0.85)
年份	控制		控制	
样本量	126	126	126	126
R^2	0.175	0.632	0.248	0.603
修正 R^2	0.148	0.603	0.185	0.558
F 检验	8.39		8.53	
Wald 检验		114.22		104.72
Hausman 检验	10.37		14.32	
$P>X^2$	0.1342		0.1536	

注：*、**、*** 分别表示在 10%、5% 和 1% 的置信度上显著，括号内的数值为各个系数的 t 值。

（1）政府补贴对社会组织提供公共产品/服务的影响。从表 5-5

的估计结果来看，在支持随机效应模型的基础上，不分类的政府补助在10%的显著性水平下会对社会组织公益支出的增加产生正向影响，政府补助会激发社会组织增加公共产品/服务的投入，强化社会组织提供公共产品/服务的数量、质量，扩大提供公共产品/服务的覆盖范围。在对政府补助进行分类的情况下，限定性政府补助在10%的显著性水平下会对社会组织公益支出增加产生正向的影响，而非限定性政府补助对社会组织公益支出增加的影响不明显，从而支持了假设H2和H2a。

政府向社会组织提供财政补贴的一个重要原因是社会组织具备弥补市场失灵与政府失灵、提供公共产品/服务的职能，然而对于大多数社会组织（特别是慈善公益类组织）而言，从事其组织宗旨所倡导的活动往往消耗巨大的财力，而组织的财力是极其有限的。由于长期面临资金不足，社会组织存在着提供公共产品/服务不足的志愿失灵问题。从政策效果看，政府向社会组织提供财政补贴的确能够激发社会组织公益支出的增加，但非限定性政府补助的政策效果不明显。

结合我国社会组织的发展现状，很多公益慈善类社会组织的发展仍处于初级阶段，需要大量的资金支持。政府为鼓励这些社会组织的发展，在提供补贴的形式选择上，可能会更加倾向于非限定性的财政补贴形式，这使得补贴政策本身陷入了一个自相矛盾的状态，即政府需要向社会组织提供非限定性的财政补贴以鼓励社会组织提供公共产品/服务、强化其社会治理职能，然而这种非限定性的财政补贴政策并没有显著地激发社会组织公益性支出的增加。

（2）控制变量对社会组织提供公共产品/服务的影响。在随机效应模型下，资产规模的系数在1%的水平下显著，符号为正。而其他控制变量的系数均在10%的水平下显著，符号为正，与本书的预期一致。从理论上讲，组织规模、组织年龄、理事、组织评级和志愿水平会对社会组织提供公共产品/服务产生正向的推动作用。在提供公共产品/服务的过程中，规模越大的社会组织所产生的规模效应也会越大，在这一过程中组织往往能够积累了大量的项目管理经验，为今后提供公共产品/服务提供宝贵的参考借鉴。

一般而言，年龄越大、评级越高的社会组织所掌握的管理经验更为成熟，能够有效地推动社会组织提供公共产品/服务活动的开展。理事数量能够通过组织内部的治理结构来影响组织在提供公共产品/服务领域的决策，具有企业家精神的理事们大力支持社会组织从事提供公共产品/服务领域的业务活动，使社会组织承担起相应的社会责任，充分发挥组织的社会治理职能。志愿者是社会组织提供公共产品/服务活动的重要载体，借助于这一载体社会组织可以不断扩大公共产品/服务的覆盖范围，提高公共产品/服务供应的灵活性，弥补因信息复杂程度所带来的社会组织无法触及的公共产品/服务供应上的不足。

（3）稳健性检验。为了保证模型（5.1.3）和模型（5.1.4）的稳健性，本书通过依次增加 Lnpex、D1、Lnfinc 三个控制变量、将被解释变量 Lnw 替换为 Rw 两种方式对模型进行重新估计，在进行 Hausman 检验的基础上，模型依旧支持随机效应的估计结果，表 5－6 和表 5－7 分别是增加控制变量与替换被解释变量的稳健性检验表。从表 5－6 的结果来看，在引入了新的控制变量后，无论是核心解释变量还是控制变量，其系数显著，且系数符号没有发生明显的变动，即所设定的模型是稳健的。

表 5－6　　提供公共产品/服务能力的稳健性检验 1

变量	(1)	(2)	(3)	(4)	(5)	(6)	(7)	(8)
	Lnw	Lnw	Lnw	Lnw	Lnw	Lnw	Lnw	Lnw
Lngov	0.123 * (1.77)		0.108 * (1.72)		0.084 ** (1.79)		0.080 * (1.68)	
Lnrgv		0.045 * (1.76)		0.038 * (1.72)		0.029 * (1.90)		0.030 * (1.93)
Lnnrgv		0.01 (0.30)		0.019 (0.59)		0.014 (0.46)		0.013 (0.41)

续表

变量	(1)	(2)	(3)	(4)	(5)	(6)	(7)	(8)
	Lnw	Lnw	Lnw	Lnw	Lnw	Lnw	Lnw	Lnw
Size	0.867 *** (7.29)	0.939 *** (8.37)	0.753 *** (6.44)	0.81 *** (7.40)	0.692 *** (5.80)	0.735 *** (6.45)	0.683 *** (5.43)	0.723 *** (6.02)
Age	0.024 * (1.69)	0.021 * (1.72)	0.014 * (1.78)	0.011 * (1.89)	0.012 * (1.65)	0.009 * (1.81)	0.011 * (1.69)	0.009 * (1.78)
Dir	0.020 * (1.67)	0.031 ** (1.97)	0.0004 * (1.77)	0.009 * (1.74)	0.007 * (1.81)	0.001 * (1.67)	0.007 * (1.71)	0.001 * (1.89)
Rate	0.106 * (1.82)	0.248 * (1.76)	0.285 * (1.97)	0.284 * (1.83)	0.356 * (1.87)	0.364 * (1.72)	0.389 * (1.88)	0.393 * (1.75)
Rvol	0.030 * (1.92)	0.387 * (1.90)	0.506 * (1.73)	0.440 * (1.69)	0.583 ** (2.00)	0.532 * (1.74)	0.570 * (1.94)	0.516 * (1.67)
Lnpex			0.235 *** (5.88)	0.231 *** (5.58)	0.239 *** (6.03)	0.236 *** (5.77)	0.242 *** (6.03)	0.238 *** (5.72)
D1					0.700 ** (2.00)	0.725 ** (2.03)	0.698 * (1.95)	0.719 ** (1.97)
Lnfinc							0.008 * (1.84)	0.010 * (1.76)
常数	-1.474 * (-1.86)	-1.647 (-0.85)	-1.719 (-0.95)	-1.751 (-0.95)	-0.730 (-0.39)	-0.756 (-0.40)	-0.599 (-0.31)	-0.588 (-0.30)
观测值	126	126	126	126	126	126	126	126
R^2	0.632	0.603	0.664	0.629	0.681	0.655	0.675	0.647
修正 R^2	0.603	0.558	0.615	0.592	0.638	0.620	0.631	0.614

注：*、**、*** 分别表示在10%、5%和1%的置信度上显著，括号内的数值为各个系数的t值。

表5-7　提供公共产品/服务能力的稳健性检验2

变量	(1)	(2)	(3)	(4)	(5)	(6)	(7)	(8)
	Rw	Rw	Rw	Rw	Rw	Rw	Rw	Rw
Lngov	0.010 ** (2.38)		0.009 ** (2.37)		0.008 * (1.90)		0.007 * (1.80)	
Lnrgv		0.004 * (1.72)		0.004 * (1.73)		0.003 * (1.71)		0.003 * (1.69)

续表

变量	(1)	(2)	(3)	(4)	(5)	(6)	(7)	(8)
	Rw	Rw	Rw	Rw	Rw	Rw	Rw	Rw
Lnnrgv		0. 004 * (1. 70)		0. 004 * (1. 76)		0. 003 * (1. 64)		0. 026 * (1. 92)
Size	0. 005 ** (2. 03)	0. 010 * (1. 66)	0. 003 ** (2. 05)	0. 009 * (1. 84)	0. 004 ** (2. 10)	0. 0003 * (1. 87)	0. 002 * (1. 79)	0. 0008 * (1. 89)
Age	0. 001 * (1. 82)	0. 001 * (1. 78)	0. 0001 * (1. 71)	0. 001 * (1. 74)	0. 0004 * (1. 86)	0. 001 * (1. 90)	0. 0003 * (1. 89)	0. 0008 * (1. 80)
Dir	0. 0004 * (1. 89)	0. 002 * (1. 73)	0. 0002 * (1. 77)	0. 001 * (1. 65)	0. 0006 * (1. 81)	0. 0001 * (1. 85)	0. 0007 * (1. 73)	0. 0002 * (1. 74)
Rate	-0. 016 (-0. 80)	-0. 023 (-0. 76)	-0. 019 (-0. 91)	-0. 025 (-1. 16)	-0. 014 (-0. 70)	-0. 016 (-0. 76)	-0. 013 (-0. 67)	-0. 015 (-0. 72)
Rvol	0. 007 * (1. 74)	0. 006 * (1. 90)	0. 008 * (1. 69)	0. 008 * (1. 75)	0. 017 * (1. 86)	0. 022 * (1. 74)	0. 018 * (1. 69)	0. 023 * (1. 83)
Lnpex			0. 003 * (1. 82)	0. 003 * (1. 87)	0. 003 * (1. 66)	0. 007 * (1. 69)	0. 004 * (1. 73)	0. 004 ** (1. 79)
D1					0. 063 ** (2. 90)	0. 069 ** (3. 11)	0. 063 ** (2. 88)	0. 069 ** (3. 09)
Lnfinc							0. 0006 * (1. 79)	0. 0006 * (1. 87)
常数	0. 691 *** (6. 06)	0. 668 *** (6. 28)	0. 684 *** (6. 46)	0. 661 *** (6. 21)	0. 809 * (7. 26)	0. 804 ** (7. 15)	0. 791 *** (6. 52)	0. 788 *** (6. 43)
观测值	126	126	126	126	126	126	126	126
R^2	0. 121	0. 109	0. 111	0. 105	0. 228	0. 228	0. 232	0. 231
修正 R^2	0. 102	0. 085	0. 104	0. 095	0. 171	0. 165	0. 172	0. 165

注：*、**、*** 分别表示在 10%、5% 和 1% 的置信度上显著，括号内的数值为各个系数的 t 值。

如表 5-7 所示，在替代了被解释变量之后，非限定性政府补助的系数发生了显著性的变化，由原来的系数不显著转变为在 10% 置信水平下显著为正，即非限定性的政府补助能够对社会组织提供公共产品/服务产生正向的激励效应；而总的政府补助和限定性的政府补助的系数显著性与符号均未发生变动。控制变量 Rate 的系数在 10% 的水平下由正向显著变为负向不显著，即社会组织评级并不能充分地影响公共服务的供给水平，而其他控制变量系数的显著性和符号均没有发生变动。由于本书的关注焦点是政府补贴对社会组织提供公共产品/服务的影响，因此，此处不再就控制变量 rate 系数的变动进行赘述。

整体而言，本书所设定的模型基本稳定，尽管无法断定非限定性政府补助对公共产品/服务提供的影响，但可以明确的是不分类的政府补助对社会组织提供公共产品/服务产生正向影响，而在分类的情况下，限定性政府补助的政策效应更明显。

四、财政补贴政策效果评估

本节从捐赠筹资和提供公共产品/服务两个维度来考察政府对社会组织的财政补贴政策的影响，在有限的数据支撑下，实证研究的结果支持了本书最初所设定的假设。结合实证研究的结果，本书可以得到以下结论。

第一，政府的直接性财政补贴政策是把双刃剑，它一方面在强化社会组织能力建设方面发挥着非常重要的作用，有助于强化社会组织公共产品/服务的供给能力。另一方面，直接性的财政补贴政策能够对社会组织的捐赠筹资产生明显的挤出效应，抑制基金会筹资的努力，加剧了基金会对政府补贴的财政依赖。

第二，在对政府补助收入进行分类的基础上，限定性政府补助对社会组织的捐赠筹资产生的挤出效应要弱于非限定性政府补助，而对社会组织提供公共产品/服务能够产生正向的影响。从估计结果来看，限定性政府补助的政策效应要优于非限定性政府补助政策。然而，就现实情况来看，无论是基金会还是其他社会组织，组织的发展（特别是在发展初期）需要大量的资金支持，尤其是期望能够从政府那里获得无条件的财政补助。从社会组织的资源配置效率而言，非限定性政府补助的配置效率一般要高于限定性政府补助，而限定性政府补助在性质上相当于政府的配套补贴，还需要社会组织拿出相应的配比资金用于支持项目的开展。在财力有限的情况下，大多数社会组织很难拿出资金用于配比项目支出，最终资金匮乏可能导致项目失败。

第三，政策目标间的难以协调导致政府陷入了两难的决策困境，政府在制定政策的过程中需要结合社会组织的发展现状，分清主次，抓住改革过程中的主要矛盾，在实现主要目标的同时，逐步调整政策工具的形式，实现各目标间的统筹。

五、局限性与不足

尽管本书对社会组织财政补贴政策的政策效果进行了实证估计，然而研究仍然存在着很多的不足亟待完善，主要体现为以下三个方面。

第一，与上市企业相比，社会组织的微观基础数据搜集工作难度较大，社会组织年检报告中反映的只是显性的政府补贴，但并未把间接性的财政补贴（如税收优惠）包括在内，因此不能充分反映出各类财政补贴政策的效果。

第二，由于样本量的有限性与非均衡性，本书只通过增加控制变量和替换被解释变量的形式来克服核心解释变量内生性的问题，未来还需要通过工具变量法、双重差分法等方法来考察政府补贴政策的有效性问题。

第三，社会组织提供公共产品/服务的产出是难以量化的，本书将公益性支出用以衡量社会组织提供公共产品/服务的水平，这只是从投入端来衡量，并未从产出价值上予以反映，未来还需从产出端对接受政府补助的社会组织提供公共产品/服务的能力进行研究。

第二节 政府扶持对中国地区间社会组织发展的影响

一、研究背景与理论框架

（一）研究背景

近年来，公共管理领域正在掀起一股研究组织间网络与部门间合作的学术浪潮，加强不同组织间、组织与政府之间在提供公共服务方面的合作已成为社会组织的一个重要的策略性选择。公民治理理论认为社会组织在志愿合作的过程中能够为大城区提供一个分权化的治理体系，合作可以通过伙伴制、合作协议（或合同）等多种形式来展开。与单一化的提供主体相比，合作机制更加具有潜在优势，能够提高服务供给的效率与服务质量，利益相关者对组织的激励会使组织倾向于选择共同提供公共服务的合作机制。然而，合作机制会增加社会组织的交易成本，合作行动所产生的成本需要由个体参与者来承担，而行动的收益却是集体的、不可分割的，即存在着集体行动的困境。而对于那些收入主要来源于私人捐赠的社会组织来说，尽管组织在运行过程中可以避免合作所带来的成本，但这类组织的宗旨往往过于狭窄，甚至出现捐赠人控制，仅提供捐赠人所偏好的服务，加剧了组织与政府合作的阻碍，导致组织参与公共服务合作的概率较低。只有当外部环境存在着强烈的合作激励时，社会组织才会积极参与到与政府共同提供公共服务的合作机制中。按照马克思主义国家理论，一个国家所承担的社会管理职能应为社会所承担的社会管理职能与政府所承担的社会管理职能之和，政府在与社会组织相互合作共同履行国家社会管理职责的过程中，要积极鼓励支持社会组织的发展，强化社会组织的能力建设，为社会组织的发展提供良好的制度环境与物质支持，使其真正成为自我发展、自我治理的实体。

社区服务机构作为社会组织的重要组成部分，能够最直接地为本辖区内的居民提供必要的公共产品和公共服务，满足社区居民的多元化需求。自 2006 年以来，我国社区服务机构的数量呈现出平稳增长的态势，社区服务机构从 2006 年的 12.5 万个增长到 2016 年的 38.6 万个，年均增长 10.79%。社区机构覆盖率波动幅度较大，可能与统计口径发生变化有关，这一指标由 2006 年的 17.7% 增长到 2016 年的 24.4%，如图 5－1 所示。

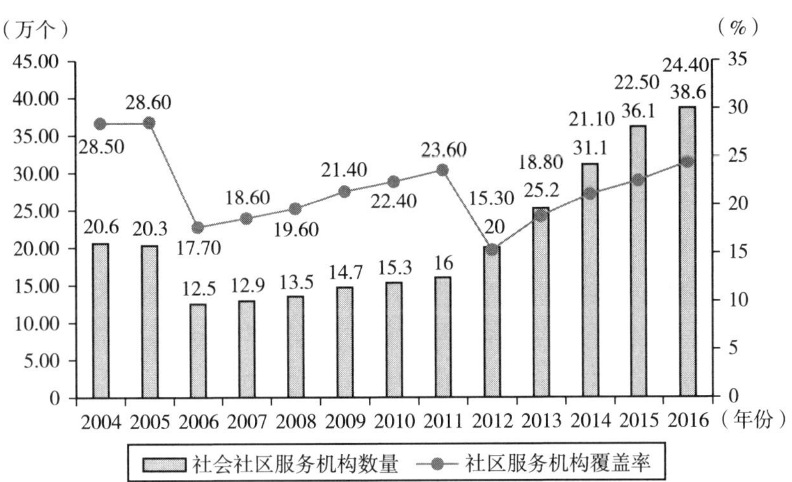

图 5－1　2004～2016 年中国社区服务机构的发展数量及其覆盖率

资料来源：国家统计局官方网站，http：//www. stats. gov. cn。

党的十八大报告提出，改进政府提供公共服务方式，加强基层社会管理和服务体系建设，增强城乡社区服务功能，强化企事业单位、人民团体在社会管理和服务中的职责，引导社会组织健康有序发展。党的十九届四中全会报告指出，构建基层社会治理新格局，推动社会治理和服务中心向基层下移，把更多资源下沉到基层，更好地提供精准化、精细化服务。良好的制度环境为催生新的社会组织提供了有利的外部条件，进一步扩大了社会组织的密度，提高了社会组织在城乡、地区间的覆盖率。尽管从组织总量与覆盖率来看，社区服务机构的发展态势良好，但长期以来我国在不同地区、不同省份间存在着显著的经济发展差距，受到当地经济发展水平的影响，各地政府的财力往往面临着不同程度的赤字压力，这也在一定程度上制约了政府对社区发展的重视程度。因此，本节的研究内容是基于中国社区服务机构的省级面板数据考察政府财政扶持对地区间社会组织发展的影响。

（二）理论框架

关于政府支持与地区间社会组织发展关系的研究，本书主要建立的理论框架主要依据以下三个理论：政府失灵理论、合约失灵理论、相互依存理论。

1. 政府失灵理论

私人市场无法满足公共产品/服务的充分供应，政府试图通过向纳税人征税的方式提供各种类型的产品，为社会创造净收益。政府在提供教育、医疗等公共物品过程中往往会按照中位选民的需求来选择那些尽可能满足多数群体需要的最为一般性的同质项目。尽管这些项目能够满足大部分群体对公共产品的需求，但无法满足少数群体的需求和部分群体的异质的、多元化需求。政府失灵理论认为非营利活动是政府活动的替代品，可以弥补政府提供公共服务的不足与缺陷，能够更好地适应社会公众的多元化需求，强调社会组织在动员社会资源的过程中提高自身的社会治理能力。政府失灵理论为社会组织的产生提供了重要的理论依据，由此也产生了两个推论：第一，社会组织的活动资金很大程度上源自特定的利益群体而非政府补贴，社会组织发挥着弥补政府失灵的功能（Grønbjerg，1993[①]；Hansmann，1987[②]）。第二，非营利部门的规模与政府提供的满足公众多元化需求项目的能力呈反向变动的关系，政府在生产与提供公共产品上可能会遇到政治团体、主张项目分权的改革派的阻碍，这些改革派认为社会组织更加具备提供公共产品的比较优势，且更加了解公众的社会需求，因此，政府部门开始逐步依靠市场导向型的社会组织来实现服务的提供，并逐步弱化自身开展项目的能力（Jesse & David，2012[③]），政府通过合同、直接或间接性补贴等多种形式向社会组织提供开展项目的资金支持，以提高公共服务的提供数量与覆盖范围。

2. 合约失灵理论

汉斯曼于 1980 年最早提出了合约失灵理论，但这一理论最初来自尼尔森（Nelson）等人的一篇关于日托服务的文章，由于家长们很难识别日托机构的服务质量，他们往往会选择信任度更强的日托服务提供者而不是专门的公司，因此，日托行业非营利机构大规模的出现就是对信息不对称的一种强有力的回应。汉斯曼（1987）提出信息不对称会导致合约失灵，社会组织可以为消费者提供高质量的产品与服务，实现消费者控制，增进消费者的福利[④]。就合约失灵理论而言，社区需求是影响社区组织发展的重要因素，社区需求方面的影响因素包括贫困率、失业率、抚养比、受教育程度、人口异质性特征等社会性指标。

① Kirsten A. Grønbjerg. Understanding Nonprofit Funding [M]. San Francisco, CA: Jossey - Bass, 1993: 15 - 22.

②④ Hansmann Henry. Economic Theories of Nonprofit Organization [C]. In Powell Walter (ed.), The Nonprofit Sector: A Research Handbook. New Haven, Conn.: Yale University Press, 1987: 27 - 42.

③ Jesse D. Lecy, David M. Van Slyke. Nonprofit Sector Growth and Density: Testing Theories of Government Support [J]. Journal of Public Administration Research and Theory. 2012, 5 (23): 189 - 214.

3. 相互依存理论

需求的异质性会引发私人捐赠向社会组织的投入，然而，单纯依靠私人捐赠未必能够真的激发社会组织的发展，扩大社会组织提供服务的覆盖范围。诚然，很多政府已经认识到民办非营利剧院、学校、医院、社区服务机构会以不同的形式使社区获益，随着社会组织的不断涌现，政府经常会在组织的运行过程中给予其一定数量的拨款和财政补贴。在这个过程中，政府可能非常乐意将产品/服务的生产和提供的职责授权给社会组织，以降低成本，提高产品质量，实现专业化分工和增加公众与使用者的信任。相互依存理论将非营利活动定位为政府活动的互补品，非营利与政府之间是合作的关系，更加强调政府的财政支持与社会组织提供公共产品与服务的相互联系（Jesse & David，2012①）。一方面，政府开始逐步依赖社会组织提供服务以实现公共价值；另一方面，随着社会组织不断地接受公共性资金，其收入来源也开始对政府部门产生依赖，政府的财政补贴与项目拨款对社会组织完成使命和开展正常业务活动发挥了越来越重要的作用。

史密斯等（1993）提出政府部门规模的削减（或成本转移）以及政府服务的合同外包会鼓励新的非营利组织的发展②。麦克兰德（Mc Clelland，1998）对美国各州 1992 ~ 1995 年非营利组织的面板数据进行实证研究，验证了非营利组织的数量与州政府的财政补贴以及项目服务收入呈正向变动，即政府的财政补贴规模越多，项目服务收入越多，非营利组织的数量越多③。遗憾的是，麦克兰德仅仅是从静态上来考察政府补贴以及项目服务收入对非营利组织密度的影响，而

---

① Jesse D. Lecy，David M. Van Slyke. Nonprofit Sector Growth and Density：Testing Theories of Government Support ［J］. Journal of Public Administration Research and Theory. 2012，5（23）：189 -214.

② M. Lipsky，Steven R. Smith. Nonprofits for Hire ［M］. Cambridge，MA：Harvard University Press，1993：45 -80.

③ R. McClelland. Spending on Nonprofits and Public Support. Paper presented at the Association for Research on Nonprofit and Voluntary Actions annual meeting，Seattle，WA，1998.

忽略了动态面板数据的影响。

对公共政策制定者而言，社会组织密度是一个非常重要的概念。这一概念能够度量政府所转移的社会管理职能，政府通过使用一系列的工具将生产与提供公共服务（特别是社会领域和心理健康领域）的责任转移给社会组织，使社会组织成为一个街区层面的政策实施者。公共服务的供应责任向社会组织转移既反映了公众对可替代的公共服务供给主体的需求在不断增加，也反映出社会组织在提供公共产品与服务方面的能力在逐步提升（Jesse & David，2012①）。然而，结合中国对社会组织的财政补贴及项目购买资金的预算管理现状来看，政府对社会组织的财政补贴列支在一般行政管理事务大类下的群众团体事务下，而项目购买资金一般列支在各个部门预算的项目预算中，碎片化的管理难以保证部门间的数据共享。此外，现有的社会组织财务报表只是按照用途的限定性与否对政府补助进行分类，而并未对政府补助收入的性质进行明确划分，即没有明确划分政府性补助收入与政府性项目收入。因此，本书无法获得政府对社会组织的各种分类收入数据，只能试图使用财政支出总量数据从社会组织密度的角度来衡量政府财政扶持对地区间社会组织发展的影响。

二、研究设计

（一）样本选取与数据来源

由于中国肝炎防治基金会、中国癌症基金会等类型的社会组织所提供的公共产品/服务存在着较大的辖区间外溢效应，这类组织往往会在特定社区之外开展项目，因此选择这类组织作为社会组织密度的

① Jesse D. Lecy，David M. Van Slyke. Nonprofit Sector Growth and Density：Testing Theories of Government Support［J］. Journal of Public Administration Research and Theory. 2012，5（23）：189 –214.

研究对象没有意义。为了克服辖区间外溢效应的影响，本书选取2000～2013年中国大陆28个省、自治区、直辖市的社区服务机构数据作为研究对象，分别对其进行静态面板分析与动态面板分析。所有数据来自《中国统计年鉴》《中国民政统计年鉴》《中国人口统计年鉴》《中国财政年鉴》。由于《中国民政统计年鉴》所统计的江西省、青海省和西藏自治区社区服务机构的数据量较少，与现实可能存在较大差异，为了避免极端样本对模型估计结果的影响，本节将这三个省份的数据予以剔除。

（二）研究模型与变量说明

1. 模型的构建

本节首先通过建立静态面板数据的模型来考察社区经费对社区服务机构密度的影响，具体模型如下：

$$Lnssorg_{it} = \alpha_0' + \alpha_1' Lngov_{it} + \gamma' X + u_{it} \quad (5.2.1)$$

在模型（5.2.1）中，分别用固定效应模型与随机效应模型进行估计，利用Hausman检验的结果选择合适的模型估计方法，考察政府支持对社区服务机构密度的静态影响。其中，$ssorg_{it}$代表第i个省份第t年社区服务机构的组织密度；gov_{it}代表第i个省份第t年政府对社区服务组织的扶持；X为控制变量矩阵，矩阵中所包含的变量包括人口、人口的二次方、抚养比、文盲人口占比、人均可支配收入、城镇失业率；ε_{it}''为随机误差项。

在静态面板估计模型中，所有的解释变量都被假定为严格的外生变量，然而在实际生活中，由于政策的连续性，社区服务机构的组织密度变动是个动态化的过程，不仅会受到解释变量的影响，还会受前期社区服务机构密度的影响。因此，在研究政府财政扶持对地区间社会组织发展影响的过程中，还需考虑社区服务机构的动态变化，将社区服务机构密度的滞后因素引入到模型中，即建立动态面板数据模型（5.2.2），采用GMM方法来消除静态模型中可能存在的内生性问题。

$$Lnssorg_{it} = \sum_{j=1}^{M} \beta'_j Lnssorg_{it-j} + \theta' Lngov_{it} + \lambda' X + u'_{it} \tag{5.2.2}$$

在模型（5.2.2）中，$ssorg_{it-j}$为社区服务组织密度的滞后项，M为最大滞后阶数，其他变量的设定与模型（5.2.1）相同。

2. 变量测度与说明

（1）社区服务组织的密度（ssorg）。学者们一般用一个地区社会组织的数量来度量社会组织密度这一指标，但数据选择的层面存在较大的差异，如州层面（Matsunaga & Yamauchi，2004①）、国家层面（Salamon，Sokolowski & Anheier，2000②）、郡县层面（Jesse & David，2012③）；在所有这些研究中，最为精细的测度是杰斯等（Jesse et al.，2012）用美国县一级年收入达到25000美元以上的人类服务组织的数量来度量社会组织的密度。由于我国在市县一级缺乏基础的微观数据库，因此只能用省一级的社区服务组织的数量来衡量社区服务组织的密度。为了尽可能减少静态面板模型估计的内生件，本书在动态面板数据模型估计中引入了社区服务组织密度的滞后项，并对变量进行了对数化处理，以减少模型中可能存在的异方差问题。

（2）政府财政扶持（gov）。衡量政府对社区服务组织的财政扶持可以通过绝对指标与相对指标两个维度来反映，由于我国现有的统计年鉴尚未按照扶持形式的不同对政府的各项补助收入进行分类，且

---

① Matsunaga Yoshiho and Naoto Yamauchi. Is The Government Failure Theory Still Relevant? A Panel Analysis Using US State Level Data [J]. Annals of Public and Cooperative Economics. 2004 (75): 227 - 263.

② Lester M. Salamon, S. W. Sokolowski and Anheier K. Helmut. Social Origins of Civil Society: An overview [R]. Working Paper of The John Hopkins Comparative Nonprofit Sector Project, John Hopkins University, 2000.

③ Jesse D. Lecy, David M. Van Slyke. Nonprofit Sector Growth and Density: Testing Theories of Government Support [J]. Journal of Public Administration Research and Theory. 2012, 5 (23): 189 - 214.

社区服务组织的财务报表很难获得，因此，本书只能选择省一级的人均社区服务经费（$psse_{it}$）作为衡量政府对社区服务组织财政扶持的绝对指标；同时，选择省一级的社区服务经费总量占该省当年财政收入的比重（$rfsse_{it}$）、省一级的社区服务经费总量占该省当年 GDP 的比重（$rgsse_{it}$）作为衡量政府对社区服务组织财政扶持的相对指标。

（3）其他控制变量（control variable）。除了政府支持外，人口因素、社区财富、社区需求都是影响社区服务组织密度的重要因素，为了考察估计结果的稳健性，结合前人的研究，本书加入了以下控制变量。

人口因素（pop）：用各省份年末人口数来衡量一个地区的人口总量，并对其进行对数化处理。

社区财富因素（inc）：用各省份人均可支配收入来衡量一个地区的社区财富数量，并对其进行对数化处理。

社区需求因素（demand）：本书选择了抚养比、文盲人口占比、失业率三个指标来衡量社区需求，其中，文盲人口占比是各省份每年 15 岁及以上文盲、半文盲人口占比；失业率是各省份每年末登记的城镇失业比率；抚养比是各省份每年少儿抚养比与老人抚养比二者之和。

3. 描述性统计

为了更加清晰地反映被解释变量、核心解释变量、控制变量的特征，本书对各变量做了描述性统计分析，如表 5－8 所示。从统计结果来看，人口、抚养比、文盲人口占比这三个指标的标准差较大，这反映出这三个指标在地区间存在着显著的差异。由于进行了对数化处理，社区服务组织密度、人均可支配收入两个指标的标准差相对不大，从而降低了地区间的差异。

表 5 – 8　　回归变量的描述性统计结果

变量	观测值	均值	标准差	最大值	最小值
社区服务组织密度（ln）	392	5.549	1.838	10.720	0.002
人均社区服务经费（ln）	392	4.487	1.031	6.601	2.001
社区服务经费占财政收入的比重	392	0.0717	0.052	0.471	0.069
社区服务经费占 GDP 的比重	392	0.034	0.008	0.071	0.023
人口（ln）	392	43.407	26.676	106.44	5.17
人均可支配收入（ln）	392	9.403	0.510	10.689	8.422
文盲人口占比	392	0.077	4.88	0.254	0.004
失业率	392	0.037	0.716	0.065	0.008
抚养比	392	0.376	7.307	0.576	0.192

三、实证分析

（一）静态面板数据模型的估计

由于不同地区、不同省份在经济发展水平、资源禀赋、社会需求等存在较大的异质性，这些因素会对社区组织的发展产生不同程度的影响。就现有情况来看，政府扶持对社区组织密度究竟产生何种影响，影响程度有多大？本节首先通过固定效应模型与随机效应模型来探讨政府扶持对社区组织密度的影响，并估计政府扶持对社区组织发展的影响程度。如表 5 – 9 所示，根据 Hausman 检验的结果，模型支持固定效应假设。

表 5-9　静态面板数据模型的固定效应与随机效应估计结果

变量	模型（5.2.1.1）		模型（5.2.1.2）		模型（5.2.1.3）	
	固定	随机	固定	随机	固定	随机
人均社区服务经费（ln）	0.478 ** (2.30)	0.517 ** (2.95)				
社区服务经费占财政收入的比重			0.689 * (1.69)	0.302 (0.51)		
社区服务经费占 GDP 的比重					61.097 ** (2.79)	27.946 (1.48)
人口（ln）	0.116 ** (2.98)	0.024 *** (3.73)	0.065 *** (4.33)	0.002 (1.06)	0.123 ** (3.36)	0.033 *** (5.99)
个人可支配收入（ln）	2.502 *** (5.48)	2.443 *** (6.38)	3.900 *** (39.14)	3.822 *** (41.34)	2.155 *** (7.45)	-0.021 (-1.18)
文盲率	-0.050 ** (-2.48)	-0.051 ** (-2.61)	-0.015 * (-1.67)	-0.009 (-1.1)	-0.053 ** (-2.61)	-0.056 ** (-2.89)
失业率	-0.350 ** (-2.47)	-0.237 * (-1.84)	-0.154 ** (-2.55)	-0.124 ** (-2.58)	-0.363 ** (-2.59)	-0.221 * (-1.79)
抚养比	0.034 * (1.72)	-0.013 (-0.70)	0.201 ** (2.03)	0.010 (1.60)	0.040 * (1.69)	-0.021 (-1.18)
常数	-20.6 ** (-5.55)	-14.5 *** (-4.47)	-9.68 *** (-7.39)	-7.07 *** (-8.40)	-21.98 ** (-2.82)	-10.08 ** (-1.79)
年份	控制		控制		控制	
样本量	392	392	392	392	392	392
R^2	0.421	0.475	0.895	0.905	0.425	0.428
修正 R^2	0.400	0.408	0.734	0.889	0.340	0.398
F 检验	44.92		442.3		45.63	
Wald 检验		277.06		3338.91		272.9
Hausman 检验	20.17		76.21		76.9	
$P > X^2$	0.0026		0.0000		0.0000	

注：*、**、*** 分别表示在 10%、5% 和 1% 的置信度上显著，括号内的数值为各个系数的 t 值。

1. 政府扶持对社区组织发展的影响

本节分别用对数化的人均社区服务经费（lnpsse）、社区服务经费占全省财政收入的比重（rsse）、社区服务经费占 GDP 的比重（rgsse）三个指标来刻画政府扶持程度，固定效应模型的回归结果显示，目前我国政府扶持对社区组织的发展存在着正向的推动作用，这与理论预期一致。由于社区组织能够协助政府开展公共服务的供应，一旦政府与社区组织签订合同，建立双边关系，在多数情况下，政府会倾向于选择固定的、绩效与财务可控的合作伙伴，对相关服务项目的拨款也会增加，这种稳定性有助于形成一个可持续的社区组织系统。在模型（5.2.1.1）中，核心解释变量与被解释变量都进行了对数化的处理，因此核心解释变量的系数可以反映弹性的概念，即在其他条件不变的情况下，人均社区服务经费每增加 1%，社区组织的密度将增大 0.478%。在用相对指标替代了绝对数指标后，模型中核心解释变量的系数符号与显著性没有发生较大的变化，相对于模型（5.2.1.1）、模型（5.2.1.3），模型（5.2.1.2）中的核心变量系数的显著性相对较差，但从整体上讲，模型（5.2.1）是稳健的。

伴随着信息技术的快速发展，民众要求政府决策的快速回应压力加剧了社会治理的复杂性和不确定性，这给各国的政治带来巨大的震荡与负荷。阿尔文·托夫勒（Alvin Toffler）曾提出解决这一问题的两种办法：第一，设法进一步加强政府这个中心，通过不断增加越来越多的政治家、官僚、专家和计算机以竭力争取跑在迅速增加的复杂性的前面；第二，实现分权，通过群策群力，让“下面”或是允许“外围”做出更多的决定来减轻做出决定的负担，通过减少等级和授权的方式让社区组织、消费者和整个社区来做出决策（Osborne et al.，2006[①]）。与政府相比，社区服务组织具有更强的灵活性，对于情况与顾客需求的变化能够快速地做出反应，组织的运作可能比政府更具效率和更强的创新精神。按照相互依存理论，政府与社会组织之间可以通过建立稳定的合作伙伴关系实现共赢：一方面，政府可以通

① 戴维·奥斯本，特德·盖布勒. 改革政府［M］. 周敦仁等，译. 上海：上海译文出版社，2006：186－209.

过与社会组织合作的过程中可以有效地控制项目风险、提供公共产品和服务、降低合同的再竞价成本，通过严格的绩效考核与问责机制实现政府对项目的风险管理职能，以获得相应的收益；另一方面，社区组织可以从政府那里获得稳定的项目资金来源，建立可靠的项目控制预期，在项目实施中获得收益。

尽管现有的估计结果验证了政府扶持对社区组织的发展能够产生正向影响，然而由于决策者支出偏好的不同，各省份支持社区组织发展的力度也存在较大的差异。传统的官僚政治模式使政府专注于提供与问题作斗争的服务，全神贯注于划桨，很少有精力去操舵。根据变量描述性统计的结果，无论是从人均社区服务经费还是从社区服务经费占财政收入的比重、社区服务经费占 GDP 的比重来看，各省份对于社区服务经费的预算安排差异较大，大部分省份社区服务经费支出的相对规模较低，政府对社区组织发展的整体扶持力度不高。

2. 控制变量对社区组织发展的影响

根据固定效应模型的估计结果，控制变量的系数符号与显著性整体符合本书的预期。在 5% 的置信水平下，人口、个人可支配收入对社区服务组织的发展存在着显著的正向影响；而抚养比系数的正向显著性相对较弱，仅通过了 10% 的置信度检验。伴随着人口的增加、个人可支配收入的提高，社区居民对社区服务的需求将大大增加，激发了新的社区服务组织的产生。同时，伴随着人口老龄化的不断加剧，单独二孩政策的实施，社会对老年人与少儿的抚养比将大大提升，进一步增加了人们对日间照料中心、社区养老中心等机构的需求。在人口、社区财富、社区需求等因素的共同推动下，社区服务组织的密度与社区服务的覆盖率得以不断扩大。

与上述三个变量不同，文盲率与失业率对社区服务组织的发展呈现显著的负向影响，即在其他条件不变的情况下，文盲率越高、失业率越高都会抑制社区服务组织的发展。按照马斯洛的需要层次理论，当人类在满足了生理需求、安全需求之后，随着文明的开化，需求层次将进一步上升为爱与归属感的需求，如果一个地区文盲率与失业率都较高，人们将会对生理需求更加重视，而对社区服务需求缺乏意识，导致社区居民对社区服务组织的需求不强烈，从而不利于社区服务组织的发展。

党的十八大提出要加强与创新社会管理，加强基层社会管理和服务体系建设，增强城乡社区服务功能，在新的背景下，政府只有通过有效的授权，鼓励社区组织接管各项服务，提供种子基金、培训和技术协助，把解决问题所需的资源交给社区组织去控制，才能使社区组织真正成为国家治理的重要一极，以协助政府更好地提供公共服务、履行社会管理职责。值得注意的是，在这个过程中，社区服务组织要警惕过度依赖政府的扶持所产生的不利影响，即发生使命漂移，更多地提供政府导向型的社区服务。

（二）动态面板数据模型的估计

本节已运用面板数据的固定效应模型分析了中国 28 个省份的政府扶持对社区服务组织发展的影响，在这一模型中，所有的解释变量都被看作是严格的外生变量。然而，在实际生活中，大多数宏观经济变量在模型的估计中都存在着一定程度的内生性，这种内生性往往会夸大或缩小解释变量对被解释变量的影响。与此同时，由于政府政策一般都具有连续性，社区服务组织密度的变动是一个动态的过程，它不仅与当期的一些经济变量紧密联系，还会受到前一期乃至前几期社区服务组织密度的影响。为了校正固定效应模型中存在的内生性问题，本节将进一步采用系统 GMM 方法，分别对政府扶持变量的类型做出三种不同的假定，来考察政府扶持对社区服务组织密度的动态影响。表 5 - 10 列示了政府扶持对社区服务组织密度影响的系统 GMM 估计结果。

表 5-10 动态面板数据模型的系统 GMM 估计结果

解释变量	被解释变量滞后一期作为内生变量的系统 GMM 估计［模型（5.2.3.1）］			被解释变量滞后一期作为内生变量且政府扶持变量为前定变量的系统 GMM 估计［模型（5.2.3.2）］			被解释变量滞后一期与政府扶持变量为内生变量的系统 GMM 估计［模型（5.2.3.3）］		
	模型 a	模型 b	模型 c	模型 d	模型 e	模型 f	模型 g	模型 h	模型 i
L1 被解释变量（ln）	0.889*** (9.29)	0.873*** (9.83)	0.749*** (8.21)	0.870*** (9.12)	0.868*** (9.50)	0.704*** (7.47)	0.810*** (10.14)	0.813*** (9.34)	0.721*** (8.37)
人均社区服务经费（ln）	1.186* (2.03)			0.829* (1.89)			0.433* (1.85)		
L1 人均社区服务经费（ln）				0.842 (1.27)					
社区服务经费占财政收入的比重		8.023* (1.84)			6.727* (1.91)			2.550* (1.76)	
L1 社区服务经费占财政收入的比重					5.989 (1.44)				
社区服务经费占 GDP 的比重			267.55** (2.19)			276.04** (2.13)			109.62* (1.87)
L1 社区服务经费占 GDP 的比重						-165.15 (-1.41)			

续表

解释变量	被解释变量滞后一期作为内生变量的系统 GMM 估计［模型（5.2.3.1）］			被解释变量滞后一期作为内生变量且政府扶持变量为前定变量的系统 GMM 估计［模型（5.2.3.2）］			被解释变量滞后一期与政府扶持变量为内生变量的系统 GMM 估计［模型（5.2.3.3）］		
	模型 a	模型 b	模型 c	模型 d	模型 e	模型 f	模型 g	模型 h	模型 i
人口（ln）	0.022** （2.31）	0.007 （0.31）	0.078** （3.00）	0.034* （1.88）	0.011 （0.45）	0.068** （2.28）	0.012 （1.61）	0.005 （0.52）	0.033* （3.48）
个人可支配收入（ln）	-1.905 （-1.46）	0.224 （0.71）	2.55** （2.91）	2.605* （1.73）	-0.026 （-0.09）	1.698** （2.30）	-0.252 （-0.30）	0.595 （3.63）	1.681** （3.48）
文盲率	-0.095** （-3.19）	-0.090** （-2.83）	-0.089** （-2.47）	-0.085** （-2.29）	-0.078** （-2.14）	-0.102** （-2.81）	-0.076** （-2.92）	-0.083** （-3.10）	-0.055** （-2.7）
失业率	-0.167 （-0.87）	-0.147 （-0.48）	0.081 （0.23）	-0.249 （-0.83）	-0.24 （-0.85）	0.101 （0.21）	-0.073 （-0.54）	-0.035 （-0.25）	0.009 （0.05）
抚养比	0.019* （1.80）	0.008* （1.92）	-0.061 （-1.39）	0.062 （1.16）	-0.011 （-0.29）	0.035 （0.50）	0.016 （0.98）	0.021 （1.14）	-0.014 （-0.54）
年份虚拟变量	控制	控制	控制	控制	控制	控制	控制	控制	控制
常数	13.147 （1.30）	-1.076 （-0.20）	-31.92 （-2.57）	15.94 （1.33）	1.782 （0.34）	-21.52* （-1.92）	1.455 （0.23）	-4.76** （-2.12）	-18.75** （-2.74）
AR（1）	-3.77*** （p=0.00）	-3.83*** （p=0.00）	-3.78*** （p=0.00）	-3.76*** （p=0.00）	-3.75*** （p=0.00）	-3.73*** （p=0.00）	-3.74*** （p=0.00）	-3.75*** （p=0.00）	-3.75*** （p=0.00）

续表

解释变量	被解释变量滞后一期作为内生变量的系统 GMM 估计［模型（5.2.3.1）］			被解释变量滞后一期作为内生变量且政府扶持变量为前定变量的系统 GMM 估计［模型（5.2.3.2）］			被解释变量滞后一期与政府扶持变量为内生变量的系统 GMM 估计［模型（5.2.3.3）］		
	模型 a	模型 b	模型 c	模型 d	模型 e	模型 f	模型 g	模型 h	模型 i
AR（2）	0.88（p=0.38）	0.87（p=0.38）	1.18（p=0.24）	0.34（p=0.74）	0.63（p=0.53）	0.54（p=0.59）	0.54（p=0.59）	0.48（p=0.63）	0.34（p=0.74））
Hansen 检验	28.06（p=1.00）	28.30（p=1.00）	27.88（p=1.00）	28.02（p=1.00）	28.32（p=1.00）	28.19（p=1.00）	28.06（p=1.00）	27.86（p=1.00）	28.32（p=1.00）
观测值个数	392	392	392	392	392	392	392	392	392

注：*、**、*** 分别表示在 10%、5% 和 1% 的置信度上显著；括号内的数值为各个系数的 t 值；L1 为模型的一阶滞后算子；AR（1）检验、AR（2）检验分别表示残差的一阶和二阶序列相关性检验，要求扰动项一阶差分存在自相关，二阶和高阶不存在自相关，AR 检验和 Hansen 过度识别检验结果的括号内为相应 p 值。限于篇幅，本书略去了系统 GMM 估计的一步估计结果。

在被解释变量滞后阶数的选择上，本书通过 Arellano – Bond 的 2 阶残差自相关检验，根据 AIC 信息准则，最终确定了社区服务组织密度的最大滞后阶数为 1。在系统 GMM 估计的残差是否存在序列相关的检验上，根据表 5 – 10，AR（1）的 p 值均为 0、AR（2）的 p 值均大于 0.10，说明残差项存在一阶自相关，但不存在二阶自相关。在工具变量的选择上，本书采用 Hansen 检验对工具变量进行过度识别检验，Hansen 检验的 p 值为 1，即接受“工具变量是有效的”这一原假设。AR 检验和 Hansen 检验结果均显示模型设置合理。因篇幅有限，其他检验过程不再赘述。

1. 社区服务组织密度的滞后一期对社区服务组织密度的影响

尽管本书对政府扶持变量的内生性与否进行了三种不同形式的变量设定，然而系统 GMM 估计的结果显示，滞后一期的被解释变量对当期的被解释变量的边际系数存在着显著的正向影响，且正向影响较大，边际系数处于（0.70，0.90）的区间范围内。目前，中国社区服务组织在不同省份、不同地区间存在着严重的不平衡发展的局面，如果在其他条件不变的情况下，前一期的社区服务组织密度对当期社区服务组织密度的影响系数达到了 70%，那么既定的存量差距将进一步加剧社区服务组织发展的地区差距，产生马太效应。

由于采用了不同的变量设定方法，将政府扶持分别作为前定变量、内生变量的系数估计结果会比单纯将政府扶持作为外生变量的估计结果要小，因此，关于政府扶持的外生性假设夸大了被解释变量的滞后一期对解释变量的影响，放松了政府扶持的外生假设条件会使估计结果更加稳健。

2. 政府扶持对社区服务组织密度的影响

从表 5 – 10 所显示的结果来看，政府扶持系数的符号与显著性并未随着选择不同的变量指标、选择不同的估计方法以及设定不同的变量类型而发生变化，这也意味着本书所设定的模型是稳健的。除了模型（c）和模型（f）通过了 5% 的置信度检验外，其他所有模型政府扶持这一变量仅通过了 10% 的置信度检验，且系数符号为正。这意味着，现有的政府扶持政策能够对社区服务组织的发展产生正向的推动作用，党的十八届三中全会提出要加快建立社会养老服务体系和发展老年服务产业，健全农村留守儿童、妇女、老年人关爱体系，国家政策的重视为社区服务组织的创建、发展提供了良好的制度环境与必要的资金支持，实现了社区服务组织的快速、健康发展。

模型（a）、模型（b）、模型（c）假定政府扶持是外生变量，变量的系数估计结果要显著大于假定政府扶持是前定变量和内生变量情况下的系数估计结果，因此，假定政府扶持是外生变量的估计模型过分夸大了政府扶持对社区服务组织发展的影响，伴随着内生性的矫正，这种夸大的影响得到了进一步弱化。以人均社区服务经费为例，变量的估计系数由模型（a）中的 118.6% 降到了模型（d）中的 82.9%，又降到模型（g）中的 43.3%。

模型（d）、模型（e）、模型（f）引入了政府扶持的滞后一期，从估计结果来看，与核心解释变量不同，前定变量并未对社区服务组织的密度产生显著性的影响。由于长期以来我国政府预算一直按照年度进行编制，年度预算的一个重要缺陷是与项目周期的不匹配，这就导致地方政府对社区服务组织的支出政策呈现碎片化管理的态势，无论是政府补贴政策还是政府购买政策都缺乏政策的连续性，从而解释了为什么前定变量的系数不显著。

3. 其他控制变量对社区服务组织密度的影响

在所有的控制变量中，唯有文盲率在 5% 的置信水平下系数显著为负，即文盲率对社区服务组织密度产生明显的抑制作用。一些控制变量在不同的模型中呈现出不同程度的显著性水平，其中，抚养比与失业率的估计系数尤为不显著，除了模型（a）、模型（b）外，这两个变量的系数甚至无法通过 10% 的置信度检验。由于本书选取城镇登记失业率作为衡量失业率的指标，而现实生活中的失业率可能远远大于城镇登记失业率这一指标，即可能存在被低估问题，这一变量伴随着模型内生性的矫正而变得不显著了。同理，作为衡量社区需求的重要因素之一，抚养比可能也存在着被低估的问题，致使变量在动态模型中系数不显著。

四、小结

基于上述分析，本节可以得到以下结论。

第一，两种模型的估计结果均显示政府扶持会对社区服务组织的发展产生正向的影响，这意味着政府在扶持社会组织发展的过程中发挥着举足轻重的作用。尽管政府扶持对社区服务组织的发展能够产生正向的推动作用，然而，受经济发展状况的影响，各地社会服务经费支出往往存在着巨大的差异，这种差异会导致社区服务组织在地区间发展的不平衡。此外，出于政府支出的赤字压力以及社会组织自治力的考虑，社会组织的发展要警惕政府职能的越位，不要过度依赖政府的支持，从发达国家社会组织发展的经验来看，过于依赖政府的扶持会抑制社会组织宗旨的实现，导致社会组织出现使命漂移，完全按照政府的意愿从事公共产品的生产，丧失了社会组织自身的生命力，引发志愿失灵。

第二，动态模型的估计结果表明前一期的社区服务组织密度对当期社区服务组织密度影响非常大，前定变量对被解释变量的影响会进一步加剧社区服务组织在地区间发展的不平衡。如何遏制这种局面、实现社区服务组织在地区间的协调发展？这需要中央政府与地方政府的共同努力，即进一步完善中央与地方之间的事权与支出责任划分，完善转移支付机制，将事权进一步上移。

第三，将解释变量全部假定为外生可能会夸大政府扶持对社区服务组织发展的影响，通过动态面板数据估计模型可以在一定程度上解决模型中存在的内生性问题。

第三节 主要结论

本章分别从组织行为与地区差异两个维度来考察政府扶持社会组织的政策效果。实证研究表明，政府的财政扶持政策存在着多重政策效果，这些效果之间可能相互矛盾，这些矛盾集中体现为以下三个方面。

第一，直接性的财政扶持政策既能够激发社会组织提供公共产品，扩大社会组织的公益性支出，同时也会在一定程度上抑制社会组织筹资的努力，对捐赠筹资产生局部的挤出效应，恶化了组织的财务结构，甚至会导致组织丧失自我治理的能力，这与政策初衷是相悖的。

第二，现有的政府扶持政策对发展社区服务组织的影响力非常大，但也进一步扩大了社区服务组织发展的地区差异，不断发展的社区组织会进一步增加政府的社区服务经费支出，不发达地区的政府将面临更加严峻的赤字压力，而这又将抑制社区服务组织的发展。

第三，政府在向社会组织提供财政扶持政策的同时，也将社会管理的部分职责转移给社会。然而，在责任的转移过程中，也要避免政府职能伴随着扶持政策的实施而发生越位与缺位的现象。政府向社会组织转移责任并不代表政府可以不承担责任，而是将划桨的职能交付给社会组织，从而集中精力履行掌舵职责。

因此，政府在制定政策的过程中需要抓住当前社会管理以及社会组织发展中的主要矛盾，在政策目标之间做出相应的割舍与让步，并针对社会需求的变化与公共价值的要求及时调整政策，确保政策的可针对性、持续性与有效性。

第六章　社会组织财税政策的国际比较：经验与启示

第一节　国外社会组织的财政政策

各国政府支持社会组织发展的财政政策主要分为两大类：财政补贴政策和政府购买政策。财政补贴政策主要是为了促进社会组织的能力建设，以激发其解决社会公众诉求，满足社会公共需要。政府购买政策是各国政府通过向社会组织购买服务将部分的政府职能转移给社会组织，特别是在市场失灵和政府失灵的公共服务领域，政府购买政策一般以合同的形式实施，政府会对服务提供的质量、效果进行绩效评价。

多年来，各国政府在推动社会组织发展方面投入较大，以美国为例，美国2005年对公共慈善团体的政府支持和资金支付约为3500亿美元，占当年公共慈善团体总收入的近30%，政府支持的重点是医院和其他医疗服务提供者，约占拨款总额的70%（Wing et al.，2008）①。除了政府直接支持外，社会组织也从政府的间接补贴（如税收减免、配套费用）中获得了很大的收益，但间接补贴的价值很

① Wing，Kennard，Thomas Pollak and Amy Blackwood. The Nonprofit Almanac 2008［R］. Washington DC：Urban Institute Press，134.

难确定。考茨等（2006）估计美国非营利的公司所得税减免价值约为100亿美元，财产税的减免额应在80亿～130亿美元之间[①]，尽管数据估计存在差异，但这些估计足以显示出政府间接补贴的力度非常大。总的来说，在过去的60多年里，推动社会组织发展的主要因素仍是政府的直接支持。统计数据显示，在一些发达国家，各种形式的补贴能够占到非营利组织总收入的一半以上，一些国家（如爱尔兰、比利时）这一比例能够达到75%，德国、以色列这一比例也达到了2/3（Stefan Toepler，2010）[②]。

一、财政补贴政策

财政补贴包括直接补贴和间接补贴两类：直接补贴涉及直接拨款、配套拨款、分类补助、种子基金、贷款和贷款担保等方式，间接补贴涉及服务消费券、税收减免[③]等方式。

（一）直接拨款

1. 英国的“能力建设者”（capacity builder）项目[④]

政府通过直接拨款的形式对社会组织进行转移支付和再分配，类似于不同层级政府之间的转移支付。以英国的“能力建设者”项目为例，英国政府长期致力于社会组织的能力建设工作，一般通过项目开展提供长期的资金支持。2002年，英国财政部通过对志愿和社区部门

① Brody Evelyn and Joseph Cordes. Tax Treatment of Nonprofit Organizations：A Two-edged Sword?. In Elizabeth T. Boris and C. Eugene Steuerle（eds）, Nonprofits and Government：Collaboration and Conflict, Washington DC：Urban Institute Press, 2006：141－180.

② Stefan Toepler. Government Funding Policies. In Bruce A. Seaman and Dennis R. Young（eds.）, Handbook of Research on Nonprofit Economics and Management, Massachusetts：Edward Elgar Publishing, Inc., 2010：320－334.

③ 税收减免将在下一节详细讨论，此处不再赘述。

④ 资料来源：https：//www.gov.uk/government/publications/capacity-builders-uk-limited-annual-report-and-accounts－2010－to－2011。

在提供服务中的作用进行跨部门的评估发现，非营利部门的能力有待提高。随后政府和非营利部门推出了名为“转变”的项目，以提高社会组织的服务能力，拓展公共服务的覆盖范围。项目支持对象主要包括一线慈善团体、公益团体和社会企业，涉及财务、治理、信息技术、绩效管理、志愿者活动和人力资源6个方面的能力建设。2004～2006年间英国政府在该项目上共投入8000万英镑，建立了6个国家级服务中心。在总结经验的基础上，2006年英国政府推出了“能力建设者”项目，2006～2008年间财政资金共投入了7000万英镑，2008～2011年政府安排了8850万元的预算资金以支持该项目的发展，项目于2011年顺利完工。

根据该项目2011年的年度报告，项目共实现了6重目标：第一，在全国范围内，一线的第三部门组织能够获得高品质的支持和建议；第二，需要向对一线第三部门组织给予支持的机构提供必要的建议、工具和资源；第三，能力建设者的组织应当与其合作伙伴一同致力于满足第三部门走出衰退的需求；第四，能力建设者项目反映了多样化的社区需求；第五，能力建设者的投资项目以及政府的资金支持需要向社会提供高质量的数据和分析；第六，能力建设者项目要有效地管理公共资金，与合作伙伴密切合作，确保提供高质量的客户服务。该项目的资金管理非常严格，收到拨款的社会组织会将资金使用情况及时回馈给能力建设者项目管理者，项目最终结余约80万英镑。

2. 日本的社会组织资金援助机制

为促进社会组织在对外援助中发挥积极作用，日本外务省对此提供了两种资金援助方式：支持日本社会组织无偿的资金援助和社会组织事业补助金。社会组织无偿资金援助是外务省2002年设立的一种无偿预算，主要用于开发援助事业、社会组织伙伴事业、社会组织紧急人道支援、循环再利用物资运输费、小规模融资的资金源和扫雷行动等6类。社会组织事业补助金自1989年开始实施，主要向在海外从事有关经济社会开发项目而“支持日本社会组织无偿资金援助”

无法支援的日本社会组织提供，补助包括 3 项活动：（1）补助项目策划调查，对社会组织为开发援助项目的挖掘、形成而亲自作为实施主体进行策划调查活动所需的经费进行补助。（2）补助项目评价，对社会组织亲自实施的开发援助项目在当地的评价活动所需经费进行补助。（3）补助提高组织运营、活动能力，为提高社会组织营运能力和专业性，以扩大社会组织工作人员为对象实施持续一定期间的研修会、讲习会等所需经费进行补助。

（二）配套拨款——英国的“草根赠款”（grassroots grants）项目①

英国政府为资助小型、微型社区组织的发展，使其充分发挥自身的优势，以解决社区存在的种种问题，特别是反映弱势边缘群体的诉求，开展了“社区资产”项目、“草根赠款”项目和“社区建设者”项目。以“草根赠款”项目为例，该项目是专门针对社区组织的总额达 1.3 亿英镑的资助项目，其中 8000 万英镑是给社区组织的小额赠款，另外 5000 万英镑则是给地方基金会的奖励。“草根赠款”项目从 2008 年 1 月正式启动，分三个财政年度实施，至 2011 年 3 月结束。为了体现政策向草根组织倾斜的意图，项目规定只有年收入低于两万英镑的社区或志愿组织才能申请项目的小额赠款，赠款可以用于购买硬件设备、开展活动、培训志愿者、支付员工报酬等，但严禁用于宗教活动或政治活动。为了方便社区组织申请赠款，社区发展基金会将该项目的 8000 万英镑小额赠款分配到地方，由 63 个地方基金会负责项目在地方的执行。这些地方基金会的一大任务是根据项目设定的指标向企业或个人募集资金充实自身的本金，在达到筹资指标后将从“草根赠款”项目获得政府配套资金的奖励，奖励的资金也用于扩大基金会的本金规模。奖励比例是 2∶1（即从企业或个人募捐的金额

① 王名，李勇，黄浩然. 英国非营利组织［M］. 北京：社会科学文献出版社，2009：120－180.

是政府配套资金的两倍），但在少数地方，这一比例是1∶1或3∶1，具体由第三部门办公室根据每个地区的情况来决定。

（三）分类补助

政府对社会服务领域特定的社会组织进行分类资助，按照事先设计好的程式（公式资助）或按照项目形式（项目资助）确定资助数额，以美国为例，分类资助在美国得到了广泛的应用，主要被用来资助各种各样的非营利活动。美国已有多个资助计划项目，社会组织通过这些计划可以获得联邦政府的资助。与公式资助相比，政府对项目资助的控制往往更加严格，且资金分配经常出现分配不均的情况，这很大程度上取决于筹资的能力，如机构的资助申请写作技巧。

分类资助是一种专款专用的资助形式，它不是为政府自身采购产品或服务，而是为在某些政府感兴趣的领域资助社会组织活动而采取的一种方式，且为社会组织留出了相当大的自主权。美国分类补助的资金大部分来源于联邦政府，如针对低收入人群推出的国家医疗保险和医疗补助，以及针对贫困家庭的临时补助项目等。联邦政府对非营利部门的扶持起着最为显著的作用，州政府和地方政府的作用次之。联邦政府与州政府在项目的管理上各司其职，联邦政府只制定管理资助项目大体上的政策法规，具体政策的落实由州政府和地方政府根据当地的情况决定，包括符合条件的服务对象，服务的类型、总量、范围及时段，服务的费用以及如何管理。

（四）种子基金①

1. 日本的志愿活动推进基金

以神奈川县为例，该县以支援县与社会组织共同推进合作、促进社会组织活动为目的，于2001年4月1日以政府政令设立该项独立

① 王名，李勇等. 日本非营利组织［M］. 北京：北京大学出版社，2007：145－180.

运作的基金。该基金的原始资金主要来源于县整备部住宅公社贷款、町村住宅贷款、警友会医院建设基金，该基金的资产存在形式包括三种债权本金、部分现金、三种债权本金的利息、资金运营收益等。该基金靠其运营收入，以自主进行公益目的的社会组织及个人为对象实施合作事业负担资金、志愿者活动补助资金和志愿者活动鼓励奖三种形式的资助。

2. 日本的1%支援制度

在现实中，日本社会组织的大部分资金来源于所谓的事业收入，即相关服务、经营活动的报酬（包括接受项目委托）。日本公益法人捐赠收入仅占年收入的8.9%，80%的特定非营利组织活动法人所收到的捐赠少于50万日元。这意味着日本社会组织的自我筹资能力不强，民众捐赠对NPO的支持力度不大。为此，日本政府开始探索引导市民捐款投向社会组织的措施，比较典型的是千叶县市川市首创的“1%支援制度”。

2004年，千叶县市川市议会通过有关志愿组织活动的议案，根据该议案，千叶县市川市实施“市民选择的市民活动团体支援制度”，将市民税的1%作为辅助金提供给市内社会组织及居民团体。2005年，该市居民按照自己的意愿，自由支配自己缴纳的1%市民税金，用于支援市川市内的社会组织或市民活动，市民通过服务窗口、电话、网络等途径通知市政厅将其税金支付给相应组织。

实施1%支援制度，实际上是地方政府从自己的财政收入中拿出一部分资金用于资助社会组织及其活动，尽管资金数额较小，但意义重大，它撬动了社会组织的民间资金融通链条，通过补血实现社会组织自身的造血功能。

（五）贷款和贷款担保

在西方国家，政府可以向社会组织提供贷款，社会组织同国有企业、民营企业一样都是法人，都可以平等地得到政府的资助，当然也包括贷款和贷款担保。政府通过贷款和贷款担保的形式帮助社会组织（如购房），贷款可以直接提供给社会组织或社会组织的客户（如给学生助学贷款到非营利大学）①。2010 年，美国社会组织联邦资助的贷款担保和直接贷款达到了 1916 亿美元，直接贷款项目增长了 8 倍，直接贷款项目取代了长期存在的大学生联邦贷款担保项目，如表 6－1 所示。贷款项目所涉及活动的范围特别广，从居住到医疗援助，从收养中心到劳动力培训。

表 6－1　1990 年、2010 年美国联邦政府税式支出和与社会组织贷款项目支出的增长

扶持工具	1990 年（百万美元）	2010 年（百万美元）	百分比变动
直接贷款	0.2	149.4	74600
贷款担保	47.3	42.3	－10.6
总计	47.5	191.7	303.6

资料来源：https：//www.whitehouse.gov/omb/。

在直接贷款里，政府可以利用资本市场筹集的资金直接贷款给消费者，如表 6－2 所示。在担保贷款里，贷款由商业银行发放，由政府提供担保。通过担保获得低息贷款，鼓励银行借款给有需要但资产有限的个人或机构。在美国，直接贷款和担保贷款被广泛应用于资助大学学费，担保贷款项目经常以政府补贴的“二级市场”运作相配合，通过运作采购商业银行的贷款，使银行得以提供额外的贷款。英国创建了一个“未来建设者”组织，用于资助社会组织的技术和设施，由政府提供资金。通过社会组织偿还的资金，“未来建设者”可以对其他的社会组织提供银行贷款，这笔周转性贷款的启动资金是 4 亿英镑（萨拉蒙，2010②）。

① 景朝阳．社会服务机构导论［M］．北京：中国社会出版社，2011：180－210.

② 莱斯特·M·萨拉蒙等．政府向社会组织购买公共服务研究——中国与全球经验分析［M］．王浦劬，译．北京：北京大学出版社，2010：213.

表 6－2　　美国 2010 年的直接贷款支付金额　　单位：百万美元

项目	金额
农村住房保险基金	2178
农村社区设施直接贷款	399
历史上的黑人大学融资	263
直接的学生贷款项目	74709
教学资金账户	104
学生贷款获取账户	24432
临时学生贷款采购局	31963
州住房融资机构直接贷款	15309
社区发展信用社循环资金	4
合计	149361

资料来源：https：//www. whitehouse. gov/omb/。

尽管各国政府一直致力于积极探索扶持社会组织发展的财政政策工具，然而一个整体的趋势是政策工具的选择逐步从一般性的整体拨款转向更加严格的合同，从提供者补助转向消费者补助。造成这种转变的一个动力是新公共管理理念的引入，新公共管理强调将问责、绩效管理、效率、竞争和选择等商业理念纳入政府与非营利部门的管理中，基于此，正式的合同日益取代了非正式的资助和报销制度，成为公共部门支持社会组织的基本形式。在这个过程中，基本福利服务提供不仅对非营利提供者开放，而且也对营利的提供者开放，从而实现了一个竞争更加激烈的福利服务“市场”（萨拉蒙，2010[①]）。

二、政府购买政策

美国、加拿大、英国等国运用公共官员调查、对比研究、跨部门

① 莱斯特 · M. 萨拉蒙等. 政府向社会组织购买公共服务研究——中国与全球经验分析［M］. 王浦劬，译. 北京：北京大学出版社，2010：213－214.

计量经济模型等方法对合同外包进行了大量研究。研究表明，在服务水平和服务质量保持不变的前提下，将管理与监督合同实施的成本计算在内，合同外包平均节省约25%的费用（萨瓦斯，2001①）。

（一）澳大利亚规范化的服务购买模式

近年来，澳大利亚政府越来越依靠社会组织为社区提供服务，社会组织提供的公共服务质量越来越高。澳大利亚系统化的政府购买政策体系包括统一的指导方针、健全的政府采购法律法规体系、明确的采购原则与多样化的购买服务方式、规范化的购买程序以及相对完善的购买服务监督体系构成。

1. 统一的指导方针

澳大利亚的法律体系属于英美法系，起源于1601年英国伊丽莎白女王法律的英国慈善法曾被大规模引入澳大利亚，与英国不同的是，澳大利亚将公司作为社会组织的主要模式加以扶植。根据《公司法》的规定，在澳大利亚，慈善组织作为社会服务提供的主要实体，慈善组织的主要注册形式为担保公司，只有以公司形式注册才能接受政府的资助。

2010年，澳大利亚政府与社会社会组织达成了“全国性协议”，这是一个里程碑式的协议，反映了政府与社会组织形成一种全新的、更加紧密的关系，从而为国民提供更好的社会服务。“全国性协议”的基本理念和工作思路体现政府与社会组织之间相互认知、相互独立、相互辅助的关系。“相互认知”体现为：第一，政府对社会组织在公共管理和社会服务中起到的重要作用给予充分的肯定；第二，社会组织对自身角色的认知，即在政府资助下，协助政府处理公共政策、公共服务和社区治理等方面事务的组织。“相互独立”强调政府与社会组织之间合作的独立性，不属于雇佣或隶属关系。“相互辅

① 萨瓦斯. 民营化与公私部门的伙伴关系［M］. 周志忍等，译. 北京：中国人民大学出版社，2001：152.

助”体现为：一方面，政府通过资助、咨询、公开等途径对社会组织提供信息上的帮助，促进社会组织在社会中发挥更重要的作用；另一方面，社会组织通过发挥自身优势，帮助政府完善制度、优化结构，提供政府治理能力。

除了“全国性协议”外，在“全国性协议”签署之前，澳大利亚各地方政府就在积极探索适合本地区发展的政府与社会组织合作的新模式，建立相应的“地方性协议”，其中以新南威尔士州的“地方性协议”最具代表性。2006 年，新南威尔士州政府正式签署了《共同建设新南威尔士州》（*Working Together for NSW*）协议，以政策文件的形式提出了政府与社会组织合作的目标、基本准则、价值理念，以及执行与审批等内容。

2. 健全的法律法规体系

澳大利亚政府采购法律法规体系包括四个层次：第一层次由法律、制度和国际性条例组成；第二层次是以财政管理责任法以及联邦机构和公司法为基础；第三层次是指导政府采购的框架；第四层次是指导采购人员如何进行具体的采购活动。四个层次由简入繁，共同构成了澳大利亚政府采购法规体系，如图 6－1 所示。

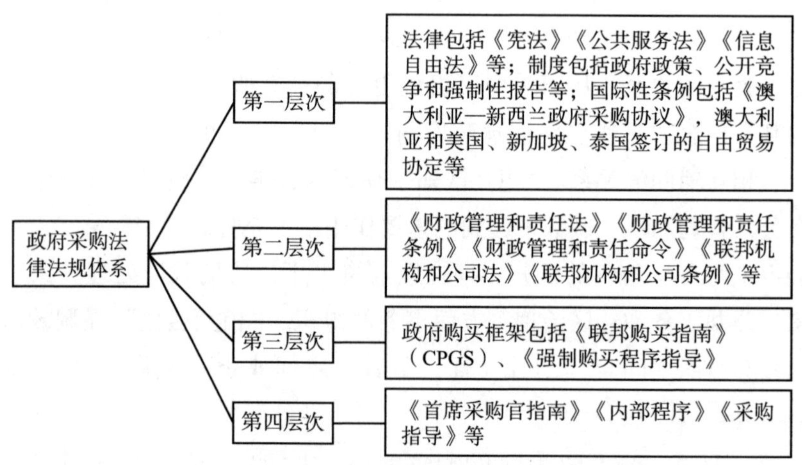

图 6－1　澳大利亚政府采购法律法规体系

3. 明确的购买原则与多样化的购买服务方式

澳大利亚联邦政府购买服务遵循的原则包括收益与成本相匹配原则、鼓励竞争原则、效率、效益、合乎职业道德原则、责任和透明度原则、文件保管原则、信息发布原则和妥善处理纠纷原则。其中，收益与成本相匹配原则是政府采购遵循的核心原则，对政策目标的实现发挥关键性作用。在鼓励竞争方面，澳大利亚政府运用非歧视待遇和促进市场竞争的采购程序来保证社会组织间的公平竞争。澳大利亚政府采购法律法规体系严格规范采购程序和方法，对相关责任人进行问责，有效地保证了其他相关原则的实现。

政府购买公共服务的方式包括公开招标、选择招标和单一来源等方式。在这些方式中，公开招标是比较有效的形式，由政府公开招标项目，相关组织均可来竞标。同行业机构可以联合参与竞标，以扩大自身竞争力，一些大的组织在中标后可以将项目分包给小的组织。政府实时对合同期间的服务产出进行检查，一旦达不到合同的要求立即中止政府资助。

4. 规范化的购买程序

澳大利亚的政府采购程序分为两类：一类适用于强制采购程序，对于联邦政府部门采购商品和除公共工程外的服务，金额估计在 8 万澳元以上的；对于联邦机构和公司采购商品和除公共工程外的服务，金额估计在 40 万澳元以上的；对于公共工程类服务，估计金额在 600 万澳元以上，必须纳入强制采购程序。另一类不适用于强制采购程序，主要包括国际间的捐赠、贷款、帮助的资金所实施的采购以及直接用于国际救助所实施的采购、对上级政府的采购、非本土采购的商品、服务、工程等，尽管这些采购活动不需要纳入强制采购程序，但必须遵守收益与成本相匹配的原则，并符合《联邦采购指南》的要求。

5. 购买服务监督

监督框架的构建、服务评审和资金审计是监督购买服务的三个重要支柱，这三者共同促进了购买服务的全过程监督，既保证了事前监督的有效性，又确保了事中监督的适时性和事后监督的效率性。

由于“全国性协议”签署的时间不长，可供借鉴的资料相对较少，但地方政府与社会组织的购买实践过程已经形成了相对成熟的经验可供借鉴，其中维多利亚州公共事业部的监督框架就具有较强的代表性。该监督框架从 2005 年引入，包括持续运作的核心监督、年度公开评估和可能的服务评审（或行动计划）。首先，由政府部门向每一个社会组织派遣一名监督调查员，通常是项目和服务询问。其次，在进行年度公开评估时，该监督协调员会提出“整体性评估”。对于接受多领域资助的社会组织，对其进行的评估可能是跨区域的。

除了构建监督框架外，对服务进行评审以及资金审计也是政府衡量公共服务质量和资金使用质量的重要手段。作为政府监督的重要组成部分，服务评审可以使公共服务交易双方及时交流意见，总结问题，并尽早找到解决的方案。作为服务评审的一方，政府会要求社会组织提供日程上列明的功能领域的信息，社会组织及时提出相关问题以供探讨，以保证社会组织能够提供更好的解决方案。至于资金审计，澳大利亚对社会组织一般采取两种审计方式：第一，根据会员的举报或投诉，对社会组织提供专项审计；第二，随机进行的抽查审计。审计的形式主要包括财政审计和运作审计。每个社会组织都聘有独立的审计员，负责相应的年度财务报告审计，并处理相关税收问题。此外，联邦政府还会请第三方对社会组织的财务报告进行审计。

尽管澳大利亚政府向社会组织购买公共服务的体系较为发达，然而，在这一服务购买体系中却存在着一个严重的弊端，即缺乏核心管制机构。核心管制机构（核心登记处）的作用不仅仅是记录实体的地址和名称，还意味着没有特定的机构对澳大利亚社会组织的财务和活动的信息披露进行监管。信息的缺失大大减弱了澳大利亚税务局（ATO）在监督和检查慈善行业的作用。核心管制机构的空缺严重制约着相关职能部门对社会组织的问责效率，不利于提高社会组织的透明度（萨拉蒙，2010①）。

（二）美国以绩效为导向的服务购买模式

美国政府与社会组织的关系是一个复杂的动态变化过程，政府对社会组织的扶持一直受到美国社会经济政治结构和政治形态的制约，而政府的赤字压力和新公共管理理念促使美国政府对于发展社会组织的直接性扶持政策发生了急剧的逆转。政府每年都有用于各种社会事业的预算，政府经常会选择外包给社会组织来经营和执行一些公共性项目，其实质是将公共财政资金转移给社会组织，由政府授权委托这些机构来提供服务。然而自里根政府以来，政府与社会部门的冲突与竞争开始逐步显露，尽管里根政府时期预算法案中提出要削减对社会组织的支出，但实际上预算支出早已出现了显著的下降，与 20 世纪 80 年代相比，降幅达到了 25%（Kirsten & Salamon，2012②）。20 世纪 90 年代，随着新公共管理理念在政府的行政管理中占据了主导地位，这对政府向社会组织购买服务的活动提出了新的挑战。为了使得体制更加高效，确保政府机构对接受资助或购买合同的社会组织活动进行充分监管，政府对合同外包的指导变得更加严格，合同外包出现了由设计型向绩效型转变的趋势。与此同时，为了提高政府资金的使用效率，政府购买服务的方式也发生了巨大的变化，开始逐步减少直接的合同购买，转向发放消费券的消费方补贴购买方式。美国政府向社会组织购买的服务类型主要包括：儿童日托，照顾老人，卫生保健，私人教育（主要针对低收入群体），对吸毒、酗酒、赌博成瘾人群的帮助，帮助残疾人，对有婚姻和家庭问题的人提供咨询服务，帮助参加自助小组，帮助移民和其他社会边缘人群，减贫，帮助受到侮

---

① 莱斯特·M. 萨拉蒙等. 政府向社会组织购买公共服务研究——中国与全球经验分析［M］. 王浦劬，译. 北京：北京大学出版社，2010：275.

② Kirsten A. Grønbjerg，Lester M. Salamon. Devolution，Marketization，and the Changing Shape of Government－Noprofit Ralation. In Lester M. Salamon（ed.），The State of Nonprofit America. Washington，D. C.：Brookings Institution Press，2012：549－586.

辱或被忽略的人群。

1. 基于赤字压力与绩效管理的政府项目支出规模与结构的变化①

自20世纪90年代中期起，美国国会的合同金额已开始新一轮的削减，在教育与社会服务领域，联邦政府对社会组织的直接性支出比1980年降低了19%；在国际援助领域，支出总额降低了17%；在社区发展领域，支出总额降低了42%。2002年初，布什政府提出了大幅削减关于社会组织支出的自由裁量项目，2008年的总统预算建议中提出取消社区服务拨款和商品补充食品计划，削减社区发展拨款及收入，家庭能源援助拨款、公共广播公司拨款、社区与国家服务公司拨款、国家服务信托基金、社会服务拨款、各类职业培训和就业项目拨款等，削减比例为10%左右。

尽管联邦政府在不断削减社会组织的项目支出，然而福利项目（如医疗保险与医疗补助）却一直保持增长，且呈螺旋状增长趋势。支出的增长一部分取决于成本的扩张和符合条件人口的自然增长，更重要的是由于20世纪80年代末和整个90年代服务以及项目所覆盖人口的大规模扩张。医疗补贴覆盖范围从1980年的2160万人口增加到1998年的4060万人口，再到2008年的5830万人口。在州政层面，很多州政府将人类服务支出的自由裁量拨款和合同项目转移到医疗补助券项目上，以期望获得联邦政府更大的配套比例和更多的开放式资金流。医疗补助可以转化为社会服务整笔拨款，为扶持残疾人、单亲母亲及子女和其他人口的社会服务项目筹集更多的资金。因此，尽管存在硬预算约束，然而这些领域社会组织的收入却一直随着联邦政府支出的增加而增加。这种快速增长的趋势一直持续到1997年，从1997年起一直到2007年，联邦与州政府开始试图通过减少配套比例来限制这些主要福利项目的快速扩张。

① Kirsten A. Grønbjerg, Lester M. Salamon. Devolution, Marketization, and the Changing Shape of Government – Noprofit Ralation. In Salamon M. Lester (ed.), The State of Nonprofit America. Washington, D. C.: Brookings Institution Press, 2012: 549 – 586.

2. 绩效型合同外包方式的发展[①]

绩效型外包在处理社会组织与政府关系上更加灵活，具有“为结果付费、社会组织与政府之间存在合作关系、为结果付费的方式支配着行为、达成预期结果的可能性相对较低、社会组织对绩效结果负有高度责任”等特点。绩效型外包被称为结果导向型的管理，在这种模式下，政府将重点放在政府行为的最终效果和花费上，以此来决定支出并评价支出结果。

绩效型合同外包得到了联邦立法和一些州立法的共同加强。在联邦的层面上，1991 年，美国行政管理与预算局的联邦采购政策办公室发布的 91 -2 号政策文件中首次提到绩效型合同外包的理念，1993 年联邦出台的《政府绩效与结果法》和 1997 年的《采购规则》中均纳入并强化了绩效管理的理念，联邦政府希望到 2005 年，绩效外包的形式应用到 50% 的服务外包中。在州的层面上，基于绩效的外包形式长期应用于政府服务中，越来越受到州公共事业部门（如北卡罗来纳州的社会服务部门、伊利诺伊州的儿童与家庭服务部门、佛罗里达州的儿童与家庭服务部门、明尼苏达州的难民服务部门等）的青睐。这些部门通过不同的途径进行绩效型外包，如佛罗里达州在州立法支配下开始这一进程，明尼苏达州受到联邦绩效衡量要求的影响，北卡罗来纳州和伊利诺伊州则是从政府机构内部发起的。

尽管绩效型合同外包在一定程度上能够提高政府资金的使用效率，然而这种方式在政府与社会组织合作关系上存在着很大的问题，衡量政府对社会组织政府扶持的绩效工具以及部分工具的内部操作使得社会组织发展面临更大的挑战。例如，20 世纪 80 年代初，医疗保险与医疗补助项目的筹资是基于对过去成本返还体系所做出的估算，随后这一估算标准发生改变，将预期支付体系作为新的估算基础。新的支付体系形成了特定医疗程序的固定比率，社会组织经常抱怨新的

① 莱斯特·M. 萨拉蒙等. 政府向社会组织购买公共服务研究——中国与全球经验分析［M］. 王浦劬，译. 北京：北京大学出版社，2010：288 -290.

比例法只是一种一般性的方法，难以覆盖社会组织使命所倡导活动的成本，甚至使组织出现收不抵支的情况。有证据表明，联邦、州对于社会组织所参与的政府项目的补偿比例难以弥补提供项目的成本。美国城市研究所的一项关于非营利人类服务组织的调查显示，2/3 的受访者认为政府的服务支出难以弥补服务的全部成本，其中，44% 的受访者认为这将成为制约社会组织发展的一大重要瓶颈（Kirsten & Salamon，2012①）。

美国立法机关认为，应对政府活动的绩效标准尽可能量化。相对于产出质量和受益结果，成本与效率更易测量，基于投入端的绩效考核方法会向合同的潜在优势偏向以市场为导向的营利企业者，也改变了非营利服务提供者的基本宗旨。绩效型合同外包模式改变了服务的供应目标，即由提供有效服务向成本控制、效率和服务的最低标准转变。

3. 服务购买方式向消费券转变

除了政府扶持资金规模的变化外，政府向社会组织提供扶持的形式也发生了变化，扶持方式由生产方补贴向消费方补贴转变，即减少向社会服务提供者提供拨款和合同，通过发放消费券将收益直接提供给消费者，但是实现这种方式的前提条件是消费者可以自由选择供应商的开放的市场环境。如图 6 –2 所示，政府对服务使用者给予财政支持帮助其购买服务，允许使用者选择服务供应商。服务供应商可以是私人企业、社会组织和公共部门。服务供应商向消费者提供服务，消费者通过向生产者支付消费券购买服务，服务供应商将消费券交给政府来换取服务收入。2007 年，美国联邦政府关于消费方补贴的预算支出占社会组织总支出的 77% 以上。

① Kirsten A. Grønbjerg，Lester M. Salamon. Devolution，Marketization，and the Changing Shape of Government – Noprofit Ralation. In Lester M. Salamon（ed.），The State of Nonprofit America. Washington，D. C.：Brookings Institution Press，2012：549 –586.

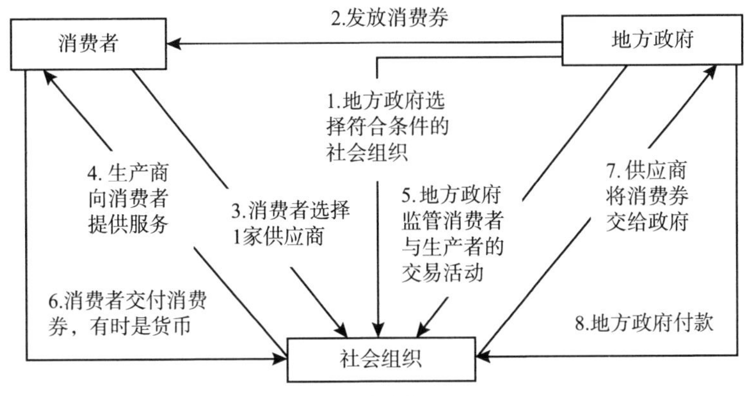

图 6－2　消费券操作流程图

政府扶持方式向消费方补贴的转变使得社会组织的活动更加复杂，使得组织运作面临更大的不确定性，增大了组织提供市场服务的压力，甚至威胁到组织宗旨的履行。此外，政府消费券项目的增加会吸引营利企业加入社会组织现有的活动领域，这些企业通过资本运作优势以回应不断增长的社会需求，加剧了社会组织与营利企业在客户上的竞争。

（三）韩国灵活的服务购买资助模式①

与澳大利亚不同，韩国在官方文件中很难找到政府将社会服务项目外包给社会组织的专门案例，但存在着一项支持社会组织项目的资助计划。2000 年，韩国实施了《社会性私人组织支持法》（NPOSA），政府开始为社会组织提供资助，这种资助在实施该法之前只提供给支持政府的组织，政府每年出资 1500 万美元，社会组织可进行申请，每个组织能获得的补贴数额由其组织活动的规模和影响力来决定。

1. 确定的服务类型

在韩国，受到政府资金援助还提供社会服务的社会组织一般都组

① 莱斯特·M. 萨拉蒙等. 政府向社会组织购买公共服务研究——中国与全球经验分析［M］. 王浦劬，译. 北京：北京大学出版社，2010：280－286.

建为协会或基金会，《社会性私人组织支持法》规定了社会组织提供服务的类型包括增进共同体感、减少宗教冲突的社会整合、建设社会文明的社会活动、志愿者活动、公共安全服务、改善人权、保护弱势群体、节约资源保护环境、建立公民广泛参与非政府组织的基础和促进国际交流和国际合作 8 个方面的服务。

2. 服务能力的识别

韩国政府每年 1 月底一般以两份主要的日报、非政府组织时报、官方公告等方式发出提供支持的声明，其中声明的内容包括获得资格的组织、项目种类、所需相关文件和递交时间、评估和筛选、补助发放的方式、项目评估和成本结算。每年 2 月 1 日至 3 月 31 日，社会组织需要递交项目计划，一般需要提交项目申请表、组织介绍和项目计划等文件。每年 4 月，政府会按照实施法案的第 8 款对项目进行评价和筛选，公共项目选择委员会首先对项目的独特性、经济可行性、影响广泛度、所解决的社会问题能否满足社会需求等方面对项目进行论证；其次对社会组织前一年的项目进行评估，并对组织的专业技能、责任感、发展能力以及为公共利益服务的活动记录等指标进行考核；最后根据项目选择的评价图表，透明公开地选择公共利益项目和补助金额。在这个过程中，社会组织需要合理支配预算，同时组织自身也需要承担部分支出，具体流程见图 6 – 3。

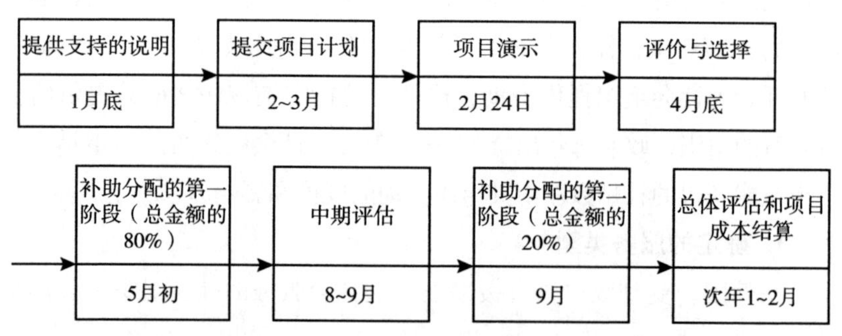

图 6 – 3　韩国政府对私人组织项目支持的工作流程

资料来源：莱斯特 · M. 萨拉蒙等. 政府向社会组织购买公共服务研究——中国与全球经验分析［M］. 王浦劬，译. 北京：北京大学出版社，2010：280 – 286.

值得注意的是，为了避免项目审批的重复性，公共项目选择委员会会核对其他政府部门是否提供了重复的支持，如果项目范围是一样的或大部分雷同，那么委员会将撤销选择或撤销补助，并将最终评价和选择的结果公布在媒体和行政自治部的网站上。

3. 政府的监督和评估

项目补助金的分配原则上分两个阶段发放，每年5月，政府向在项目评价与选择阶段后审批通过的项目先支付经费的80%，中期评估之后发放剩下的20%。对于短期项目，政府在检验和选择完毕后支付全款。

每年8～9月，当项目进行到30%～40%时，政府主要通过文件评估、面谈和现场检查等评估方法对项目目标的完成情况、项目管理和项目实施方法的合理性进行中期评估，并调查项目实施过程出现的困难和问题，并据此决定是否发放第二阶段的补助款。当整个项目完工时，项目选择委员会于次年1～2月通过项目报告评估、检验和专题讨论会、成果展示等评估方法对项目目标的完成情况、项目带来的公众福利、实施方法的合理性等问题进行系统性的论证。

在项目完工的同时，社会组织需要做出相应的项目费用决算，政府需要审查补助金的使用情况，检查项目实施过程中是否有任何违背补助金分配计划的行为。对于收集到的不合理花费情况，如项目实施单位提交了一份虚假的项目报告，需要对提交人给予相应的处罚，提交人将会判处3年以下（含3年）的监禁，并处以1000万韩元以下的罚款。如果项目单位滥用政府拨款的资金，项目负责人将会判处1年以下（含1年）的监禁并处以最高500万韩元的罚款。

（四）政府向社会组织购买服务的公私合作伙伴机制（PPP[①]）

除了上述几种政府购买服务机制外，一些国家与地区还引入了PPP机制以鼓励社会组织和私人企业参与公共服务的提供。PPP是公共部门与私人部门之间的一种合作性制度安排，主要涉及联合生产与风险共担机制、长期基础设施合同、公共政策网络、公民社会与社区发展项目、旧城改造与城市发展项目五个方面内容。PPP从价值的角度为购买服务方式的比较、选择、监管引入了一种新的方法、程序和制度框架；与此同时，PPP还引入了透明度和问责制，向公众反映决策过程的理性化和公开性，要求提供决策的依据，减少自由裁量权的空间，有助于提高决策的效率性。

1. 综合性的PPP框架

一个综合性的PPP框架应当包括政策、法律框架、程序与机构职责、公共财务管理办法、多元化的治理结构等要素。政策要明确政府采用PPP机制提供公共服务的意图、目标、范围以及PPP项目的实施原则。法律框架指的是加强PPP项目的法律与规制，包括PPP特殊法、其他公共财务管理法与规制、部门特殊法与规制。程序包括PPP项目的识别、形成、评估、实施和管理，机构职责强调不同实体在PPP项目各个过程中的角色，一个合理的PPP程序应保证有效、透明且项目质量可控。

公共财务管理办法主要涉及在PPP机制下，财政承诺如何控制、报告、如何编制预算，避免PPP机制产生额外的代际负担，强化财政风险的管理，综合性的政府财务报告制度有助于对PPP机制的监

---

① 不同国家和地区对PPP理解的角度各不相同：欧洲大陆国家以及大陆法系国家是从合同的角度来看待PPP的，英联邦国家和英美法系国家（英国、澳大利亚和南非）是从采购的视角来看待PPP的，而美国则从关系的角度来看待PPP的，本书是从合同角度来看待PPP的。

管。多元化的治理结构体现为 PPP 项目中的审计机构、立法机关和公众参与等多元治理主体。

案例 6－1　南非的 PPP 框架

南非政府在开展 PPP 方面积累了丰富的经验，2000～2014 年间，南非在全国与省一级政府层面共开展了 24 个 PPP 的项目，投资总额达到 83.5 亿美元。

1999 年，南非出台的财政管理法案，是全国及省一级 PPP 的主要法律文件，该文件规定了 PPP 的程序、要求和审核通过、相关主体所对应的责任。市政 PPP 由市一级财务管理法案和市政府法案来管理。当然，市一级政府也存在规制文件，但基本与该法案文件一致。

PPP 手册中规定了具体的 PPP 程序及机构责任。这个手册详述了财政规制的程序、提供了 PPP 程序每一步的具体指引，市一级政府也存在着这样一个手册——市政服务供给与 PPP 指导（municipal service delivery and PPP guidelines）。

开展 PPP 项目的责任主要取决于合同授权机构，合同授权机构需要遵循手册中的具体指引和要求来识别、评估 PPP 项目、管理招标过程以确定最合适的竞标者。合同授权机构要负责整个合同期 PPP 项目的管理，包括确保项目达到绩效标准、解决争议以及在年度报告中 PPP 项目的回报等工作。

PPP 的审核通过由财政部和省一级的财政部门来执行，市一级 PPP 取决于财政部的看法与建议。在项目通过之前，需要保证以下四点：第一，可行性论证已完成；第二，竞标文件已准备好；第三，投标已被默许且被评估；第四，协议已达成，且 PPP 合同是最终形式。2004 年，南非财政部建立了一个 PPP 部门，专门审查所有提交的 PPP 项目以及审核是否通过。财政部的评估主要关注 PPP 的货币价值以及项目成本是否可承担。

PPP 协议的支付主要通过每年的拨款程序来实现，南非会计标准委员会出版了 PPP 的公共部门会计指导手册。该手册规定了 PPP 项目的审计标准，审计总署对合同授权机构的年度审计需要审查 PPP 项目是否达到所规定的要求以及授权机构账户的财务情况。

资料来源：Public – Private Partnership Reference Guide Version 2.0, World Bank, 2014：70 – 71。

2. PPP 政策目标的确定

如表 6 – 3 所示，在草拟与出台 PPP 政策文件时，很多国家政府将 PPP 项目的目标定义得较为广义，这些目标包括：第一，通过引入社会资本为基础设施建设与公共服务供给提供更多的投资；第二，在提供基础设施和公共服务的过程中实现货币价值；第三，提高问责性；第四，利用私人部门的创新与效率；第五，刺激国家的经济增长与发展。

表 6 – 3　不同国家 PPP 项目的目标

国家	PPP 目标
澳大利亚	提供更好的服务、实现更好的货币价值、通过适度风险转移鼓励创新、扩大资产的使用、开展完整的项目期管理以及强化私人投资
印度尼西亚	确保项目资金的可持续、在良性竞争中提高服务数量、质量与效率、鼓励使用者付费的原则
墨西哥	增加社会福利与国家的投资水平

资料来源：Public – Private Partnership Reference Guide Version 2.0，World Bank，2014：73 – 74.

3. PPP 的法律框架

PPP 项目所涉及的法律主要包括采购法、财政管理法、部门法与规章以及其他法律。PPP 项目的交易过程要遵循公共采购法与规制的要求；财政管理法规定了机构的职责、PPP 的程序与规则；PPP 在执行过程中可能还要受到部门法律及规章的限制；其他的法律主要涉及环境法及规章、土地兼并与承包的相关法律及规章、特定的许可证要求、税法以及劳动法等。

4. 程序与机构职责

政府需要具备足够的专业能力与协调能力来顺利实施 PPP，为了达到预期的质量以及货币价值，政府需要选择合适的项目、确定有竞争力的伙伴以及设定执行具体的标准来监督合同供应商的活动。

PPP 项目的程序主要包括服务的识别、PPP 的准备与评估、合同的设计、交易的管理以及合同的管理五个阶段，如图 6－4 所示。首先，政府要对民众所需要的服务进行识别，在财政管理与规划部门的监督下，职能部门在优先性的公共投资项目中识别潜在的 PPP 项目；其次，确定 PPP 项目的主要结构，包括合同的类型、风险的分配、支付机制等关键性内容，在确定 PPP 的结果之后，对所提议的 PPP 结构进行评估，项目评估工作主要从 PPP 项目的货币价值、成本可支付、市场活力、潜在项目的技术经济可行性等方面展开；再次，草拟 PPP 合同是购买准备工作的最后一步，这一环节主要涉及确定合同条款的商业性原则、合同变更的事项、合同的管理事宜，如绩效标

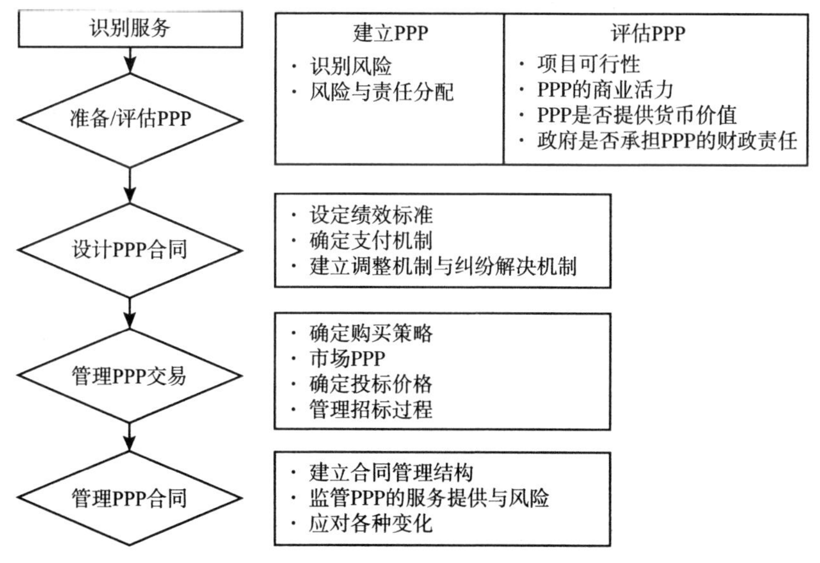

图 6－4　PPP 机制的决策流程

资料来源：Public－Private Partnership Reference Guide Version 2.0，World Bank，2014：118.

准的设定、支付机制的确定、合同纠纷的解决等，潜在的竞标者可以对草拟合同的情况进行咨询；然后，在交易阶段，政府选择适合的社会组织开展 PPP 项目，这一阶段主要涉及准备与开展竞争性的购买工作、竞标者提交关于项目资质、技术与财政计划的具体信息，相关职能部门对社会组织的资格进行审查，审查合格者可以参与竞标，在通过多轮筛选后最终确定适合的竞标者；最后，一旦合同达成，政府要在整个合同期进行合同的管理，包括建立合同管理结构、监管 PPP 的服务提供与风险以及应对各种变化。

5. PPP 的公共财务管理

PPP 合同的支付协议一般是长期的，风险不确定的，这对财政管理（特别是年度支出拨款）带来很大的挑战。财政管理官员为了降低 PPP 的项目风险，需要做好以下几个方面的工作。

（1）评估 PPP 项目的财政承诺。评估 PPP 项目的财政承诺包括评估项目是否能够带来货币价值以及项目成本是否可负担。通过成本收益分析法、最低成本法等方法评估 PPP 项目的收益，与一般性的购买服务项目进行比较，判断 PPP 项目是否能带来更高的货币价值。大部分政府对 PPP 项目的财政承诺一般会形成或有债务，这些债务的发生、期限和价值很大程度上取决于一些未来的不确定性事件。与此同时，PPP 的成本一般是长期的、或有的，因此一般很难判断成本是否可负担。成本可负担很大程度上要受到年度预算约束的限制，有的国家可能受到中期支出框架的约束。基于此，政府比较合同授权部门项目预算的年度成本估计，考虑债务可持续性的影响，引入不同类型 PPP 承诺的特定债务限制。

（2）控制 PPP 项目总的风险。在考虑项目的财政风险时，一些政府引入了限定性总风险原则，即确立一定的风险上限。例如，秘鲁立法机构规定 PPP 项目总的财政风险现值不得超过当年 GDP 的 7%，并每三年对这一比例进行调整。匈牙利的财政法规定 PPP 政府多年承诺的名义价值不得超过财政收入的 3%。2009 年，巴西的联邦 PPP

法规定 PPP 合同限定性的财政承诺总额最高不得超过政府年度净收入的 1%，2012 年，该法将这一比例上调到 5%①。

（3）建立 PPP 项目财政承诺的预算。按照财政承诺性质的不同，分别按照直接负债与或有负债编制 PPP 项目的预算。在项目最初的几年中，直接债务可在当年的年度预算和中期支出框架中列支。对长期的直接负债而言，由于年度预算拨款周期与多年支付风险难以匹配，这类负债会给政府的财务状况带来更大的挑战，实行 PPP 国家的政府尚未找到有效的预算方法来管理 PPP 长期的直接负债。

相对于直接负债的管理，建立或有负债预算的难度更大。一些国家引入了 PPP 项目或有负债的特殊预算机制，首先，建立专门针对或有负债的预警线，形成附加的弹性预算；其次，建立或有债务基金或保证基金账户，政府每年定期将一部分资金转入到该账户中，一旦或有债务到期，及时从账户中支付偿债资金。

（4）在政府账户和报告中反映 PPP 项目的财政承诺。公开 PPP 项目的财务情况使不同的利益群体（如贷款者、评级机构、公众）及时知晓政府财政管理的绩效，大多数政府一般通过政府财务统计公报、财务声明以及预算文件和财务报告的形式对 PPP 项目的财务信息予以反映与披露。

6. PPP 的多元治理结构

问责制的核心在于 PPP 项目披露的及时性与全面性，除了政府授权部门与社会组织外，PPP 项目还涉及多个利益群体和实体的利益，形成了多元化的治理结构。这些治理主体主要包括审计署、立法机构和公众。

审计部门的独立性是保障 PPP 项目善治的关键，一些审计部门将 PPP 项目的财务报告作为其日常审计职责的一部分，审查 PPP 的

① Public - Private Partnership Reference Guide Version 2.0，World Bank，2014：100.

项目绩效完成情况、项目的货币价值以及其他的关注点。立法部门主要负责制定 PPP 法律、建立 PPP 框架以及审批通过 PPP 项目。公众可以通过咨询环节直接参与 PPP 的项目设计，通过信息反馈监管服务质量。PPP 过程的透明性以及媒体的积极披露有助于公众及时了解 PPP 项目的进展情况。

第二节 国外社会组织的税收政策

基于社会组织在弥补市场失灵、政府失灵、合约失灵，激发民间捐赠、实现第三次分配，动员社会资本等方面所发挥的积极作用，各国政府均对社会组织给予了不同程度的税收减免政策、对捐赠者提供必要的费用扣除政策，为社会组织的发展提供良好的制度环境。然而，在社会组织的整个运作过程，一些社会组织由于受到资源的有限性、管理者逐利动机等因素的影响出现了不同程度的使命漂移、志愿失灵等现象的发生，它们凭借所享有的税收优惠对营利企业形成不正当的竞争关系，影响了国家宏观经济的正常运行，政府有必要对社会组织出现的这类行为采取相应的规制措施。整体而言，国外政府在规范社会组织发展的过程中主要形成了三大类税收政策，即税收减免政策、捐赠扣除政策和税收规制政策。

一、税收减免/优惠政策

各国（地区）关于社会组织的税收减免政策主要涉及社会组织的所得是否征税问题，当然除了涉及所得税减免问题外，由于税制结构的不同，各国（地区）在对社会组织关于其他税种减免的问题上也做出了不同的规定。

（一）所得税的减免

1. 关于免税资格的认定

不同国家（地区）对所得税免税资格的认定存在较大差异：英国、澳大利亚、中国香港关于社会组织的所得税减免主要是针对慈善类组织和慈善信托；美国联邦所得税的减免对象几乎覆盖了全部的社会组织，具体概括为服务面向公众的公益性组织和服务面向组织内成员的互益性组织；德国关于社会组织的所得税减免仅限定在具有免税资格的公益组织；日本关于社会组织的所得税减免主要涉及公共法人、公益法人和无人格团体三类法人团体，如表 6－4 所示。对社会组织所得税免税资格认定范围窄的国家或地区而言，他们往往更加强调税收公平原则，但对社会组织免税资格的认定并没给出清晰的界定，这给政府的税务管理工作增加了难度；而对美国这样关于社会组织所得税免税资格范围界定较为宽松①的国家而言，他们不需要依据社会组织的类型对其所得进行甄别，降低了税收监管的工作量，但可能出现违背税收公平的现象，即社会组织通过获得税收减免收益而出现与营利企业争利的现象。

表 6－4　　部分国家或地区关于所得税减免的规定

国家（地区）	所得税减免的对象	减免税的规定
美国	服务面向公众的公益性组织和服务面向组织内成员的互益性组织	免税收入的范围包括利息、股息、专利使用费、地租、养老保险金等收入；为政府开展调查研究收入；为学院、大学或医院开展活动获得的收入；志愿者开展商业活动获得的收入；慈善机构为其成员、学生、病人、管理人员或职员服务时获得的收入；出售赠品的收入；在展览会或博览会上开展服务活动所获得的收入或参加交易展览活动获取的收入；为小型非营利性医院提供特定服务获得的收入；出售具有慈善性物品取得的收入[a]

① 尽管美国对所得税免税资格范围界定较为宽松，但美国联邦税法 501（c）条款对不同类别的社会组织做出了明确的规定，联邦税法对这些社会组织的所得税给予减免，但在捐赠扣除方面却做出了不同的规定。

续表

国家（地区）	所得税减免的对象	减免税的规定
英国	以慈善为目的组织	免税范围包括资本利得；对涉及销售服务的商业捐助（但不包括其他商业捐助收入）；捐赠收入；津贴和补助（与无关商业活动相关的除外）；投资收益；彩票收入；会费（与其宗旨无关的交易取得的会费除外）；以促进慈善为目的销售产品或服务以及小规模募捐[b]
澳大利亚	慈善组织、社区服务组织、文化组织、教育组织、雇佣组织、健康组织、宗教组织、资源发展组织、科学组织和运动组织，但这些组织需要经税务局认可才能获得免税资格，非慈善类组织可以通过自我评估判断其是否享有所得税减免的权利	只明确免税主体，未根据税目对所得项目的减免税做出明确规定。所得税的免税范围主要包括慈善组织、社区服务组织、文化组织、教育组织、雇佣组织、健康组织、宗教组织、资源发展组织、科学组织和运动组织，这些组织需要经税务局认可才能获得免税资格[c]
德国	享有免税资格[d]的公益组织	免税范围包括追求工作目标的所得，如成员出资、捐赠和补助等；财务管理活动取得的利息所得或固定资产出租取得的租金所得；非追求目标的经济活动中年含税收入低于6万马克不缴纳企业所得税，但超过6万马克需全额征税
日本	公共法人、公益法人和无人格团体[e]	公共法人无须缴纳法人税；公益法人原则上不予课税，但对33类收益事业收入课税，税率减至22%，捐赠收入属非收益事业收入不予课税，允许收益事业收入的20%可视同捐赠转入非收益事业收入；无人格团体原则上不予课税，但对33类收益事业收入课税税率与普通法人一样为30%，但收益不超过800万日元的税率仍为22%
中国香港	任何属公共性质的慈善机构或慈善信托[f]	只明确免税主体，未根据税目对所得项目的减免税做出明确规定[g]

a 美国财政部、联邦税务总局2013年10月发布的557号文件“关于非营利组织免税资格的认定”。

b 民政部民间组织管理局指导《中国非营利组织适用税法研究》，世界银行委托研究报告，2004年12月。

c 澳大利亚非营利组织指南——Guide for non-profit organizations：Fundraising。

d 德国社会组织的免税资格一般由财政部门批准，公益组织章程中的工作目标的改变以及批准解散也必须经过财政部门的同意。在1976年3月16日通过的税法通则中，第51至68条对免税资格进行了说明，将享有免税资格的工作目标分为3种：公益目标、慈善目标、与教会有关的目标。公益目标由税法通则第52条规定，指从物质精神或道义上致力于提高全民的生活水平的目标。慈善目标由税收法指南第53条规定，指致力于支持由于残疾、精神疾病或贫困而无法自理的人们的活动。税收法指南第111（7）条明确了22种慈善目标，而税收法指南第R111（2）条则列出了59种获得承认的以慈善为目标的组织。与教会有关的目标由税法通则第54条规定，其适用范围很窄，仅限于教堂的建设和维修，对宗教性服务的支持，以及对教会财物和人员的管理。税法通则第55至57条规定，上述公益组织必须遵守相关规定，违反规定的组织将被取消免税资格。

e公共法人包括国家成立的事业单位团体和地方自治团体；公益法人包括公益法人、学校法人、宗教法人、社会福利法人、社团法人、财团法人、更生保护法人；无人格团体包括非法人团体、任意团体、NPO法人、政党法人和工会。

f除了上述的慈善机构或慈善信托外，凡任何行业或业务是由任何该等机构或信托经营，而得自该行业或业务的利润是纯粹作慈善用途及其中大部分并非在香港以外地方使用，并符合以下规定，该等利润方获豁免并当作获豁免缴税：第一，该行业或业务是在实际贯彻该机构或信托明文规定的宗旨时经营的；第二，与该行业或业务有关的工作主要由某些人进行，而该机构或信托正是为该等人的利益而设立的。

g《香港税务条例》。

2. 所得税的减免规定

除了对免税资格的认定不同外，各国（或地区）官方文件中对所得税减免规定的叙述也存在显著的差异。具体而言，由表6-4可知，美国、英国、德国对所得税减免规定的叙述较为具体和系统，而澳大利亚与中国香港的官方文件中对所得税减免的叙述相对笼统，但这可能与他们将所得税减免资格界定为慈善类组织（或慈善信托）有关，基于慈善目的无须对其所得予以征税。尽管美国、英国、德国对行为的免税界定较为清晰，但整个税制设计上仍然存在着根据组织宗旨的关联性而对组织行为难以区分的问题，这给税务当局的税收征管工作带来很大的困难。

在这里，一个比较值得借鉴的做法是日本关于社会组织法人税政策的规定，日本政府充分考虑非营利法人所具有的非营利性或公益性特性，在法人税征收上采取“原则上不予课税”的准则，在此准则基础上根据是否从事特定营利活动而征收法人税，这种设计是日本非营利税制的一大特色，既允许公益组织从事部分营利活动以促进公益组织自身能力建设和公益事业的发展，又体现税收制度的公平性，维护正常的市场秩序。这种税制设计大大避免了美国联邦税制根据组织宗旨的关联性而对组织行为难以区分的弊端，可操作性强。

（二）增值税的减免与优惠

美国没有增值税，本书在此处将销售税的减免归类到增值税的减免中，美国对社会组织销售税的减免规定较为简单，与联邦所得税的减免相比，销售税的免税要求更为严格，减免范围较窄，免税对象主要是销售给社会组织的商品和劳务。英国将慈善团体的贸易和商业活动分为慈善商业活动和非慈善商业活动，其中慈善商业活动包括主要用途的商业活动和向受益者提供服务的贸易活动，非慈善商业活动是指为组织进行筹资的销售活动，慈善商业活动无须缴纳增值税，但非慈善商业活动一般要缴纳增值税①，总的来说，英国对社会组织的增值税减免主要涉及 4 类行为，均给予了零税率的减免规定。澳大利亚税务局关于增值税减免规定的叙述较为系统、具体，针对不同类型的社会组织和组织融资活动的性质采取了差别化的税收减免原则，如表 6－5 所示。与上述三个国家相比，新加坡对社会组织增值税减免的规定设计得更加严格，他们将应纳税所得额超过 100 万新元的慈善机构和非营利组织全部纳入增值税纳税人的范围，要求其缴纳增值税，尽管这一做法较为苛刻，但却更加体现税收公平原则，同时也有利于税务当局加强税务管理。

表 6－5　各国关于增值税减免与优惠的规定

国家	增值税的减免与优惠
美国	美国各州销售税的免税对象主要是销售给社会组织的商品和劳务
英国	英国对慈善类组织的 4 类行为给予增值税零税率优惠，包括购买货物或服务、销售捐赠货物、用于非商业用途以及为本社区的娱乐活动购买或建设非住宅不动产、交换或改建非住宅不动产[a]

① https：//www. ato. gov. au/Non－profit/。

续表

国家	增值税的减免与优惠
澳大利亚	所有社会组织无销售意图的捐赠行为免税；对慈善机构、慈善基金、捐赠扣除实体捐赠的物品不要求增值税扣除调整；对慈善机构、慈善基金、捐赠扣除实体、政府性学校捐赠取得二手货的销售行为、未触犯本州法律或当地法律的博彩销售行为、非商业活动收益低于一定金额的行为均予以免税，与特定筹资活动相关的销售行为按投资额课税；对慈善机构、慈善基金、捐赠扣除实体、政府性学校和免税社会组织通过非营利分支机构开展的部分筹资活动免税；所有社会组织通过小学、初中的小卖部或食堂出售食品，其销售行为按投入额征税[b]
新加坡	对慈善机构和社会组织的年应纳税所得额超过 100 万新元，无论是否从事非经营行为，均需注册增值税纳税人，缴纳增值税。低于 100 万新元的上述组织，无须缴纳增值税。对社会组织而言，注册增值税纳税人后，应将本组织的活动区分为商业活动和非商业活动，按照商业活动取得的实际收入计算销项税额，按照购买活动的实际发生额计算进项税额[c]

a 民政部民间组织管理局指导《中国非营利组织适用税法研究》，世界银行委托研究报告，2004 年 12 月。

b 澳大利亚非营利组织指南（*Guide for non-profit organizations*：*Fundraising*）。

c 新加坡国内税务局于 2006 年 5 月发布的、2007 年 7 月 1 日修订的第 3 版《慈善组织和非营利组织的货劳税指引》。

（三）其他税收减免与优惠

国外政府对社会组织的税收减免与优惠主要涉及所得税减免与增值税的减免，除了这两种主要的税收减免外，一些国家对社会组织的税收减免还涉及财产税减免、联邦失业税减免、附加福利税①减免等，具体情况如表 6－6 所示。

① 附加福利税是雇主为雇员提供附加福利所需要缴纳的税款，附加福利税刊物简介（NAT1744）中对该税种的课税范围做了详细的描述。对非营利组织而言，不论组织类型，所有雇主都免征附加福利税，包括室内健康医疗设施、300 澳元以下或作为附加福利来对待的显著不合理的福利。附加福利税的税收减免主体包括（非医院的）公共慈善机构、健康促进慈善团体、公立医院、非营利医院、公共急救服务和返还附加福利税的雇主。

表 6-6　其他的税收减免规定

国家	税种	税收减免规定
美国	财产税	各州及地方对享有免税资格的社会组织所拥有的土地、房产等机构资产，免除土地税和房产税
	联邦失业税	符合美国联邦所得税法 501（c）（3）条款规定，以宗教、教育、慈善为宗旨的社会组织，其支付给雇员的工薪免交联邦失业税，其他社会组织只有在年度内对其雇员支付的工薪不超过 100 美元，才能免交失业税
澳大利亚	附加福利税	公共慈善机构、健康促进慈善团体的每个员工年附加福利总额不超过 30000 澳元免税，超过 30000 澳元就超过部分缴纳附加福利税；公立医院、非营利医院、公共急救服务的每个员工年附加福利总额不超过 17000 澳元免税，超过 17000 澳元就超过部分缴纳附加福利税

资料来源：http：//www. ato. gov. au/Non-profit。

二、捐赠扣除政策

各国政府除了向社会组织提供直接的税收减免与优惠政策外，还通过给予纳税人必要的捐赠扣除优惠以激发民间慈善的增加，为社会组织的运作募集资金。大部分国家（如美国、英国、澳大利亚等）的捐赠扣除政策主要是针对纳税人向慈善（或公益）类组织实施的捐赠行为，对于向非慈善类组织实施的捐赠行为很多情况下不允许享受捐赠扣除；一些国家（如英国、澳大利亚、德国）对货币捐赠、实物捐赠、低于市场价格销售资产等行为的捐赠管理和扣除做出了明确的规定；一些国家（如日本）分别针对个人、机构的不同类型捐赠制定了不同的捐赠扣除措施。本书主要考察美国、英国、澳大利亚、日本和新加坡的捐赠扣除政策。

（一）美国的捐赠扣除政策

尽管美国按照普惠制的原则对社会组织都给予了所得税减免的优惠政策，但却根据社会组织的类型对捐赠者的捐赠行为做出了不同的规定。按照捐赠是否能被扣除，美国联邦税法将社会组织分为两类：一类是服务面向公众的公益性组织，主要有 501（c）（3）条款规范的慈善、基金会、宗教、科学研究等机构，对向这类组织捐赠的组织或个人允许其进行所得税的相应减免；另一类是服务面向组织内成员的互益性组织，主要是由 501（c）条款中除第（3）项外（1）至（27）项、501（d）、（e）、（f）、（k）、（n）、（q）及 521（a）、527 等条款规范的组织，对向这类组织的捐赠不得做所得税的相应减免，但在第二类社会组织中，用于公共利益的捐赠、捐赠用于 501（c）（3）条款所规定的组织以及 501（c）（3）以外的 501 条款下设了的慈善组织给予相应的费用扣除，具体情况如表 6－7 所示。

表 6－7　美国联邦国税局编号的免税组织及捐赠税收减免归类

<table>
<tr><th>条款编号</th><th>组织类型</th><th>捐赠扣除</th></tr>
<tr><td>501（c）（1）</td><td>根据国会法案（包括联邦信贷法）建立的公司</td><td>用于公共利益的捐赠可允许费用扣除</td></tr>
<tr><td>501（c）（2）</td><td>享受税收减免的纯粹控股公司</td><td>捐赠不允许费用扣除，但对 501（c）（3）以外的 501 条款下设立的慈善基金可允许费用扣除，此类基金需要满足 501（c）（3）和 508（a）条款的要求</td></tr>
<tr><td>501（c）（3）</td><td>宗教、教育、慈善、科学、文学、公共安全测试、促进业余体育竞争和防止虐待儿童或动物八个类型的组织</td><td>一般而言，捐赠允许费用扣除</td></tr>
<tr><td>501（c）（4）</td><td>公民联盟、社会福利机构和地方雇员协会</td><td>一般而言，捐赠不允许费用扣除</td></tr>
<tr><td>501（c）（5）</td><td>劳动、农业和园艺组织</td><td rowspan="3">捐赠不允许费用扣除，但对 501（c）（3）以外的 501 条款下设立的慈善基金可允许费用扣除，此类基金需要满足 501（c）（3）和 508（a）条款的要求</td></tr>
<tr><td>501（c）（6）</td><td>商业联盟、商业协会、房地产联盟等组织</td></tr>
<tr><td>501（c）（7）</td><td>社交团体和康乐会</td></tr>
</table>

续表

<table>
<tr><th>条款编号</th><th>组织类型</th><th>捐赠扣除</th></tr>
<tr><td>501（c）（8）</td><td>信托受益协会</td><td>若捐赠用于501（c）（3）规定的用途，可允许相应的费用扣除</td></tr>
<tr><td>501（c）（9）</td><td>自愿雇员受益协会</td><td>捐赠不允许费用扣除，但对501（c）（3）以外的501条款下设立的慈善基金可允许费用扣除，此类基金需要满足501（c）（3）和508（a）条款的要求</td></tr>
<tr><td>501（c）（10）</td><td>对内兄弟社团和联合会</td><td>若捐赠用于501（c）（3）规定的用途，可允许相应的费用扣除</td></tr>
<tr><td>501（c）（11）</td><td>教师退休基金协会</td><td rowspan="2">捐赠不允许费用扣除，但对501（c）（3）以外的501条款下设立的慈善基金可允许费用扣除，此类基金需要满足501（c）（3）和508（a）条款的要求</td></tr>
<tr><td>501（c）（12）</td><td>慈善人寿保险协会、联合灌溉公司、公共电话公司等</td></tr>
<tr><td>501（c）（13）</td><td>坟墓管理机构和公司</td><td>一般而言，捐赠允许费用扣除</td></tr>
<tr><td>501（c）（14）</td><td>联邦授权信用社和共同储备基金</td><td rowspan="5">捐赠不允许费用扣除，但对501（c）（3）以外的501条款下设立的慈善基金可允许费用扣除，此类基金需要满足501（c）（3）和508（a）条款的要求</td></tr>
<tr><td>501（c）（15）</td><td>互助保险公司和社团</td></tr>
<tr><td>501（c）（16）</td><td>资助农业灌溉的合作社</td></tr>
<tr><td>501（c）（17）</td><td>补充失业信托基金</td></tr>
<tr><td>501（c）（18）</td><td>员工年金信托基金（1959年6月25日之前建立的）</td></tr>
<tr><td>501（c）（19）</td><td>邮政机构或军队服役人员和退伍人员组织</td><td>一般而言，捐赠不允许费用扣除，除非该组织成员中90%以上是老兵</td></tr>
<tr><td>501（c）（21）</td><td>黑肺病患者受益基金</td><td>捐赠不允许费用扣除，但192节允许捐赠可以作为商业费用给予一定程度的扣减</td></tr>
<tr><td>501（c）（22）</td><td>允许自由退款的支付基金</td><td>捐赠不允许费用扣除，但194A节允许捐赠可以作为商业费用给予一定程度的扣减</td></tr>
<tr><td>501（c）（23）</td><td>老兵协会（1880年以前建立的）</td><td>一般而言，捐赠不允许费用扣除，除非该组织成员中90%以上是老兵</td></tr>
</table>

续表

条款编号	组织类型	捐赠扣除
501（c）（25）	纯粹控股公司或多头控股信托基金	捐赠不允许费用扣除
501（c）（26）	联邦资助的为高危人群提供医疗保险的组织	
501（c）（27）	联邦资助的职工赔偿再保险组织	
501（c）（28）	国家铁路退休工人投资信托基金	
501（c）（29）	CO－OP 健康保险发行机构	捐赠不允许费用扣除，详见 501（c）（29）的规定
501（d）	具有统一财务的宗教或传道组织	捐赠不允许费用扣除，但对 501（c）（3）以外的 501 条款下设立的慈善基金可允许费用扣除，此类基金需要满足 501（c）（3）和 508（a）条款的要求
501（e）	合作型医院服务机构	捐赠允许费用扣除
501（f）	教育运作的合作型服务组织	
501（k）	儿童看护组织	
501（n）	501（c）（3）项下的集体慈善风险基金	
501（q）	资信组织	
521（a）	农民合作组织	
527	政治组织	

资料来源：美国财政部、联邦税务总局 2013 年 10 月发布的 557 号文件“组织的免税资格如何界定”。

在涉及具体的捐赠事宜时，美国“国内税收法典”第 170 条就捐赠人、捐赠物、捐赠对象、所享受的优惠等问题做了明确的规定，但下列七项捐赠不允许减税：对特定个人的捐赠；对不合格组织的捐赠（没有资格获得减税捐赠的组织）；自己能得到部分捐赠返还或期望获得个人利益的捐赠；提供时间或服务的捐赠（如献血或提供志愿服务等）；捐赠者个人的费用；为确定捐赠财务市场价值所花费的评估费用；财产部分利益的捐赠。

（二）英国的捐赠扣除政策

向慈善组织捐赠涉及的主要有关税种包括所得税或公司税、遗产税，而向慈善组织捐赠的财产免缴资本利得税。

1. 所得税减免

个人捐赠者允许扣减一个税收年度个人收入用于捐赠的部分，一个税收年度从每年的 4 月 6 日至下一年的 4 月 5 日；机构捐赠者允许从利润中扣除一个会计年度的捐赠额，但最大扣除额为将该会计年度的利润减至零。

（1）对货币捐赠的所得税减免。个人通过工资的形式对慈善组织进行捐赠，其捐赠额在去除国民保险费用后直接从个人的工资或养老金账户进行扣除，捐赠额的扣除在课征所得税之前，因此获得了相应的税收减免。

机构只需满足所得税减免条件并对捐赠实现全额支付，即可请求税收减免。若捐赠机构或相关人能够从捐赠中获取利益，享受税收减免资格需受到以下限制，如表 6 – 8 所示，这些限制应用于单次捐赠。

表 6 – 8　　捐赠的收益限制

捐赠数量		获得收益的最大值
0 ~ 100 英镑		捐赠额的 25%
101 ~ 1000 英镑		25 英镑
1001 英镑以上	2007. 4. 6 ~ 2011. 4. 5	捐赠的 5%，最高不超过 500 英镑
	2011. 4. 6 及以后	捐赠的 5%，最高不超过 2500 英镑

资料来源：https：//www. gov. uk/government/organisations/hm – revenue – customs。

下列捐赠不具备所得税减免的资格：附有还款条件的捐赠、捐赠者所在公司或与捐赠者公司的相关利益人获得超过特定收益的回报、慈善组织按照某种条件或安排从捐赠的公司或相关利益人购买不动产、利润的分配（如股利）等。

（2）对实物捐赠的所得税减免。个人（或机构）对捐赠的所得税减免额为捐赠时慈善组织取得的净收益加上所有的附带费用（包括经纪人费用和法律费用），再减去捐赠者或与捐赠者有关的人（或机构）通过向慈善机构捐赠所获得的货币以及其他方面的收益。

捐赠对象的减免范围如下：包括伦敦、英国和海外股票交易在内的任何能够被认可的股票和证券，在英国指定的市场交割的股票和证券（目前只是伦敦交易所另类投资市场 AIM 和伦敦 PLUS 市场中的报价市场），授权单位信托（AUT），英国开放式投资公司（OEIC）的股票，类似于 AUTs 和 OEICs 某些外国集体投资计划，英国合法的土地收益。涉及法律费用在内的相关成本也包括在税收减免的范围内。

（3）低于市场价格销售资产行为的所得税减免。个人（或机构）若以低于市场价格的价格向慈善组织销售不动产或金融资产，所得税的减免额为超过实际销售收入的净收益加上超过实际考虑的用于资本利得税的视同收益（若为 0，处置费用则较低），再减去个人（或机构）或与该行为有关的人（或机构）通过向慈善机构低价销售资产所获得的货币以及其他方面的收益。

2009 年 12 月 15 日之前发生的交易行为，慈善组织取得的净收益价值为该项投资的市场价值，并扣减相关的债务；从 2009 年 12 月 15 日起发生的交易行为，慈善组织取得的净收益价值为符合条件投资的相关价值，并扣减相关的债务。相关价值通常是符合条件投资的市场价值，然而如果捐赠资产是一项资产或其他资产的衍生资产，捐赠者在处置前对资产的持有时间少于 4 年，捐赠者安排捐赠的目的是为了获取救助，相关价值就会低于资产的市场价值或收购价值。捐赠资产的收购价值为捐赠者的成本减去捐赠者以及与捐赠者相关的人所获得的收益。

2. 赠与和遗产税

英国对捐赠征收的唯一税种是遗产税，是对在英国定居的居民生前或死后捐赠的物品征收的税种。遗产税一般由捐赠人而非受赠人负担，税基为不动产的评估值或是动产在7年内累计创造的价值。遗产税的税率为40%的单一税率，不动产还可以获得一个税收减免的最少额（目前为242000英镑）。如果捐赠人没有从向慈善组织的捐赠获得相关的利益，一般对其免征遗产税。除了个别情况外，对非慈善组织的捐赠一般要缴纳遗产税。

（三）澳大利亚的捐赠扣除政策①

对捐赠行为进行的费用扣除需要满足5个条件：第一，捐赠行为的接收机构（DGR）具有税法或税务局赋予的扣除权利；第二，基于符合免税资格的筹资事项；第三，属于符合资格的捐赠；第四，符合其他捐赠条件；第五，捐赠的主体是个人。“符合免税资格的筹资事项”包括祝宴、舞会、晚会表演、晚宴、表演或类似事件，以及销售不属于供应商正常业务的商品以及税务局批准的筹款活动。“符合资格的捐赠”有两种类型：第一种是有权参与筹资活动（如慈善舞会入场券的购买），第二种是DGR举行的慈善拍卖议价。捐赠的税收扣除包括以下内容：（1）150澳元以上的捐赠。（2）捐赠前一年内购买的财产，且价格在150澳元以上。（3）经税务局长评估过的价格在5000澳元以上的财产。（4）捐赠前一年内购买的股份，且价格在150～5000澳元之间。除上述规定外，捐赠者获得的收益不得超过捐赠物价值的20%或150澳元。

澳大利亚有40多类捐赠扣减接收机构，如公立医院、公立研究机构、健康促进慈善团体、公立大学、学校建设基金、公共慈善机构

① https：//www. ato. gov. au/Non－profit/。

等。不同类型的捐赠会在很大程度上影响捐赠的费用扣减比例。一项捐赠可能存在多种捐赠方式，捐赠者应当选择最适合的捐赠方式。

（四）日本的捐赠扣除政策

与美国、英国和澳大利亚不同，日本税法对捐赠扣除做出了系统性的规定，将捐赠按照不同类型分为公益捐赠和一般捐赠，并根据企业、个人两种不同的捐赠主体，制定出有差别化的捐赠扣除政策。如表6－9所示，日本对于企业的捐赠扣除行为规定得较为宽松，日本对企业向公益法人或特定非营利法人组织捐赠给予了全额的税收减免，对企业向其他相应的社会组织法人给予了一定比例的税收减免；但对个人的捐赠行为规定得相对严格，特别是个人的一般性捐赠行为不予减免。

表6－9　日本的捐赠扣除政策

捐赠主体	捐赠类型	税收优惠
企业	公益捐赠	企业向公益法人或特定非营利活动法人组织捐赠，捐赠款可全额在税前扣除 企业向特定公益促进法人捐赠，其满足特定条件的数额［（资本金×0.25%＋年所得×2.5%）×0.5的2倍］可税前扣除 企业向经认定特定非营利活动法人组织捐赠，满足特定条件的数额［（资本金×0.25%＋年所得×2.5%）×0.5的2倍］可税前扣除
	一般捐赠	企业进行一般捐赠时，其满足特定条件的数额［（资本金×0.25%＋年所得×2.5%）×0.5的2倍］可在税前扣除
个人	公益捐赠	个人向公益法人或特定非营利活动法人组织捐赠，所捐款项超过5000日元的部分在年所得30%以内可在税前扣除①
	一般捐赠	个人进行一般捐赠时，不得税前扣除

资料来源：王名．日本社会组织［M］．北京：北京大学出版社，2007：140－156.

① 在遗产税申报之前向认定特定非营利活动法人支出继承遗产时，该财产不算入遗产税的应税价格之内，这比向特定公益促进法人捐赠的税收优惠更大。

（五）新加坡的捐赠扣除政策

与上述四个的国家相比，新加坡政府关于纳税人捐赠扣除行为的管理规定较为系统，可操作性强，主要体现为减免力度大、扣除项目具体、税收管理清晰等特点。新加坡关于捐赠扣除设置了双重扣税资格，即自2005年1月1日起，现金捐赠、股份捐赠、计算机捐赠等捐赠项目具有双重扣税（即捐赠额的两倍）的资格，详见表6－10。

表6－10　新加坡国内税务局公布的享有双重扣税资格的捐赠项目

捐赠项目	项目说明
现金捐赠	捐现金给获批准的公益机构（institution of a public character，IPC）或政府，可以享有纳税减免。一般情况下，只有直接捐款才能获得纳税减免。但是自2006年5月1日起，一些要求利益回报的捐赠也可以视为直接捐赠，前提是利益回报不能有商业价值。这里，无商业价值是指回报应当发生在捐赠完成后，且不能有转售价值
股份捐赠	向获批准的公益机构捐赠在新加坡交易所上市的股票可以享有纳税减免。接受捐赠的公益机构需要计算捐赠股票的价值。股票价值的计算应当基于同类型股票在公开市场上的捐赠日的收盘价。这里，捐赠日为股票所有权实现转让的日期。值得注意的是，期权和有约束股票不能享有纳税减免。该项纳税减免计划仅适用于私人捐赠者
计算机捐赠	给教育机构、研究机构和公益机构捐赠计算机（包括硬件、软件、配件和外部设备）可以享有纳税减免。其中，硬件和软件的产品类型应当由新加坡资讯通信发展管理局批准，且捐赠者应当向新加坡资讯通信发展管理局申请评估捐赠品的价值。该项纳税减免计划仅适用于企业捐赠者
人工制品捐赠	向由新加坡国家文物局批准的博物馆捐赠人工制品可以享有纳税减免。前提是这件人工制品必须被视为一个有价值的收藏项目，并且得到国家遗产委员会的支持。捐赠者应当向博物馆或新加坡国家文物局申请评估捐赠品的价值。自2006年4月1日起，由新加坡国家文物局批准的博物馆可以转型成非营利的收藏机构以获得人工制品的捐赠并向公众开放。该项纳税减免计划对企业捐赠者和私人捐赠者均适用
公共艺术品税收激励计划	自2006年4月1日起，向新加坡国家文物局捐赠艺术品可以享有纳税减免。捐助者必须向新加坡国家文物局申请评估捐赠的艺术品的价值。该项纳税减免计划对企业捐赠者和私人捐赠者均适用

续表

捐赠项目	项目说明
土地与建筑物捐赠	自 2003 年 4 月 1 日起，向获批准的公益机构捐赠土地或建筑物可以享有纳税减免。捐赠者或获批准的公益机构需要根据市场价值评估捐赠品的价值。捐赠日为捐赠品实现所有权转让的日期。该项纳税减免计划对企业捐赠者和私人捐赠者均适用

资料来源：https：//www. iras. gov. sg/IRASHome/Other – Taxes/Charities/。

除了捐赠的减免力度大、捐赠科目具体外，新加坡政府还对纳税减免的获得时间、未动用纳税减免的结转、捐赠额 2. 5 倍的纳税减免以及收到捐赠单位的资格认证做出了明确的规定。

1. 纳税减免获得时间

纳税减免在捐赠发生后的下一年获得，即捐赠者在 N 年进行捐赠，捐赠者将在相应的课税年度即 N + 1 年获得纳税减免。

2. 动用纳税减免的结转

若捐赠获得的纳税减免超过了对应年份的收入，捐赠者可以将未动用的纳税减免结转至下一年（最长结转期限为 5 年）。同时，捐赠者尤其是机构捐赠者必须满足持股测试（即持股人及其持股量在有关日期不能发生实质性改变，这里，有关日期是指资本冲减发生的课税年度的最后一天和资本冲减准许扣除的课税年度的第一天，或者，营业亏损与捐赠发生的课税年度的最后一天和这些亏损与捐赠准许扣除的课税年度的第一天）；未使用的捐赠将被排在营业亏损和资本冲减之后进行纳税减免。

3. 捐赠额 2. 5 倍的纳税减免

新加坡政府在 2009 年和 2010 年的年度预算中宣布，在 2009 年 1 月 1 日至 2010 年 12 月 31 日，捐赠可享有 2. 5 倍的纳税减免。此后，为了在新加坡经济复苏过程中鼓励更多的慈善捐赠，新加坡政府在 2011 年年度预算中将这一期限延长 5 年，即 2011 年 1 月 1 日至 2015 年 12 月 31 日的捐赠也享有捐赠额 2. 5 倍的纳税减免。具体的计算方式如下：

总收入————→应课税收入————→应课税入息额

减：纳税减免　　　　减：个人减免

4. 合格的筹款慈善组织①

新加坡政府于2007年度财政预算案提出了针对“合格的筹款慈善组织（qualifying grantmaking philanthropic organizations）”的纳税减免计划，向合格的筹款慈善组织捐赠的捐赠者可以获得双重纳税减免（如前所述，在2009年1月1日至2015年12月31日，这一纳税减免的额度可达捐赠额的2.5倍）。事实上，虽然一些合格的筹款慈善组织本身并不是获批准的公益机构，但是捐给它们的财物仍将被转移至获批准的公益机构。在新加坡，已经在新加坡国内税务局网站注册的合格的筹款慈善组织共有淡马锡基金会、淡马锡信托、嘉德希望基金等15家。

三、税收规制政策

尽管各国政府为社会组织及其捐赠人提供了很多税收减免、捐赠扣除的政策优惠以提高社会资源的配置效率、促进社会组织的发展，然而在实际运行过程，一些社会组织在享受政府优惠政策的同时，出现了违背其成立宗旨、与营利部门争利、使命漂移等志愿失灵的现象，因此，政府在为社会组织提供税收优惠的同时，还需要对其志愿失灵行为给予相应的税收规制。结合各国对社会组织的财税管理实践，税收规制政策主要体现为对社会组织参与无关商业活动的税收规制，此外还涉及惩罚性税收。下面以美国为例进行说明。

（一）无关商业收入税（UBIT）

美国联邦所得税法对社会组织的特定业务活动有着明确的限制，该法指出与组织宗旨有关的活动其利润可以免税，但以营利为目的的

---

① https：//www. iras. gov. sg/IRASHome/Other – Taxes/Charities/。

无关商业活动所得需要缴税，且组织中无关商业活动所得必须少于年活动或收入的一半。

无关商业收入税适用于501（a）节大多数免税组织，包括501（c）节的慈善、宗教、科学类组织等以及员工信托形成的401（a）节的部分养老金、利润共享、股票红利计划。此外，还包括以下无关商业收入：个人退休计划（IRAs）；州立和市立学院和大学、获得认证的州授课计划、220（d）节的医疗储蓄账户（MSAs）、530节的教育储蓄账户[①]。美国联邦所得税法指出，除为开展活动提供基金外，如果免税组织频繁地进行与其免税宗旨没有相关性的交易或商业活动，也需要对该免税组织取得的无关商业收入征税，但以下情况除外：（1）股利、利息、年金和其他投资收入。（2）受控外资公司除保险活动以外的收入。（3）举债收入。（4）专利收入。（5）租赁收入。（6）参与研究活动取得的收入。（7）财产处置的收益或损失。（8）期权的交割。（9）联邦政府许可下的劳务所得。（10）互益或合作电力公司的会员费。

（二）惩罚性税收（exercise tax）[②]

在日常业务活动中，如果公益性社会组织与对其事务有实质影响的个人进行交易，并产生有利于个人的"过多利益"，则有相应的惩罚性税收对其进行限制。惩罚性税收的课征范围包括：（1）禁止税收规避的交易行为。（2）取得额外收益的交易行为。（3）过多的商业控制行为。（4）赞助方的税收分配行为等。社会组织一旦发生上述行为，该组织及其管理人、行为责任人等将会受到不同程度的惩罚。

---

① 美国财政部、联邦税务总局2012年3月发布的598号文件"关于对免税组织征收无关商业收入所得税"。

② 美国财政部、联邦税务总局2013年10月发布的557号文件"关于非营利组织免税资格的认定"第5章消费税。

第三节 国外社会组织财税政策的启示及借鉴

社会组织一直是个关于政府角色定位如何回应社会经济需要的长期争论的意识形态战场，政府与社会组织的关系是影响各国（或地区）社会组织财税政策规定的决定因素。从各国政府对社会组织扶持的财税政策实践来看，一旦政府所提供的公共产品与服务难以满足社会公共需要，而社会组织所履行的职能得到肯定时，无论是内部环境还是外部压力都会激发政府增加对社会组织的扶持力度，不断进行社会组织财税政策工具的创新。结合国外社会组织财税政策的实践，本书得到以下五个方面的启示。

一、财政补贴政策工具存在较强的灵活性和适应性

大部分国家的政府对社会组织的财政补贴主要体现为生产方补贴，生产方补贴的主要作用对象是提供服务的社会组织而非服务使用者，如前面所述的直接拨款、配套拨款、分类补助以及种子基金。伴随着本国社会组织的发展，政府形成了多元化的财政补贴政策体系，然而不同的补贴政策工具往往对社会组织能力建设的作用效果也存在很大差异。在社会组织的发展初期，直接拨款及分类补助的作用效果将会更显著，一旦社会组织发展达到一定阶段，为了激发社会组织筹资的努力，政府的一部分直接拨款项目可能会逐步被配套拨款所取代。与拨款相比，尽管种子基金的金额和作用力相对较小，但它仍然能在促进社会组织的发展中发挥着重要的作用。

二、赤字压力与绩效管理严重影响财政扶持规模、支出偏好及方式

随着社会组织的不断发展，政府对社会组织所提供的财政补贴与

政府购买服务支出的规模也在逐渐增大。受到国际经济危机以及本国减税政策的影响，以美国为代表的一些国家在巨大的赤字压力下开始调整社会组织的扶持政策，对涉及社会组织方面的支出做出了结构性的调整，一些领域的财政扶持骤减，政府与社会组织的合作方式也发生重大的变化。随着社会组织所提供产品/服务市场的不断健全，政府对社会组织提供扶持的方式发生了质的变化，即从原来的生产方补贴向消费方补贴转变。消费方补贴的主要作用对象是产品/服务的使用者，政府财政扶持方式的转变会加大社会组织之间对于客户的竞争，有助于提高社会组织的竞争能力。

新公共管理运动将绩效管理的理念加入政府与社会组织的合同中，严格的绩效标准使社会组织提供服务的成本难以弥补，给社会组织提供公共服务带来了巨大的挑战，驱使一些盈利企业进入了教育、医疗等公共服务领域，进一步加大了盈利企业与社会组织间的竞争。

三、政府购买服务政策需要具备健全的法律体系和系统的操作指南

健全的法律体系为政府向社会组织购买服务顺利进行提供了良好的制度环境，符合财政法定的原则。澳大利亚分别从宪法、财政基本法、政府购买服务指南、操作流程自上而下四个层次确定了较为系统而完善的政府购买服务法律法规体系，这为我国下一步完善政府向社会组织购买服务的法律体系提供了可供参考的行动指南。

系统的操作指南为政府向社会组织购买服务顺利进行提供了明确的方法论指导，明确了合同各方的责任与义务，强化项目的预算管理，预防与化解财政风险，政府授权机构以及其他职能部门可以根据操作指南按部就班地开展购买服务工作。

四、引入社会资本、发展政府与社会组织的伙伴关系

诚如前述，赤字压力可能会恶化政府与社会组织的关系，在一定程度上会抑制社会组织的发展。有限的政府财力难以维持其购买服务活动的庞大支出，需要额外的资本注入项目整个生命周期的支出中。从理论上讲，引入社会资本、发展公私合作伙伴关系有助于缓解政府与社会组织关系的恶化，然而，值得注意的是，这个过程要明确 PPP 合同各方的责任与义务，强化项目的财政管理，控制项目的财政风险，避免政府责任过度地向外转移。

五、税收政策的制定要立足于本国税制体系和税务管理的实际

各国（或地区）关于社会组织税收政策的规定差异较大，具体表现为税收优惠与捐赠扣除对象的差异、税收优惠与捐赠扣除力度的差异、税务管理的差异和税种设计的差异。英国、澳大利亚、中国香港等国家（或地区）税收优惠的对象是慈善团体及慈善信托，税收减免优惠完全按照区别对待的原则，非慈善团体所享有的减免优惠相当有限，而美国、日本等国的税收减免对象范围相对较宽，特别是美国几乎按照普惠制原则给予全部社会组织相应的所得税减免政策。美国、日本等国家对社会组织税收优惠的税务管理较为严格，对不同组织主体的免税资格认定、税收优惠政策的规定较为具体，而英国、澳大利亚等国家更加倾向于从社会组织的收入类型来判断是否给予税收优惠，其税务管理相对宽松。一些国家如新加坡，对捐赠扣除的减免范围与减免力度非常大，对捐赠人形成了良好的捐赠激励；而一些国家如澳大利亚，对捐赠扣除的减免力度较小，税务管理也较为严格。好的制度环境能够激发捐赠人向社会组织的捐赠额，但如果税收优惠

疏于管理，就容易导致慈善丑闻等避税、骗税现象的发生。

大部分国家主要涉及所得税、增值税的减免，对于社会组织商业行为、避税行为的规制相对较少。以美国为代表的少数国家针对无关商业活动开征了无关商业收入税，对与社会组织事务有实质影响的个人的交易行为征收惩罚性税收，尽管对社会组织的行为给予了相应的规制，但从税务管理的角度而言，为税收规制开展的新税种进一步加大了税收的征管成本。

社会组织税收政策的制定一定要立足于本国税制及税务管理的实际，可以汲取国外的先进经验，但不要盲目照搬，要结合国家现有的税制结构选择适合的社会组织税收政策体系，根据税种的开征情况确定合适的税收优惠和捐赠扣除力度，并不断强化税收优惠与捐赠扣除的税务管理。

第七章　国家治理视角下中国社会组织财税政策的模式探索

第一节　国家治理视角下中国社会组织财税政策的总体框架

一、指导思想

国家治理视角下中国社会组织财税政策体系的制定应以邓小平理论、“三个代表”重要思想、科学发展观，特别是习近平新时代中国特色社会主义思想为指导，贯彻落实党的十九届四中全会提出的“坚持和完善共建共治共享的社会治理制度”的要求，发挥社会组织的作用，健全社会组织财税政策的顶层设计，优化现有的社会组织财税制度以及其他相关的制度体系，扩大财政对社会组织的扶持范围和扶持力度，进一步放宽公共服务市场准入，改革创新公共服务提供机制和方式，完善税收优惠政策，强化财税管理，以实现政府治理和社会调节、居民自治良性互动，满足社会公共需要，提升国家治理能力和治理体系现代化。

二、政策目标

基于中国社会组织存在的发展滞后、资金匮乏、政社不分、财税差别待遇等问题，本书认为国家治理视角下中国社会组织财税政策的优化要实现五重目标：第一，促进社会组织发展，激发社会组织活力，满足社会公共需要；第二，明确政府、市场与社会组织的职能边界和利益关系，规范社会组织发展，约束社会组织可能出现的越界行为；第三，实现政社分开，取消长期以来“官办”组织所享有的财税差别待遇，用契约关系来取代管理关系，健全行政管理体制，提高行政管理效率；第四，动员社会资源，实现第三次分配；第五，优化现有的财税管理体制，推动现代财政制度的建立健全。

三、基本原则

为了实现社会组织财税政策的目标，政府在制定与落实社会组织的财税政策时应遵循以下三个原则：第一，明确社会组织的职责范围，规范政府、市场与社会组织间的利益关系，保证政府财税政策的科学性和针对性，减少政府政策对社会组织决策的干扰；第二，明确划分中央与地方关于社会管理事项的事权，遵循“财权与事权相对称、财力与事责相统一”的原则，保证政府财政政策的持续性和稳定性；第三，坚持财政法定原则，强调财税扶持与社会筹资相结合，激发民间慈善力量对社会组织的投入，保证财税政策的系统性。

（一）明确社会组织的职责范围，规范各治理主体间的利益关系

按照马克思主义国家理论的观点，国家是从社会中产生而又自居于社会之上且日益同社会相异化的力量，政府作为国家的代理人也会

出现日益同社会相异化的结果。按照国家治理的理念，政府、市场与社会组织之间应相互配合，减少矛盾与摩擦，这要求在新的改革进程中，政府、市场和社会组织应各司其职，努力完成各自在国家中的使命。因此，政府在制定社会组织财税政策时要明确社会组织的职责范围，规范政府、市场与社会组织的利益关系，实现政社分开。属于社会组织职责范围的事项，政府可以通过向社会组织提供必要的财税激励以及其他相关制度，为其充分履行职能营造良好的制度环境；属于政府职责范围但政府较之于社会组织不具备比较优势的事项，政府可以通过购买公共服务的方式理顺政府与社会组织的关系，减少政府职能的越位与缺位现象，保证政府财税政策的科学性与针对性。

（二）明确事权划分，做到“财权与事权对称、财力与事责统一”

中央与地方要明确事权划分，按照“谁受益，谁负责”的原则，社会组织所承担的职能事项属于哪级政府，其资助所需经费应由该级财政负责。各级政府在社会管理方面的预算安排要体现“支出有度”，即与本地区的财政收入、经济发展状况相适应；经济不发达地区社会管理支出的财政资金缺口可以通过上级财政以专项转移支付的形式予以提供，财政管理要体现“财权与事权相对称、财力与事责相统一”的原则，保证政策的持续性和稳定性，为社会组织的发展提供稳定的资金来源。

（三）坚持财政法定原则，强调财税扶持与社会筹资相结合

政府在制定和执行社会组织财税政策时要遵循财政法定原则，以法律为依据，强调程序的规范和内容的明确，体现政策的系统性和统一性，以遏制以往财税政策出现的碎片化现象。社会组织的发展不仅需要政府的财政扶持，还需要民间慈善力量所提供的社会捐赠，项目的开展考虑政府与社会资本间的合作。因此，财税政策的制定应强调

财政扶持与社会筹资相结合，发挥财税政策“四两拨千斤”的功能，激发民间慈善捐赠的投入。与此同时，政府对社会组织及其捐赠人提供的税收减免与优惠要充分考虑中国的税制现状，满足公平、确定、便利和征税成本最小化原则，保证国家财政活动的可持续。

四、财税工具的选择

政府可以选择多种财税工具促进和规范社会组织的发展，其中财政政策工具主要包括财政补贴和政府购买服务，税收政策工具包括税收减免与优惠、捐赠扣除和税收规制。

（一）财政政策工具

从各国财政扶持社会组织发展的实践来看，财政补贴政策和政府购买政策在不断创新，可供选择的政策工具越来越多元化，如整笔资助、专项拨款、分类资助、合同、消费券、贷款和贷款担保等。然而，与政府购买服务相比，财政补贴支出的随意性较大，易导致财政支出的“碎片化”。由于我国社会组织整体实力不强，小规模社会组织的数量相对庞大，政府应按照社会组织规模和类型的不同，选择有针对性的、相机抉择的财政补贴政策工具。对小规模的社会组织，财政补贴政策应侧重于能力建设，如财政补贴资金支持社会组织孵化基地建设，强化社会组织人员素质培训。对大中规模的社会组织，政府可以为其提供相应的项目补贴、整笔资助、配套拨款、贷款担保等。为了避免社会矛盾的激化，政府财政补贴政策的扶持重点应放在社会福利类、社区服务类、科技类和公益慈善类社会组织上，其中，对社区服务类和社会福利类社会组织，政府应主要提供项目资助与消费券相结合的补贴方式，以提高其服务质量，促进市场的竞争。对公益慈善类社会组织，政府应选择项目补助与配套拨款相结合的补贴方式，以激发其经营活力。对科技类社会组织，政府补贴政策应主要侧重于直接性的项目资助，为其技术研发提供稳定的资金支持。

就目前而言，合同制仍是政府向社会组织购买服务的主要方式，在政社分开的过程中，政府将原来直接提供的社会事务服务、行业管理与协调事项、基本公共服务、技术服务和政府履行其职能所需的辅助性和技术性服务等通过直接拨款或公开招标的方式交给有资质的社会组织来完成，根据中标者所提供服务的数量和质量来支付费用。然而，政府向社会组织购买服务不能仅依靠财政资金的支持，财政资金的有限性会在很大程度上制约服务提供的质量，甚至会很难满足公众对服务的需求，因此，除了合同制外，政府还可以考虑引入公益创投和 PPP 等新的购买形式，以彩票公益金作为种子基金启动公益创投，借助民间资本共同参与公共服务项目的提供，通过市场化运作的方式为购买公共服务募捐项目资金，以提供多元化、高质量的社会服务。

（二）税收政策工具

社会组织的税收减免与优惠及整个国家的税制体系密不可分，结合中国当前的税制体系，社会组织的活动涉及多个税种的减免与优惠，其中所涉及的主要税种包括企业所得税和增值税，这些税收的减免与优惠主要与社会组织的捐赠活动和经营活动有关。政府在制定税收减免与优惠的过程中，一个基本的原则是区分公益性和互益性，即政府对社会组织为实现其公益性宗旨所从事的非经营性活动所得予以免税，对社会组织为实现其公益性宗旨所从事的经营性活动给予必要的税收优惠待遇。伴随着国家税制体系的不断完善，为适应国家全面“营改增”改革、房产税改革等的发展，社会组织的税收减免优惠也要进行相应的调整。

捐赠扣除涉及捐赠人关于财产类税收的扣除，我国捐赠扣除主要体现为个人所得税与企业所得税的税收扣除。伴随着捐赠形式的多样化，政府关于捐赠扣除的规定应从传统的货币捐赠扣除扩展到房产捐赠、实物捐赠、有价证券捐赠和股权捐赠等方面。在扩大捐赠扣除范围的同时，适度提高捐赠扣除的比例，简化捐赠扣除的抵扣程序，允许捐赠的递延扣除，提高捐赠扣除的税务管理效率。

对社会组织的行为进行税收规制，主要是针对社会组织所从事的无关商业活动。目前大多数社会组织都面临着严峻的经费不足问题，为了募集资金，一些社会组织开始从事与其组织宗旨无关的商业活动，出现了与企业争利的局面，扰乱了市场的竞争秩序。对于这类活动，从理论上讲应当就其所得予以征税，然而考虑到很多社会组织（如公益慈善类、科技类社会组织）所筹集到的资金主要是用于向公众提供公益性服务和科技服务等，且这部分收入在总收入中所占的比重较低，政府可考虑对这类组织的无关商业活动所得予以免税，而对互益性社会组织的无关商业活动所得一律征税。

五、财政资金的预算管理

构建公共财政体制要求政府财政活动要实现依法理财和科学理财，政府向社会组织提供财税扶持的过程中应及时将财政补贴资金、政府购买资金纳入公共预算管理中，编制年度政府职能部门购买服务目录，按照“费随事转”的原则，将所需经费列入年度预算，构建政府购买项目的中期支出框架，及时跟踪财政资金的支出效果。同时，政府要进一步完善全口径预算管理体系的建设，将社会组织及捐赠人因税收减免、优惠以及捐赠扣除所产生的税式支出纳入国家的预算管理体系中，建立税式支出预算。

在财政资金的安排上，要明确划分中央与地方的事权与支出责任，扩大中央的事权范围。凡属于中央政府的事权，中央政府应以财政转移支付的形式向地方政府来拨付资金。凡属于地方政府的事权，所需的经费由地方政府财政安排。对经济不发达的省份，中央财政要加大转移支付的力度。

在财政资金的监督管理上，探索建立由购买主体、服务对象、审计监督及第三方组成的综合评审机制。监察、财政、审计等部门要加强对购买公共服务资金的监管，确保资金到位；财政部门要对社会组织所提供的服务质量、财政资金的使用情况等委托独立的第三方咨询机构开展绩效评估，以提高财政资金的使用效率。购买主体按照规定公开政府购买服务相关信息，自觉接受社会监督。

第二节　基于社会组织的能力建设探索差异化的财税政策

尽管很多经济发达省份一直致力于扶持社会组织的发展，这些地区社会组织无论是规模、能力还是提供服务的数量与质量都要远远超出经济不发达的省份，但从整体而言，我国社会组织的能力发展仍然相对滞后，所提供的服务数量与质量很难适应各地区经济的发展和满足客户的服务需求，因此，财政扶持的首选目标是强化社会组织的能力建设。各地政府要结合本地区社会组织的成长周期形成短期扶持与中长期扶持相结合的方式以带动社会组织的发展。

一、关于社会组织能力建设初创期和成长期的短期财税扶持

在社会组织能力建设初创期和成长期，地方政府部门可考虑基于其着重扶持的社会组织类型，形成以枢纽型社会组织为主导的“X+M+N”模式。其中，X分别代表枢纽型社会组织，M代表社会组织孵化基地，N代表需要培育发展的社会组织，加大对枢纽型社会组织和社会组织培育孵化基地的财政扶持力度，通过给予直接的财政补助强化枢纽型社会组织和孵化基地的能力建设，以点带面，推动同类组

织中其他社会组织的发展。

首先，地方政府要选择“既在同类型、同行业、同地域的社会组织中发挥核心带动作用，又能通过项目合作、资源共享、工作指导等方式发挥团结同类社会组织共同发展”的社会组织作为枢纽型社会组织，相关职能部门可以委托第三方专家对其服务实力、聚合能力、枢纽活力、发展潜力和自身建设等方面的能力进行评审，确定其枢纽型社会组织的资质。对枢纽型社会组织的财政扶持要体现扶持与监管并重的原则，财政扶持专项资金不是一次性支付，而是按照枢纽型社会组织的职责履行情况分年支付，专项资金要纳入预算管理。同时，每 3 年由监督部门或服务评价部门对枢纽型社会组织的资质认定进行评估，评估结果分为优秀、合格和不合格 3 个等次，评估结果为合格及以上的，保留其枢纽型社会组织资格，不合格的撤销其资格。其次，建立社会组织的培育孵化基地，政府向基地及其要孵化的初创期和成长期社会组织提供办公场地、直接性的补助资金支持和人才培训服务等，明确场地的产权归属，充分发挥基地的“整合资源，项目链接，专业支撑，共谋发展”的职能，搭建社会组织协同运动的公益服务平台。最后，民政及相关职能部门依托公益服务平台对符合条件且能够提供服务的社会组织提供必要的项目补贴资金，通过给予项目扶持提高社会组织的服务数量和质量。对政府重点扶持领域中小规模的社会组织给予直接的财政资助，有条件的部门还可以向社会组织提供办公场所和人才培训，以强化社会组织的治理能力。

在税收优惠方面，为了扶持社会组织的发展，除了对其捐赠收入、会费收入、政府补助等给予免税外，还应对社会组织公益性的服务收入及其运作所取得的收益予以免税。然而，相对于财政扶持而言，税收优惠在初创期和成长期扶持社会组织能力建设方面的作用非常有限。

二、关于社会组织能力建设成熟期的中长期财税扶持

在社会组织发展的成熟期中，政府应坚持财政补贴与政府购买服务相结合的财政扶持方式。当社会组织能力建设达到成熟阶段，政府可以引入更加具有竞争性的财政政策工具，除了提供一些直接性财政补助外，还可以通过项目配套补贴、消费券等工具来激发社会组织的竞争活力。在政府购买服务领域，政府应主要通过公开招标的方式向社会组织购买公共服务，而在社会组织的谈判力不足、参与招标可供选择的社会组织数量有限的情况下，政府应及时调整购买服务的方式，考虑采用非竞争性购买方式，如项目委托、项目申报、单一来源采购等方式。

对社会组织而言，能力发展离不开稳定的现金流，而捐赠收入在整个社会组织（特别是公益慈善类社会组织）的收入中占有相当大的比重。发展社会组织仅仅依靠现有的财政补贴以及政府购买难以满足其发展的资金需求，还需要依托税收工具促进社会资本广泛投入公益慈善领域，实现财税扶持与社会筹资相结合，通过社会组织税收减免与捐赠扣除的完善共同为社会组织能力建设提供平稳的收入来源。在长期中，政府对社会组织的税收扶持会伴随着整个国家税制改革的进行而不断完善，具体表现为：第一，政府对营改增改革前给予社会组织以营业税免税的部分，在营业税转为增值税后也应给予免税待遇；第二，随着房产税立法进程的加快，政府对社会组织自有房产及出租取得的租金收入应给予相应的房产税减免；第三，伴随着个人所得税制度的完善，通过扩大公益慈善捐赠的扣除比例，允许除货币捐赠外的其他捐赠形式的税收扣除；第四，开征遗产税，政府可以对捐赠人以货币、实物、金融资产等形式向社会组织提供的公益慈善捐赠给予必要的遗产税减免，以激发民间捐赠的增加。

第三节　针对社会组织的类型探索差异化的财税扶持政策

由于各类社会组织在整个社会治理中所履行的使命各不相同，政府要充分考虑社会组织在社会中所扮演的具体角色及其所履行的职能，制定出差异化的财税政策以激发社会组织的活力。行业协会类社会组织的互益属性较强，同时历史的原因又加大了政府对这类组织管理上的难度，政府对行业协会类社会组织的管理应强调组织能力的自我发展与自我治理，坚持规范与扶持并重。社会福利类、社区服务类、公益慈善类以及科技类这四类社会组织对于促进国民福利的提高和国家公共服务质量的提高具有重要影响，政府应主要加大对这四类社会组织的财税扶持力度。同时，为了体现税收管理的统一性与公平性，在制定税收政策之前，要对社会组织的属性及其活动性质的属性进行明确界定，对公益性组织以及组织开展的公益性活动给予相应的税收减免与优惠，对于非公益性组织以及组织从事的非公益性活动应按照税法规定予以课税。

一、关于行业协会类社会组织的财税扶持政策

按照新制度经济学的观点，行业协会类社会组织是基于确保厂商获得长期稳定的收益，防范化解市场不确定因素所带来的风险而形成的制度安排，这种制度安排可以克服厂商信息不完全的障碍，有助于规避厂商有限理性所导致的经营风险。作为互益性社会组织，行业协会集体行动获得的利益主要是由会员企业所分享，微观企业基于逐利的动机会自发地加入行业协会商会的阵营中。随着经济社会的发展，尽管行业协会商会类组织所履行的职能在不断拓展，但行业协会商会

类社会组织的首要宗旨仍是为本行业的会员企业服务。从这个意义上讲，行业协会商会应发挥其主观能动性和自我治理的功能，从会员企业的会费收入、理事单位的捐赠收入和赞助以及组织章程规定的服务性收费获得收入来源，而不是主要依靠政府。政府应为行业协会的发展提供良好的制度环境，完善行业协会商会发展的法律法规，改革现有的管理体制，逐步取消双重管理体制，实现分级管理。

按照行业协会商会类社会组织组织形式的不同，政府应对两种类型的社会组织予以区别对待：对自上而下形成的行业协会商会类社会组织，政府首先要明确界定与社会组织间的产权关系，协助社会组织规范其资产管理，实现政社分开，帮助其实现民间化改造和市场化运作。同时，考虑到自下而上形成的行业协会商会类社会组织在行业管理中所发挥的中观调控作用，政府应进一步鼓励这类社会组织的发展，建立类似行业协会商会建设发展基金，对民间自下而上新组建的行业协会商会在开办经费、日常办公经费、办公场地、运作基金等方面给予一定的专项拨款扶助。对于政府需要行业协会商会来完成的行业管理、协调事项、技术服务事项以及一些辅助性事项可以通过政府向社会组织购买服务的形式来实现。

在税收管理上，政府对行业协会商会类社会组织的会费收入、捐赠收入要给予所得税免税，但对于社会组织取得的服务性收入要按照其收入征收增值税、企业所得税。

二、关于社会福利类和社区服务类社会组织的财税扶持政策

社会福利类社会组织与社区服务类社会组织在公共产品的供给内容上存在很大的交集，社会福利类社会组织所提供的服务一般是养老、救助等社会保障型服务，而社区服务类社会组织以社区为依托提供多元化的服务以满足社区居民的需求。随着公共服务民营化进程的

不断推进，这两种类型的社会组织承担了政府部分提供公共服务的社会管理职能，相当于减少了政府的事权，而这部分服务的供给必然要面临着巨大的供给成本，要实现社会组织的财力与事责对称，确保社会组织财政活动的可持续，就需要政府财政投入与社会资本的共同努力。因此，政府可以采取更加多元化的财政扶持和政府购买工具，对现有的工具进行机制创新。

（一）一般性财政补贴

在给予一般性的财政补贴时，政府应坚持以项目资助为主，直接拨款和分类资助为辅的原则。为保证财政支出的效率性和有效性，政府的财政支出应尽可能做到费随事转，按照社会组织所承接的项目对社会组织的投入给予项目配套，结合政府所要扶持的公共服务领域，针对社会组织所提供的公共服务类型制定出相应的补贴标准，提高社会组织提供公共服务的数量和质量。

在这个过程中，为促进两类社会组织的能力建设，政府还需要对社会组织给予直接的拨款补助、分类资助等，如将彩票公益金作为公益创投启动资金，发挥财政资金在基本公共服务领域的示范引领作用，激发社会组织的发展，孵化社会组织的项目建设。

（二）政府合同外包

从信息处理的复杂性而言，无论是社会福利类社会组织还是社区服务类社会组织由于能够更加充分地掌握客户的服务需求，在服务提供上具有比较优势，政府可以将养老、医疗、教育等公共服务的一部分交由社会组织来做，通过合同外包的形式来实现。

结合政府与社会组织在提供公共服务方面存在的供需结构性矛盾，政府在合同外包时可采取竞争性购买与单一来源购买相结合的方式。当政府购买服务市场存在大量有资质的社会组织能够提供服务，政府对社会组织的资质进行审核后，确定招标、评估和筛选程序，找到合适的供应商，并与之协商签订竞争性购买合同。针对社会组织在提供服务能力不足的情况以及为弥补紧急服务供应不足的缺口，避免竞价所产生的耗时弊端，可以考虑单一来源购买的合同形式。政府在执行单一来源购买的过程中，要做好数据搜集工作，形成具体的项目库，依据项目库建立绩效评估考核标准，提高合同外包的能力。

（三）公私合作伙伴机制（PPP）

两类社会组织所提供的民生类服务需要稳定的收入来源以支持活动的开展，尽管这些组织承担了政府的部分事权，但庞大的购买服务支出必然会使政府面临严重的赤字压力。因此，政府除了对这两类社会组织给予必要的财政补贴和支付政府购买资金外，还应引入 PPP 机制。发展 PPP 的一个主要原理是拓宽服务范围，提高服务质量，特别是对边缘性群体而言，使服务实现最大潜在的可获得性，政府在这个过程中可以借助社会资本共同推动社会组织的发展和服务质量的提升。PPP 的机制设计对于确保服务提供的数量和质量、控制政府支出成本具有重要影响，而设计不当的 PPP 机制会给政府带来严重的财政风险和政策风险。

政府在促进 PPP 机制的发展过程中应采取以下行动。

1. 使用透明、竞争性的多阶段筛选程序

在透明、竞争性的招标过程中，政府应向全社会招标，既包括非营利性社会组织，也包括营利企业。合同方通过多阶段选择对符合资格的供应商进行筛选，明确“目标、服务对象与内容、产出”的具体要求，确定购买策略与选择技术上强有力的购买团队，发出合同邀约，邀请利益表达，实施资格预审，与投标人面谈、评估其建议、与投标人进行协商谈判，选择合适的供应商与之签订合同，将筛选结果向社会公布。

2. 职能部门的“购买者”与“服务提供者”角色分离

各部委及相关部门的政策制定与规制要与服务提供相分离，否则可能会由于考虑自身的利益而出现决策的偏差。

3. 构建合同部门的组织能力

设计与执行 PPP 取得成功的关键是政府职能部门有充足的资源、信息和能力负责 PPP 的设计、形成与复杂合同过程的管理，特别是在从投入控制向产出控制的转变过程中，职能部门需具备一系列的能力，包括合同前的服务评估能力、设计、协商、实施和管理服务合同的能力、形成竞争、透明合同的立法能力、形成质量保障机制的能力。

4. 建立适当的绩效考核标准，设定绩效奖励与惩罚标准

绩效标准设计的好坏将对考核服务提供者是否达到合同要求的条款与目标产生直接影响，但绩效考核标准的设计需要注意以下问题：第一，过度强调某一目标可能会抑制对其他目标的重视；第二，设定可量度的产出可能会导致服务提供者对其他好的结果的忽视；第三，严格的绩效标准可能导致服务提供者在用户选择上产生逆向激励，如只为状态良好的服务对象提供服务。

5. 建立有效的沟通机制

为保障 PPP 机制的顺利运行，政府要建立有效的沟通机制，及时告知用户以及社会公众相关社会组织的服务特色、PPP 的利弊与目标，降低机制实施存在的政治风险。

（四）消费券

为了提高社会组织的市场竞争力以及克服社会组织所提供的服务在地域上发展不平衡的现状，政府可以考虑引入消费券。从国外的实践来看，关于消费券的使用引起了广泛的争议，国内对于消费券的使用也要持谨慎的态度。对一些服务的提供，发达的省份可以预先进行试点工作，激发养老、医疗、教育等市场的竞争能力。

值得注意的是，如果没有关于服务提供者的足够信息，或者没有认真制定报销比例，或者不对那些对其使命具有重要意义但不在报销范畴的社会组织职能加以保护，那么政府发放消费券后，消费群体对服务的选择与政策工具设计的初衷可能出现了不一致的结果，将会使环境更加复杂多变。因此，政府在采用消费券的过程中，需要明确提供服务的对象，充分掌握服务对象的相关信息，制定合理的报销比例，明确消费券的使用范围与使用条件，规范消费券使用的预算管理。

除了财政政策工具外，政府在税收激励方面要对组织活动的公益属性做出明确的界定，对提供养老、医疗、救助和教育等公共服务类非营利性组织免征企业所得税，同时免征这些机构自用房产、土地、车船的房产税、城镇土地税、车船税；在税收规制方面，政府对组织从事非公益性活动所取得的收入要按照要求缴纳增值税、企业所得税。

三、关于公益慈善类社会组织的财税扶持政策

公益慈善类组织主要通过向民间募集社会资本来支持公益慈善事业的发展，其资金主要来源于社会捐赠，与其他几大类社会组织相比，公益慈善类社会组织对政府的财政依靠相对较弱。结合国外政府对公益慈善类社会组织财税扶持的实践，政府应尽可能为这类组织发展提供良好的制度环境，主要采取配套补贴与捐赠扣除相结合的方式以激发组织的筹资努力和提高服务质量，同时给予相应的税收减免。

在筹资方面，对公益慈善类组织所筹集的社会捐赠按照一定比例对捐赠额给予支持，同时扩大政府对公益慈善的捐赠扣除力度。在提供服务方面，结合项目的类型对组织从事的公共服务类项目进行项目补贴。在税收减免方面，免征企业所得税，同时免征这些机构自用房产、土地、车船的房产税、城镇土地税、车船税。

四、关于科技类社会组织的财税扶持政策

科技类社会组织主要通过研究开发新的科学技术，为国家提供科

技类公共服务，对此类组织政府要加大财税扶持力度，采取项目资助与政府购买相结合的方式促进组织的发展。对组织所从事的关乎国计民生的科技类项目应给予必要的项目资助，以促进其产出的形成与服务质量的提高。在对成本进行估算的基础上，对政府所需技术性服务选择项目委托、合同外包、PPP 机制等合适的购买方式。在税收减免方面，对组织从事技术开发、技术转让业务以及与之相关的技术咨询、技术服务所得免征增值税和企业所得税，同时免征这些机构自用房产、土地、车船的房产税、城镇土地税、车船税。在税收规制方面，对于组织从事与科研业务无关的其他服务收入按税法规定征收各项税收，但对上述非主营业务收入用于改善研究开发的投资部分，在税务部门审核批准后可抵扣其应纳税所得额，按照余额征收企业所得税。

第四节　针对社会组织发展的地区差异探索差异化的财政政策

由于各地社会组织发展出现了“泾渭分明”的局面，加之各地经济发展水平各异，本书认为，应当针对不同地区间层次分明的社会组织发展局面制定出适合本地区社会组织发展的财政政策体系。

一、因地制宜，选择适合的扶持对象

社会组织财税政策的制定一定要与各地的经济发展相适应，切忌各地一味盲目地扶持社会组织的发展，抓住各地经济社会发展中存在的主要矛盾，确定合适的扶持对象。经济不发达省份应结合本地区的财力情况，着重扶持社会福利类社会组织和社区服务类社会组织的发展，优先保证民生服务领域社会组织的发展；经济发达省份可适度扩

大社会组织的扶持范围，按照其扶持重点确定枢纽型社会组织的类型与数量，努力实现多类社会组织共同发展。

二、结合实际，探索适合的财政扶持方式

受到经济发展因素的影响，发达省份在探索扶持社会组织发展的财税政策工具方面往往比不发达省份更具备先发优势，为了避免各地“摸着石头过河”所发生的随意行为，减少改革过程所产生的沉没成本和机会成本，不发达省份应以直接补贴、配套补贴等生产方补贴形式来鼓励支持社会组织的发展，通过合同外包的方式向社会组织购买公共服务，不断满足公众日益增长的服务需求。发达省份可以尝试使用者付费、消费券等消费方补贴形式推动社会组织的发展，将绩效管理引入到政府购买服务中，不断强化社会组织的服务能力。与此同时，不发达省份要积极总结汲取发达省份扶持社会组织发展的先进政策实践经验，不断完善财政政策工具的使用。

三、借助外力，确立合适的资金安排方式

为缓解地区间社会组织的发展差异和解决经济不发达地区发展社会组织的财政压力，中央政府应进一步上移事权，扩大对社会组织扶持方面的财政补贴与转移支付力度，尤其是要加大对不发达地区社会组织能力建设方面的财政补贴、对不发达地区社会组织提供民生类服务项目的配套项目资助和对政府购买公共服务事项给予相应的财力支持，扩大一般性转移支付的比重，减少地方政府民生类服务项目的配套比例，确保地方政府有足够财力支持社会组织的发展，实现从“补血”到“造血”的跨越。除了政府支持外，经济不发达地区的政府可以进行财税管理工具的创新，积极引入 PPP 机制，发挥财政政策的杠杆效应，借助民间资本支持社会组织的发展。

第八章　国家治理视角下中国社会组织财税政策的制度优化

第一节　完善中国社会组织的财税法律体系建设

为了体现财税法定主义原则和完善政府的财税管理，政府应进一步健全现有的财税管理体制，强化社会组织财税管理的法律体系建设，确保财税政策制定有法可依，有理可循。

一、完善政府购买服务的法治化建设

完善现有的《政府采购法》，将政府购买服务事项纳入《政府采购法》的法律框架下，在实践中进一步检验现行的《政府购买服务暂行管理办法》，不足之处及时进行更正和补充。

建立监督检查机制，财政、审计等部门要加强对政府购买服务、财政补贴落实的全过程监督，确保政府购买服务资金规范管理与合理使用。对截留、挪用和滞留资金以及其他违反本办法规定的行为，依照《政府采购法》《财政违法行为处罚处分条例》等国家有关规定追究法律责任、涉嫌犯罪的，依法移交司法机关处理。民政、工商管理及行业主管等部门要将承接主体的承接政府购买服务行为纳入年检、

评估、执法等监管体系，不断健全守信激励和失信惩戒机制。

二、强化社会组织税收管理的法治化建设

按照税收法定原则的要求，我国社会组织的税收管理应加快法治化建设的进程。

首先，要明确社会组织的法人资格，形成对社会组织基于结社法—法人法—慈善法（或非营利活动促进法）三位一体的一般性立法。结社法要与宪法基本法和民法相配合，对组织的治理、权责和法人关系予以法律保障。法人法要明确法人组织的行为规范，包括社会组织法人身份的获得、法人相关法律权责和不同类型的法人治理等问题。慈善法作为促进法，落脚点在捐赠行为、公益税收问题、与税收优惠相对应的“免税组织”的权责界定上，慈善法要与税法相统一，不仅要增进社会组织发展的促进性原则，对社会组织和一般性的非营利行为予以促进性的支持，鼓励慈善捐赠行为，而且要便利税务机关的管理工作，防止税收漏洞，强化对组织治理的法律依据，促进“政社分开、责权明确、依法自治”的现代社会组织体系的建立（贾西津，2014①）。

其次，要打破社会组织税收法律规定的碎片化，提高社会组织的税收立法层次，实现税法与社会组织的结社法、法人法和慈善法的统一。将社会组织作为独立法人纳入税收实体法和其他税收法规中，修订并增加关于社会组织的税法条款，对其资格认定标准及相关的税收待遇做出明确的规定。

最后，协调《个人所得税法》《企业所得税法》《慈善事业捐赠法》多部法律之间的关系，减少税务管理上的争议，强化对捐赠人捐赠行为的税务管理，尽可能减少企业、个人企图通过捐赠所产生的恶意的偷逃税行为。完善公益募捐法律制度，明确界定公益募捐的主体

① 贾西津. 以统一立法解决现行社会组织的分类问题［N］. 中国社会组织，2014－8－12.

范围与资格，依法规制公益募捐主体，从总体上规定公益募捐的内涵和公益活动的主要目的而不再具体规定公益捐赠的主体类型，只要符合法律规定的公益目的即可通过申请、登记（或许可）等程序获得募捐资格。规范公益募捐服务制度，确保募捐顾问与公益机构间的良性关系，规制公益募捐顾问所从事的相关业务，建立顾问登记注册制度、合同备案制度、不控制捐赠款物制度、捐赠记录保存制度，填补目前的法律空白，减少内部人控制。强化对公益募捐的监督管理，加强对善款的管理，规范公益募捐者的财务制度和信息披露制度，规定信息披露的基本内容和基本要求，披露募捐活动的批准或注册文书，披露募得资金后开展公益活动及资金的详细使用计划，信息披露要做到真实、准确、及时、完整、不弄虚作假等（杨道波，2009①）。

三、健全转移支付法律体系建设

完善现有的转移支付相关法律法规，适时出台《财政转移支付法》和《财政转移支付管理条例》，进一步完善中央与地方间的财权与财力、事权与支出责任的划分，以法律法规的形式明确财政转移支付的目标、原则、分配方法、程序、绩效管理与监督、奖惩规则等，强化对转移支付资金的监管，完善财政转移支付的监督机制，保证资金及时到位。扩大中央对地方（特别是经济落后省份的）的一般性转移支付，减少专项配套的转移支付，化解地方政府在扶持社会组织发展、购买社会组织服务方面的支出压力。

第二节　优化中国社会组织的财税管理制度

为了让社会组织成为真正的自治实体，发挥其在资源配置、收入

① 杨道波．公益募捐法律规制论纲［J］．法学论坛，2009（4）：80－85．

分配、提供公共服务等领域的社会治理职能，政府应为社会组织的发展提供良好的制度环境，创新社会组织管理的财税制度工具，真正实现国家治理能力的提高与治理体系的现代化。

一、建立系统而规范的财政补贴制度

针对大多数社会组织能力不足、公共服务所存在的供需结构性矛盾等问题，政府应为社会组织的发展提供系统而规范的财政补贴制度。中央与地方政府之间要明确划分各自的事权与支出责任，规范政府间的财政管理关系。各地应因地制宜制定出适合本地区发展的社会组织资助规范与标准。各职能部门应确保财政补贴资金拨付的及时性，强化财政资金的预算管理与绩效监督。

（一）明确中央与地方政府的事权与支出责任划分

我国宪法中虽规定了中央和省、自治区、直辖市的国家行政机关的职权划分，但中央与地方政府间的责权仍然没有划分清楚，按照外部性、信息复杂性和激励相容原则，政府间的职能划分仍需要做出进一步的界定。单纯从社会组织的管理而言，由于社会组织的信息管理较为复杂，应由地方政府来承担社会组织的管理事务，然而考虑到社会组织所履行的社会管理职能，特别是要承担很大一部分的公共服务提供事项，这些事项涉及社会保障、公共卫生、教育、关系社会和谐稳定、公平正义、全国市场统一标准的管理等多个领域，具有较强的外部性，因此与中央政府的事权往往密切相关。因此，对社会组织（特别是提供公共服务的社会组织）的管理以及缓解不同地区间社会组织发展水平的差异，中央政府要集中和上移一部分事权，中央政府要对地方政府扶持社会组织的发展通过一般性转移支付的形式予以帮助。对基本公共服务资源地域分配不均衡的情况，中央政府通过专项转移支付的形式对不发达的地区予以支持。

（二）因地制宜，制定适合本地区发展的社会组织资助规范与标准

各地政府结合本地区的经济发展实际和所要重点扶持的社会组织情况，对不同发展阶段、不同类型的社会组织制定有针对性的财政补贴政策，确定补贴发放的规范与标准。

1. 资助的程序

根据政府出台的相关文件，上级政府对符合条件的初创期社会组织给予财政补贴，本级政府要结合本地区的实际确定合理的财政配比比例，对提供养老、医疗、教育等公共服务的社会组织要按照其提供标的服务的数量、规模等标准给予补贴，政府对处于营运阶段的社会组织主要按照项目给予财政补贴，社会组织通过提交项目建议，由专家对项目进行甄选后公布于政府网站，确定相应的资助项目。

2. 资助的方式

资助方式包括实物资助和货币资助，实物资助主要是向社会组织提供场地、设施等，货币资助主要是为社会组织的发展提供不同阶段的补贴，如按照项目标的标准给予补贴、房租补贴、营运费补贴、培训补贴等。

3. 资助的标准

按照不同的项目类型给予社会组织不同的资助标准，特别是对公益慈善类服务项目要加大财政资助的力度，而对社区服务类（特别是基层城乡群众生活类）项目的补助标准要适当低一些，政府相关职能部门要对每年申报的项目进行考核评定。

（三）建立社会组织信用信息管理系统，对社会组织信用进行评级

建立社会组织信用信息管理系统，将社会组织信用信息管理系统纳入政府公共信用信息管理系统中，为不同的社会组织建立相应的信

用档案，划分成基本信息、良好信息和失信信息三类，将社会组织获得的好的评估等级及相应荣誉等登记为“良好信息”，赋予优先获得政府资金支助和政策扶持的机会。而社会组织失信将被限制或取消其获得财政资金政策扶持以及参加公益招投标、政府购买服务的权利。

（四）保证财政资金的可获得性，强化财政补贴的预算管理

对社会组织初创期的财政扶持主要由地方政府来承担，财政资金应主要来自地方财政资金以及彩票公益金收入。对社会组织（特别是提供社会保障、公共卫生、养老等公共服务的社会组织）运营期的财政扶持应由中央与地方政府共同承担，财政资金既涉及中央财政资金，又涉及地方财政资金，确定中央财政资金与地方财政资金的分配比例。政府相关职能部门对社会组织的财政扶持应纳入年度预算进行统一管理，建立资助项目库，形成购买主体—服务对象—审计监督—第三方评估—社会监督“五位一体”的财政资金使用绩效监督体系。

二、形成规范的服务合同外包制度

在确定合同外包政策之前，政府要对合同方的能力水平进行评估，在环境适宜的情况下，可展开政府购买工作。合同外包主要包括合同的界定、计划购买、招标过程与合同商的选择、后中标四个阶段。

（一）合同界定

在购买过程的初始阶段，政府首先要制定购买策略，形成服务供应的指导性文件，以保证向社区提供系统而有效的服务。其次，确保服务目标、对象和优先权的清晰界定，主要涉及的内容包括需要什么、服务对象是谁、能够被清晰界定、想要的结果是什么、能否实现、如何达到目标、提供服务的期限、需要是否迫切、实现目标需要

多长时间。再次，确定所需要的服务，并确定长期服务供应所需要的能力，探索形成能力的方式。然后，确保资金的充足，政府需要对合同价值进行粗略估计，将合同列入预算管理，并预测合同外包的需求情况，以提高支出效率。最后，按照合同供应商的数量和提供服务的能力，确定合同方式。

（二）计划购买

计划购买阶段主要涉及购买的目标和对象、潜在服务提供者、合同期限、购买方式、支付方式、提供服务的范围、合同监管和评估、标书格式、招标评估、购买服务的时间表和成本估计等重要问题。

伴随着购买计划的形成，购买目标也随之确定。政府在计划购买过程中要评估潜在供应商市场提供服务的财务能力和技术支撑情况。购买计划要明确合同的期限，合同期限会引发各方对合同的产出和法律管理等一系列问题的讨论，但就政府而言，他们从节约成本的角度往往倾向于先签订短期合同，如对于提供时间较长且非一次性完成的持续性服务，政府与服务供应商先签订一年期的合同①，政府在此期间可以确定清晰的绩效考核标准，对后续服务形成更多可供选择的方案，顺利完成竞争性购买工作，提高了政府决策的灵活性。

政府结合对市场环境的评估在竞争性招标和单一来源合同之间确定购买方式。合同按照支付方式的不同分为固定价格合同、单位价格合同、劳动合同和基于绩效/产出合同四类，如表 8 - 1 所示。

---

① 如果政府难以获得充分的数据以确定清晰的绩效考核标准，或者政府急需的服务需要单一来源购买，政府往往会签订短期合同，在未来会形成结构复杂的、竞争性的购买计划。值得注意的是，短期合同可能会导致更高的合同价格。

表 8 –1　　按照支付方式不同的合同分类情况

付款形式	内容	适用条件	特点
固定价格合同	合同商按照固定的价格提供特定服务	适用于服务、绩效考核标准、工作量确定的情况	风险将转嫁给合同商，成本可测算，便于预算管理
单位价格合同	合同商按照提供服务单位被支付款项	适用于绩效考核标准已知、服务数量不确定的情况	合同基于绩效进行支付，风险将转嫁给合同商，政府要设定提供服务数量的最高限额，以控制合同支出总额
劳动合同	合同商按照人员提供服务的时间被支付款项	适用于服务、绩效考核标准、工作量都不确定的情况	合同基于投入进行支付，政府无法转嫁绩效风险，合同无法保证特定任务及产出的完成。这类合同一般是暂时性的，在此期间政府会搜集充分的数据、资料以清晰界定服务、绩效考核标准和未来的合同要求
基于绩效/产出的合同	合同商按照绩效/产出标准被支付款项	适用于服务、绩效考核标准、工作量确定的情况	能够激励合同商提供优质的服务，但要求政府要具备严格而客观的关于单位成本和质量监督的考核标准

资料来源：OECD，Contracting out government functions and services in post-conflict and fragile situations，2010：98.

招标邀请要明确阐述服务的范围，包括估计的工作量、与此相关的绩效考核标准、服务提供的时间和位置。绩效考核标准要定量化和可测量，确定每单位工作量的标准，折合工作总量。

合同绩效监督可通过对合同的工程实施情况进行季度审计或月度评估来实现，以确保项目按照合同的要求来实施。

确定一致的标书格式有利于投标人了解政府意图，增强其回应能力，同时也简化了政府招标的评估过程。投标人需要将自身与招标有关的信息以标书的形式传递给政府，但无须涉及过多的信息，避免增加招标评估工作的烦琐性。

招标书应明确阐述招标评估的标准，以便投标人按照中标概率最大化的标准来准备标书。评估标准包括成本、技术方法、主要人员的经验、相似工程的组织经验等。

购买服务的时间表主要涉及拟定购买计划、确定购买计划、招标邀请的发布、召开投标人的会议、对投标人问题的回应、收到标书的截止日期、招标评估、协商与授予合同、合同开始施工与施工过程的监管与评估、合同完工多个阶段的时间安排。

成本估计用于保证合同资金的及时到位，以及评价投标人所提出的成本是否合理。

（三）招标过程与合同商的选择

招标过程与合同商的选择阶段包括招标书的准备和发布、评估程序的确定、投标评估和合同中标。政府应当为潜在的合同商提供清晰的指导以确保其实现目标。采购应公开、透明，将腐败的潜在发生率降到最低，并促进政府获得合同的最有竞争力的价格。

招标书中主要涉及购买服务的目标和对象、合同期限、合同类型、提供服务的范围、付款标准、建议评估标准、合同监督、争议解决、标书格式、法律规定和资格认证、投标人的说明等事项，但不涉及关于成本的估计，以免泄露标底。在竞争性购买阶段，标书应通过多种渠道（如报纸、广播、政府网站和公开会议等）尽可能地发到有资格的供应商手中。竞争性招标可以通过两步程序实现交易成本最小化：第一，投标组织提交概念书和资质认证；第二，经招标评估确定的投标商被邀请提交合同签订的全面性方案，如图 8－1 所示。

在现有的条件下，由于社会组织提供特定服务的能力相对不足、符合提供服务资质的社会组织数量有限，政府与社会组织的购买合同有时并不能实现竞争性招标，一些社会组织在与政府进行合作的过程中形成了长期稳定的关系，在这种情况下，可以考虑采取单一来源招标的方式，如图 8－2 所示。

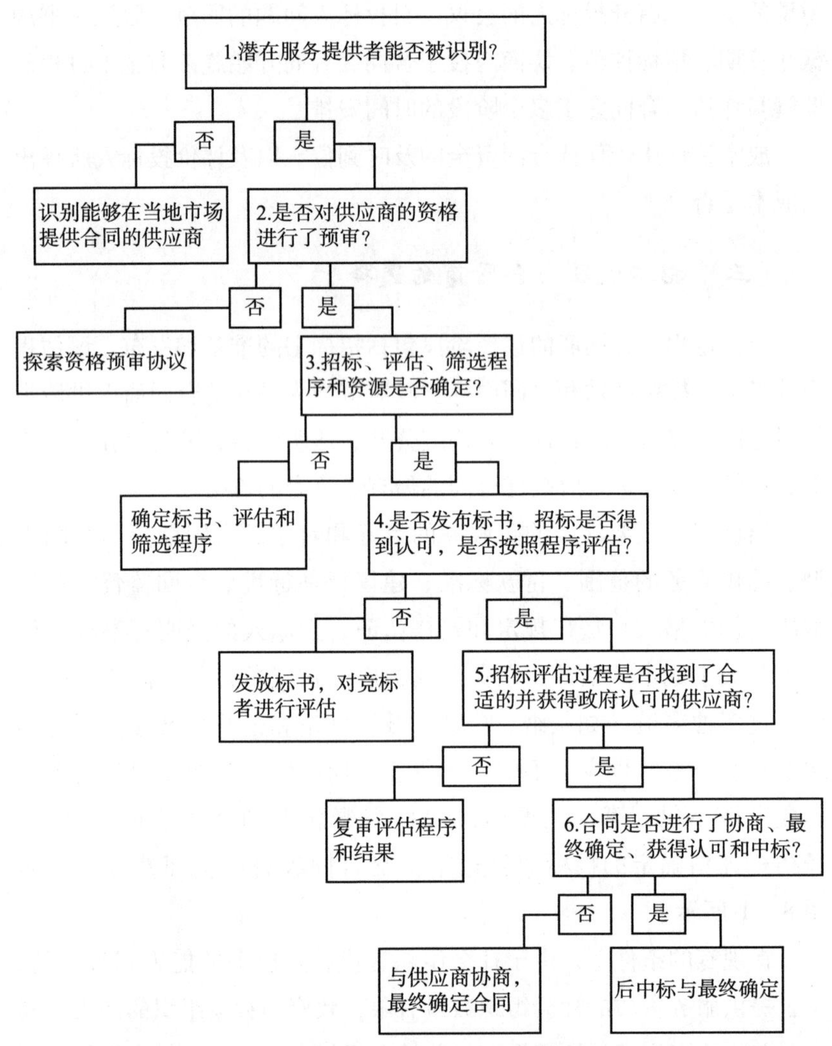

图 8-1 竞争性招标的决策流程

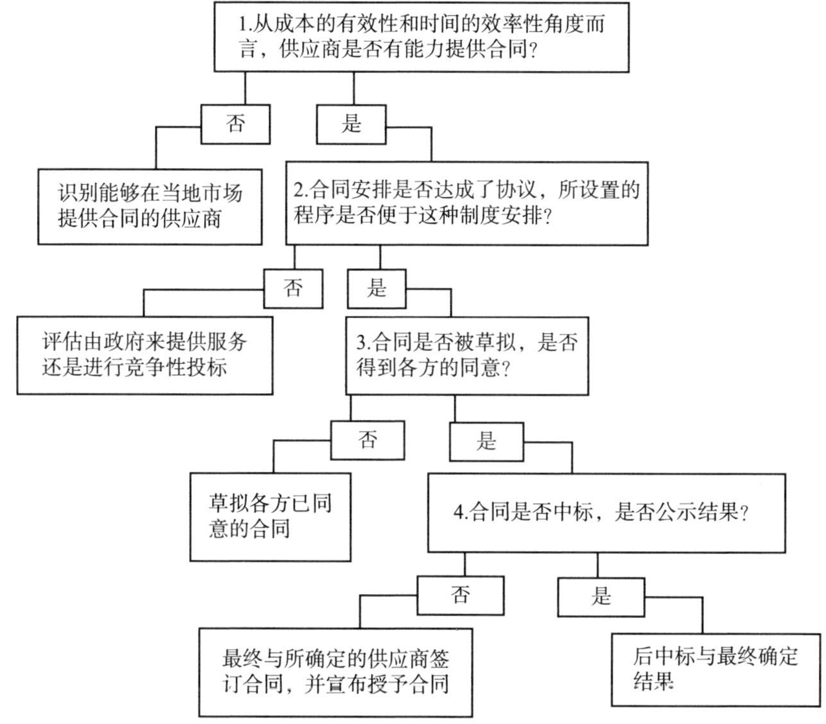

图 8－2　单一来源招标的决策流程

招标工作主要考察技术方案与成本方案两方面的可行性，政府会形成招标委员会，委员会成员委派专家对所收到的技术方案的可行性进行评估，同时也避免了委员会成员与投标商间可能出现的利益冲突。对技术方案的评估要严格遵循 RFT 中的评估标准，委员会成员要对每个方案的评估出具标准化的书面报告。如果没有找到可行的技术方案，政府管理部门需要对 RFT 进行修改，重新招标。对成本方案的评估将由另一组专家来进行，将方案提议的价格与政府估计的成本进行比较，价格显著高于或低于政府估计成本的方案需要在评估前进行认真检查。过低的标价可能是投标商没有理解 RFT 的要求，或在测算成本时遗漏 RFT 的一些要求，无论价格过高还是过低，相关部门的领导需要以书面形式通知投标商，让其及时调整成本方案。在一般情况下，政府会选择技术可行且成本最低的方案，如果在合理的成本下无法获得可行的技术，政府会对标书进行修正，如让绩效考核标准更加容易实现、限制合同的地理范围、进行结构变化等。

（四）后中标

后中标阶段主要是合同的最终签订和监督阶段，需要考虑合同监督、整合用户需要与经验总结、政府履行合同义务、政府在合同终了的角色等一系列问题。这一阶段决定合同完工政府是否还要再承担服务责任、是否需要继续进行合同外包，如图 8 – 3 所示。

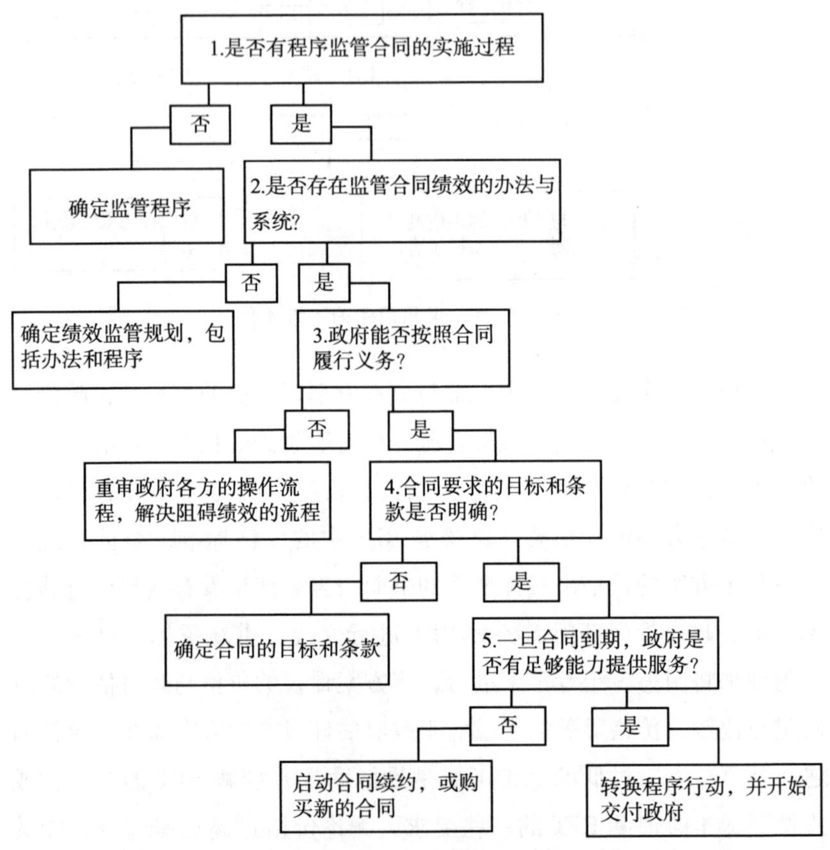

图 8 – 3　后中标与合同最终确定的决策树

一旦合同签订，政府需要及时履行监督职责，评估合同商的绩效，以保证服务按照合同的要求来提供。如果政府不具备评估能力，可以委托独立的第三方对合同的绩效进行评估。合同监督具体体现为两方面：第一，按照合同标准，通过对完工情况进行检查、对合同商支出记录与报表信息的审查以及同服务使用者访谈等形式来搜集合同商绩效信息，这些信息需具备客观性且有详细记录；第二，将取得的数据与合同绩效标准进行比较，每隔一段时间评估合同绩效，评估时间间隔要在 RFT 中列明。

除了对合同进行监督外，终端用户的反馈对提供服务来说也非常重要。反馈过程有助于好的用户支持，增加公众对政府提供服务的认可，有利于绩效评估工作的开展。搜集用户反馈可以通过面对面访谈、电话与邮件交流、调查问卷和用户打分等方式来进行，将取得用户反馈信息进行整合，确定是进行合同展期，还是重新招标。政府在合同执行过程要承担相应的义务，如为协助合同商开展项目提供必需的场地、设施等，提供法律咨询，严格资金管理，确保资金及时到位。

三、完善社会组织的税收制度

在完善社会组织的税收管理过程中，政府既要从社会组织的利益出发为其提供良好的制度环境，也要充分考虑到税务管理便利性这一因素，强化税制体系自身的建设。为了确保改革的顺利进行，社会组织税收政策的制定与实施需要与我国现有的税收体制相适应，即在借鉴国外先进经验的基础上，结合中国的税制现状，进一步完善我国社会组织的税收制度。

（一）规范社会组织免税资格的认证制度

强化部门间的信息沟通，在民政部门与税务机关之间建立关于社会组织税收减免的信息管理系统，由税务机关对社会组织的免税资格进行认定。社会组织在民政部门进行登记的同时，也要向税务部门办理税务登记，税务机关按照社会组织的宗旨、活动的性质对组织及其活动的属性进行认定，如果社会组织的宗旨具有公益性、组织获得公益法人资格，且利润不分配，解散时剩余财产用于公益事业，则该组织可被认定为免税组织。在获得免税资格后，税务机关要定期对社会组织的活动进行审查，委托独立的第三方审计部门对社会组织的财务状况进行审计，资格审查合格的组织可继续享有免税资格。

借鉴美国 990 - F 表的经验，建立中国社会组织的所得税免税申报表，申请表要包括本年度社会组织财务报表的相关信息，相关负责人的签字、高级职员、董事、委托人和重要雇员的名单，防止利润向其他组织的转移。同时，社会组织要在免税申报表中对组织的收入、支出、净资产或基金余额以及本年度的活动情况做出简洁清晰的说明。

（二）界定社会组织的公益属性，完善社会组织的税收优惠

对社会组织的税收优惠应坚持非营利性和公益性宗旨的要求，对为实现公益性宗旨而进行的非营利活动免税，对为实现公益性宗旨而进行的营利性活动享受税收优惠。严格区分社会组织所从事活动的公益性与非公益性，对于组织从事公益性与非公益性目的的活动视为兼营行为，要求其实行财务分开，否则按照经营性组织的税法予以征税(刘尚希等，2013①)。在给予税收优惠的同时，强化税务机关对社会组织的税务管理，防止相关责任人利用社会组织进行利润转移的偷逃税行为，防止管理人员利用工资分配瓜分组织剩余。

伴随着国家税制改革的深入，对社会组织的税收减免优惠应从所得税减免逐步扩展到增值税、房产税、城镇土地使用税、进出口关税等。具体而言，在所得税的减免方面，政府对取得免税资格的社会组

① 刘尚希等. 培育和发展社会组织财税政策研究——基于对潍坊市的调查与思考［M］. 北京：当代中国出版社，2013：153 - 154.

织接受的捐赠、资助、会费、投资所得以及相关商业活动所得免征所得税。为强化税收管理，政府对社会组织的无关商业活动一律征收所得税，若社会组织将无关商业活动的所得用以支持公益性事业，考虑按照先征后退的原则，对用于公益性事业的所预缴的企业所得税给予相应的退税处理。

在流转税的减免方面，为扶持具有公益属性社会组织及其产业的发展，考虑对这类组织提供劳务征收的增值税实行零税率，对于其他类社会组织提供劳务按照简易征收的办法，实行3%的优惠税率。

关于其他税收的减免与优惠，在综合考虑社会组织税收负担和税务机关征管成本的前提下，结合税种的特点制定出统一规范的减免税政策（刘尚希等，2013①；靳东升等，2014②）。随着房产税改革的不断推行，社会组织可按照税法的要求获得关于房产税的税收减免，总的来说，税收的减免优惠要体现公平性原则，做到一视同仁。

（三）健全公益捐赠扣除制度

针对我国公益捐赠扣除的程序复杂、扣除比例小、实物捐赠扣除难等问题，本书认为可以从以下几个方面完善公益捐赠扣除制度：第一，建立捐赠直接扣除制度，对符合条件的免税组织赋予捐赠扣除权利，允许其代开捐赠发票，对于指定特定捐赠对象的捐赠协议，免税组织不得为其开具捐赠发票，免税组织每年年末要向税务机关报告本年度组织所开具的捐赠发票金额；第二，完善个人所得税制度，建立分类与综合相结合的个人所得税制度，适度扩大个人所得税、企业所得税的捐赠扣除比例；第三，为适应捐赠形式多元化的发展，政府应制定完善的捐赠扣除体系，允许对捐赠人符合条件的实物捐赠、股权

① 刘尚希等．培育和发展社会组织财税政策研究——基于对潍坊市的调查与思考［M］．北京：当代中国出版社，2013：154.

② 靳东升，原泽文，凌萍．支持社会组织发展的税收政策研究［J］．财政研究，2014（3）：24－28.

捐赠、不动产捐赠按照标的物的公允价值给予相应的纳税扣除，委托独立第三方对捐赠的非货币资产进行资产评估；第四，对捐赠获得的纳税减免超过本年度应缴纳所得税的情况，允许捐赠者将未动用的纳税减免结转至下一年，最长结转期限为5年。

第三节 深化配套财税制度改革

为了保证社会组织财税政策的顺利进行，政府应当为其提供良好的宏观财税环境，进一步深化当前的财税管理体制改革，完善政府间的财政关系，健全现有的财政转移支付体系；优化税制结构，推动直接税的发展，建立双主体的税制体系；深化预算管理体制改革，建立全口径预算管理体系。

一、完善政府间的财政关系，健全财政转移支付体系

在明确划分政府间事权与支出责任的基础上，应进一步完善政府间的财政关系，健全转移支付体系，保障社会组织财政补贴、政府购买政策的顺利落实，确保地方政府的财力充足。具体而言，首先，优化转移支付结构，提高一般性转移支付规模和比重，强化一般性转移支付的作用。清理、整合专项转移支付，对中央事权和支出责任范围的事项，由中央财政支出，不再通过专项转移支付安排。对地方事权和支出责任范围内的事项原则上通过一般性转移支付，增强地方自主权，中央财政不再通过安排专项转移支付加以干预，减少转移支付中地方政府的配套规模。其次，适时建立横向转移支付制度。为缩小地区间发展差距，实现地区间的“共担、共享、共赢”，政府应择机建立横向转移支付制度，考虑依照对口支援的方式，实现省际资金的调剂。

二、优化税制结构，建立双主体的税制体系

个人所得税、房产税、遗产税和赠与税等直接税是公民慈善动机的润滑剂，对加快慈善事业的发展，增强全社会慈善意识，激发民间捐赠的增加具有重要意义。为了能够给社会组织的发展以及社会组织财税政策的制定提供更好的外部制度条件，政府需要对以间接税主体的税制结构进行完善，深化个人所得税与房产税的改革，推进遗产税与赠与税的开征，建立以间接税和直接税并重的双主体税制体系。

（一）建立分类和综合相结合的个人所得税制度

货币以及货币等价物形式的捐赠扣除政策在一定程度上会进一步缩减个人所得税的税基，个人所得税在总的税收收入中占比约为6%，要想进一步扩大政府关于社会组织捐赠扣除的政策力度，现有的个人所得税制应从原来的分类所得税制向分类与综合相结合的个人所得税制转变，以保证个人所得税的税基充足。

第一，规范个人所得税的税前费用扣除制度，实行基本扣除与生计扣除相结合的扣除机制。关于基本扣除，按照国民经济发展的趋势以及物价变动水平，做到扣除标准与物价指数相挂钩；关于生计扣除，结合家庭总体的经济状况，应以确保劳动力社会再生产为基本原则，以家庭为单位按照家庭的平均收入作为计税标准，在扣除个人日常开支的基础上允许按照一定标准扣除家庭赡养费用、子女抚养和教育费用、住房基本开支以及养老、医疗等社会保障相关费用（孙亦军、梁云凤，2013[①]）。

第二，调整超额累计税率制度，实行超额累进税率和比例税率相结合的税收模式，减少个人所得税超额累进税率的级次。对个人所得

---

① 孙亦军，梁云凤. 我国个人所得税改革效果评析及政策建议［J］. 中央财经大学学报，2013 年第 1 期：13－19.

税综合征收部分实行超额累进税率，将最高边际税率从45%降至35%，税率级次从七级税率将至5%、10%、20%、30%、35%五级税率（贾康等，2010①）；对分项征收的项目可以继续按20%的比例税率课征所得税。

第三，加强征管，增强纳税人自主申报纳税的意识。建立综合征收、综合扣除的个人所得税征纳体系，实现银行、公安、工商、税务和海关关于人员、户籍和收入信息的联网，为了个人所得税的征缴提供必要的技术条件。

第四，扩大税基。除了工资、薪金所得外，将实物所得、附加福利收入等项目纳入个人所得税的税基中，同时，还应将资本利得收入纳入个人所得税的税基中。

（二）实现房地统一，深化房地产税改革

从发达国家社会组织财税政策的实践来看，房产税减免是税收优惠和捐赠扣除的一项重要内容。然而，从中国房产税的征管现状来看，由于房产税的税基较小，征管体制也不完善，可以说中国社会组织所获得的房产税减免并不是真正意义上的房产税减免。伴随着营改增改革的全面推行，地方政府财力日趋削弱，推进房地产税改革成为健全地方税体系的重要组成部分。推进房产税改革需要实现房地统一，即将房产税和城镇土地使用税统一为一个房地产税种，将土地和房产作为统一的课税对象，应做好以下几个方面的工作。

第一，按照中央立法先行，地方政府扩权的原则审慎推进房地产税改革。中央应该抓紧制定新的房地产税法规，确定改革的整体方案，为全国性房地产税制改革建立法制框架。由于房地产税改革前后一直都是作为地方税种，因此在统一立法的前提下，中央政府应赋予地方政府更大的自主选择权力。全国层面的立法主要确立税种和关键

---

① 贾康，刘军民，张鹏，刘微．中国财税体制改革的战略取向：2010～2020［J］．改革，2010（1）：5－19．

性的税制要素，如计税依据、纳税人范围等，在此基础上，各地方政府因地制宜地确定纳税人的具体范围、征管方式、税率结构等，对社会组织及捐赠人的房产税减免做出明确的规定。

第二，按照先企业后个人的顺序稳步推进房产税改革。根据我国国情和税收征管的实际，房地产税制改革需要分步实施，建议先推进改革经营性房地产税收制度，再实施对居民住宅征税。在个人住宅征收房地产税的路径上，建议先在小范围内征收，对增量房征税，各地根据本地的实际情况自行确定小范围的征税对象，比如超过一定房价的豪宅、拥有的多套住宅、超过一定面积的住宅等，并逐步开始对一部分存量房征税。

第三，实现全国信息共享，既要保证住建部系统全国纵向的各级政府不动产信息统一，又要保证政府各个部门间横向信息的共享。在房地产税制改革中，各级政府的信息共享以及部门之间信息共享非常重要，尤其是地方政府层面的土地和房屋管理部门与税务机构之间的信息共享是房地产税制改革的关键性基础。

（三）择机开征遗产税和赠与税

尽管我国尚未开征遗产税和赠与税，然而作为财产税体系的重要组成内容，遗产税和赠与税对矫正第三部门失灵发挥着重要的作用。遗产税的核心功能是对“传家行为的负外部性”收费，其目的不是调节传承行为，而是干预其负面影响。基于此，本书认为应当择机开征遗产税和赠与税。

第一，以基尼系数作为开征与否的重要标准，考虑财富存量对收入流量的影响。一旦基尼系数超出了0.4的国际警戒线，居民收入差距较大，收入分配的差距会引发财产差距的变化，并进一步扩大了居民间的收入差距。遗产税的开征对于减少居民收入差距，降低传家行为的负外部性具有重要意义。但是，基尼系数标准仅仅是一个参考标准，既不是必要条件，也不是充分条件，因为即使基尼系数不高，赤贫和陷入生存危机的人同样也存在（赵伟、周小付，2014①）。

第二，实行总遗产税制，按照先税后分的顺序进行遗产税的征收管理。将被继承人作为征收对象，在被继承人死亡后，继承人继承行为前征收遗产税，对遗产税实行累进税率。

第三，考虑遗产税的专款专用。开征遗产税后，考虑成立一个专门的社会慈善基金，或与社会捐赠积累的社会慈善基金合并，将资金专门用于法定的社会慈善活动。

三、深化预算管理体制改革，构建全口径预算管理体系

构建全口径预算管理体系是深化预算管理体制改革的重要目标，全口径预算体系的核心特征是全面性，既要将全部财政收支纳入预算中，同时又要考虑预算的时间因素。深化预算管理体制改革要从横向和纵向两个维度来推进中国全口径预算体系的建设。在横向上，我国的全口径预算体系尚不完整，还应加入税式支出预算、政府债务预算等专项预算，使全口径预算体系能够充分反映政府财政活动的全过程。在纵向上，建立完善的全口径预算体系应编制中期预算，将预算的核算范围扩展到支出周期各阶段的交易，对财政支出活动实施动态监控。

（一）建立税式支出预算，强化税式支出的预算管理

政府对社会组织及其活动给予税收减免待遇将不可避免地产生大量税式支出，为了强化政府财政管理的科学化和精细化，应将税式支出纳入预算管理，构建税式支出预算，进一步完善全口径预算管理体系。政府在实施权责发生制政府会计的基础上，依据社会组织提交的免税申请表确定每年税式支出的决算数，并制定下一年税式支出的预算数，强化政府对社会组织的税收管理。

---

① 赵伟，周小付. 基于功能定位的遗产税框架设计［J］. 中央财经大学学报，2014（2）：25－30.

（二）建立中期财政框架，形成滚动的中期财政规划

一些政府向社会组织购买服务的活动并不是一年就能完成的，现有的年度预算可能会约束政府购买服务的决策选择。从国外的实践来看，中期财政框架能够克服年度预算的诸多不足，减少了预算的盲目性和波动性，改进财政支出的先后顺序，促进预算目标的实现。在中期财政支出框架下，财政部门能够更加充分地审视职能部门补贴项目和购买服务项目的预算安排，考察政府支出项目是否真正符合国家宏观发展规划发展的需要。

首先，处理好中期财政规划与国家宏观规划目标、职能部门中期规划、年度预算的关系，中期财政规划的制定要与国民经济与社会发展五年规划的目标相一致，与职能部门3年中期发展规划相协调，进而实现中期财政支出框架与年度预算编制、部门3年滚动预算的无缝对接。

其次，按照中期财政规划的要求，以国内生产总值等重要经济指标为依据，对中期财政收入与支出做出科学的预测。准确的财政收入预测，需要建立在准确预测经济增速的基础之上，需要建立在科学判断经济结构调整对财政收入影响的基础上，需要有科学的模型预测财政收入与经济增长之间的关系。按照中期财政政策目标细化财政支出数量，确定财政支出规模，真正将改革、政策、项目准确地转换成财政支出需要（杨志勇，2014①）。

最后，在确保中期财政规划预测预测准确性的基础上，构建中期预算框架，按照国际货币基金组织的要求，形成有关财政政策目标的说明、综合的中期宏观经济和财政预测说明、对预算年度后2~4年各部委和机构的收支估计说明以及对“远期”或“未来年度”正式进行的估计说明。

① 杨志勇．我国中期财政规划改革：基本方向与主要问题［J］．中国财政，2014（11）：15－17.

参考文献

[1] 安秀梅. 公共治理与中国政府预算管理改革 [M]. 北京: 中国财政经济出版社, 2005.

[2] 陈剩勇, 等. 政府改革论——行政体制改革与现代国家制度建设 [M]. 北京: 北京大学出版社, 2014.

[3] 丁美东. 个人慈善捐赠的税收激励分析与政策思考 [J]. 当代财经, 2008 (7).

[4] 弗朗西斯·福山著, 黄胜强, 许铭原译. 国家构建——21世纪的国家治理与世界秩序 [M]. 北京: 中国社会科学出版社, 2007.

[5] 扶松茂. 开放与和谐——美国民间社会组织与政府关系研究 [M]. 上海: 上海财经大学出版社, 2010.

[6] 郭健. 社会捐赠及其税收激励研究 [D]. 济南: 山东大学, 2008.

[7] 国务院发展改革委经济体制与管理研究所课题组. 围绕处理好政府与市场的关系深化改革 [J]. 宏观经济管理, 2013 (8).

[8] 黄春蕾. 我国慈善组织绩效及公共政策研究 [M]. 北京: 经济科学出版社, 2011.

[9] 胡鞍钢, 等. 中国国家治理现代化 [M]. 北京: 中国人民大学出版社, 2014.

[10] 贾康, 刘军民, 张鹏, 刘微. 中国财税体制改革的战略取向: 2010~2020 [J]. 改革, 2010 (1).

［11］金锦萍. 社会组织财税制度［M］. 北京：中国社会出版社，2011.

［12］景朝阳. 社会服务机构导论［M］. 北京：中国社会出版社，2011.

［13］康晓光. 权力的转移［M］. 杭州：浙江人民出版社，1999.

［14］康晓光. 转变政府职能：构建“小政府、大社会”的社会管理模式［J］. 学术探索，2013（12）.

［15］康晓光. 中国第三部门观察报告（2013）［R］. 北京：社会科学文献出版社，2013.

［16］李静毅. 中国民间公益事业发展与财税政策选择［D］. 北京：财政部财政科学研究所，2013.

［17］李月凤. 我国社会组织的发展与政府职能转变［J］. 重庆社会科学，2005（11）.

［18］廖鸿，石国亮，高成运，许昀. 通过社会组织管理体制改革推进现代社会组织体制建设［J］. 行政论坛，2013（6）.

［19］刘尚希，等. 培育和发展社会组织财税政策研究——基于对潍坊市的调查与思考［M］. 北京：当代中国出版社，2013.

［20］麻宝斌，等. 公共治理理论与实践［M］. 北京：社会科学文献出版社，2013.

［21］［美］戴维·奥斯本，特德·盖布勒著，周敦仁译. 改革政府［M］. 上海：上海译文出版社，2006.

［22］［美］珍妮特·V. 哈登特，罗伯特·B. 哈登特著，丁煌译. 新公共服务——服务，而不是掌舵［M］. 北京：中国人民大学出版社，2010.

［23］曲顺兰、许可. 慈善捐赠税收激励政策研究［M］. 经济科学出版社，2017.

［24］全球治理委员会. 我们的全球伙伴关系［R］. 香港：牛津

大学出版社，1995.

［25］史云贵. 中国现代国家构建进程中的社会治理研究——一种基于公共理性的研究路径［M］. 上海：上海人民出版社，2010.

［26］石英华. 借鉴国外政府对社会组织的管理经验推动我国事业单位改革［J］. 财政研究，2003（11）.

［27］孙亦军，梁云凤. 我国个人所得税改革效果评析及政策建议［J］. 中央财经大学学报，2013（1）.

［28］王浩林. 支持慈善组织发展的财政制度研究［D］. 大连：东北财经大学，2012.

［29］王名. 社会组织的社会功能及其分类［J］. 学术月刊，2006（9）.

［30］王名. 社会组织概论［M］. 北京：中国社会出版社，2010.

［31］莱斯特·M. 萨拉蒙，等. 政府向社会组织购买公共服务研究——中国与全球经验分析［M］. 王浦劬，译. 北京：北京大学出版社，2010.

［32］王绍光. 国家治理［M］. 北京：中国人民大学出版社，2014.

［33］杨志勇. 我国中期财政规划改革：基本方向与主要问题［J］. 中国财政，2014（11）.

［34］赵伟，周小付. 基于功能定位的遗产税框架设计［J］. 中央财经大学学报，2014（2）.

［35］张文礼. 合作共强：公共服务领域政府与社会组织关系的中国经验［J］. 中国行政管理，2013（6）.

［36］张小劲，于晓红. 推进国家治理体系和治理能力现代化六讲［M］. 北京：人民出版社，2014.

［37］周旭亮. 社会组织“第三次分配”的财税激励制度研究［D］. 济南：山东大学，2006.

[38] 朱迎春. 我国企业慈善捐赠税收政策激励效应——基于2007年度我国A股上市公司数据的实证研究 [J]. 当代财经, 2010 (1).

[39] Anheier Helmut K., Stefan Toepler, S. W. Sokolowski. The Implications of Government Funding for Non-profit Organizations: Three Propositions [J]. International Journal of Public Sector Management, 1997, 10 (3).

[40] Bakijia Jon M., William G. Gale, Joel Slemrod. Charitable Bequests and Taxes on Inheritances: Aggregate Evidence from across States and Time [J]. American Economic Review. 2003, 93 (2).

[41] Benjamin Gidron, Ralph Kramer, M. Salamon. Government and the Third Sector [M]. San Francisco: Josser – Bass Publisherrs. 1992.

[42] Ben – Ner Avner. Non – Profit Organizations: Why Do They Exist in Market Economies? [C]. In Susan Rose Ackerman (ed.), The Economics of Nonprofit Institutions: Studies in Structure and Policy, Oxford: Oxford University Press, 1986.

[43] Bowman, Woods and Marion Fremont – Smith. Nonprofit and State and Local Governments [C]. In Elizabeth T. Boris and C. Eugene Steuerle (eds), Nonprofits and Government: Collaboration and Conflict, Washington DC: Urban Institute Press, 2006.

[44] Bremner Robert H. American Philanthropy (eds) [M]. Chicago: University of Chicago Press, 1988.

[45] Brody Evelyn and Joseph Cordes. Tax Treatment of Nonprofit Organizations: A Two-edged Sword? [C]. In Elizabeth T. Boris and C. Eugene Steuerle (eds), Nonprofits and Government: Collaboration and Conflict, Washington DC: Urban Institute Press, 2006.

[46] Brooks A. C. Do Public Subsidies Leverage Private Philanthro-

py for the Arts? Empirical Evidence on Symphony Orchestras [J]. Nonprofit and Voluntary Sector Quarterly. 1999, 28 (1).

[47] Brooks Arthur C. Income Tax Policy and Charitable Giving [J]. Journal of Policy Analysis and Management. 2007, 26 (3).

[48] Catherine C. Eckel, Phillip J. Grossman. Rebate Versus Matching: Does How We Subsidize Charitable Contributions Matter [J]. Journal of Public Economics. 2003, 87 (3-4).

[49] Catherine C. Eckel, Philip J. Grossman, Rachel M. Johnston. An Experimental Test of the Crowding Out Hypothesis [J]. Journal of Public Economics. 2005, 89 (8).

[50] Daniel Kaufmann, Aart Kraay and Pablo Zoido - Lobatón. Governance Matters [C]. World Bank. Policy Research Working Paper (2196). Oct. 1999.

[51] Daniel Tinkelman. Revenue Interaction. Crowding Out, Crowding In, Or Neither? [C]. In Bruce A. Seaman and Dennis R. Young (ed.), Handbook of Research on Nonprofit Economics and Management. Massachusetts: Edward Elgar Publishing, Inc. 2010.

[52] Dennis R. Young. Complementary, Supplementary, or Adversarial? A Theoretical and Historical Examination of Nonprofit-government Relations in the United States [C]. In Elizabeth T. Boris and C. Eugene Steuerle (ed.), Nonprofits and government: Collaboration and conflict, Washington DC: Urban Institute Press, 1999.

[53] Duncan Brian. Modeling Charitable Contributions of Time and Money [J]. Journal of Public Economics. 1999, 72 (2).

[54] Eckel Catherine C., Philip J. Grossman. Subsidizing Charitable Giving with Rebates or Matching: Further Laboratory Evidence [J]. Southern Economic Journal. 2006, 72 (4).

[55] Esping - Andersen Gøsta. The Three Worlds of Welfare Capi-

talism [M]. Princeton: Princeton University Press, 1990.

[56] Ferris J. Stephen and Edwin G. West. Private Versus Public Charity: Reassessing Crowding Out from the Supply Side [J]. Public Choice. 2003, 116 (3-4).

[57] Garrett Thomas A. and Russell M. Rhine. Do Government Spending Really Crowd Out Charitable Contributions? New Time Series Evidence [C]. Federal Reserve Bank of St. Louis Working Paper No. 2007-012A.

[58] Gentry William M., John R. Penrod. The Tax Benefit of Not-for-profit Hospitals [C]. In David M. Culter (ed.), The Changing Hospital Industry: Comparing Not-for-profit and For-profit Institutions. Chicago, IL: University of Chicago Press, 2000.

[59] Glaeser Edward L., Andrei Shleifer. Not-For-Profit Entrepreneurs [J]. Journal of Public Economics. 2001, 81 (1).

[60] Gulley O David, Rexford E. Santerre. The Effect of Tax Exemption on the Market Share of Nonprofit Hospitals [J]. National Tax Journal. 1993, 46 (4).

[61] Hansmann Henry B. Unfair Competition and the Unrelated Business Income Tax [J]. Virginia Law Review. 1989, 75 (3).

[62] Hansmann Henry B. The Effect of Tax Exemption and Other Factors on the Market Share of Nonprofit Versus For-profit Firms [J]. National Tax Journal. 1987, 40 (1).

[63] Hansmann Henry. Economic Theories of Nonprofit Organization [C]. In Powell Walter (ed.), The Nonprofit Sector: A Research Handbook. New Haven, Conn.: Yale University Press, 1987.

[64] Henry Hansmann B. The Rationale for Exempting Nonprofit Organizations from Corporate Income Taxation [J]. Yale Law Journal. 1981, 91 (1).

[65] Henry Hansmann. The Role of Nonprofit Enterprise [J]. Yale Law Journal. 1980, 89 (5).

[66] James Andreoni. Impure Altruism and Donations to Public Goods: A Theory of Warm-glow Giving [J]. The Economic Journal. 1990, 100 (401).

[67] James Andreoni and A. Abigail Payne. Do Government Grants to Private Charities Crowd Out Giving or Fund – Raising? [J]. The American Economic Review. 2003, 93 (3).

[68] James Andreoni, A. Abigail Payne. Is Crowding Out due Entirely to Fundraising? Evidence from a Panel of Charities [J]. Journal of Public Economics. 2011, 95 (5 –6).

[69] Jesse D. Lecy, David M. Van Slyke. Nonprofit Sector Growth and Density: Testing Theories of Government Support [J]. Journal of Public Administration Research and Theory. 2012, 5 (23).

[70] Joulfaian David. Estate Tax and Charitable Bequests by the Wealthy [J]. National Tax Journal. 2000, 53 (3).

[71] John Simon, Harvey Dale, Laura Chisolm. The Federal Tax Treatment of Charitable Organizations [C]. In Walter W. Powell, Richard Steinberg (ed.), The Nonprofit Sector: A Research Handbook. New Haven, Conn.: Yale University Press, 2006.

[72] Jung Kwangho, M. Jae Moon. The Double-edged Sword of Public-resource Dependence: The Impact of Public Resources on Autonomy and Legitimacy in Korean Cultural Nonprofit Organizations [J]. The Policy Studies Journal. 2007, 35 (2).

[73] Kingma B. An Accurate Measurement of the Crowd-out Effect, Income Effect and Price Effect for Charitable Contributions [J]. Journal of Political Economy. 1989, 97 (5).

[74] Kirsten A. Grønbjerg. Understanding Nonprofit Funding [M].

San Francisco, CA: Jossey - Bass, 1993.

[75] Kropf M. and Knack S. Viewers Like You: Community Norms and Contributions to Public Broadcasting [J]. Political Research Quarterly. 2003, 56 (2).

[76] Ledyard John O. Public Goods, A Survey of Experimental Research. Social Science Working Paper 861. Pasadena: California Institute of Technology, 1994.

[77] Leon E. Irish, Lester M. Salamon, Karla W. Simon. Outsourcing Social Services to CSOs: Lessons from Abroad [R]. World Bank Working Paper. 2009, https://openknowledge.worldbank.org/handle/10986/3105.

[78] Lester M. Salamon. Rethinking Public Management: Third - Party Government and the Changing Forms of Government Action [J]. Public Policy. 1981, 29 (3).

[79] Lipman Harvey. Cities Take Many Approaches to Valuing Tax-exempt Property [J]. Chronicle of Philanthropy. 2006b, 19 (4).

[80] Lipsky Machael and Steven R. Smith. Nonprofit Organizations, Government, and the Welfare State [J]. Political Science Quarterly. 1989/90, 104 (4).

[81] Lise Vesterlund. Why Do People Give?. In Powell, Walter (ed.), The Nonprofit Sector: A Research Handbook. New Haven, Conn.: Yale University Press, 2006.

[82] Malon W. Thomas and Yates Joanne et al. Electronic Markets and Electronic Hierarchies [J]. Communications of the ACM. 1987 (30).

[83] Matsunaga Yoshiho and Naoto Yamauchi. Is The Government Failure Theory Still Relevant? A Panel Analysis Using US State Level Data [J]. Annals of Public and Cooperative Economics. 2004, 75.

[84] McClelland Robert. Charitable Bequests and the Repeal of the Estate Tax [Z]. Congressional Budget Office, Tax Analysis Division, Technical Paper Series No. 2004 - 8.

[85] Najam A. The Four - C's of Third Sector - Government Relations: Cooperation, Confrontation, Complementarity, and Co-optation [J]. Nonprofit Management and Leadership. 2000, 10 (4).

[86] Obler Jeffrey. Private Giving in the Welfare State [J]. British Journal of Political Science. 1981, 11 (1).

[87] Okten Cagla and Weisbrod A. Burton. Determinants of Donations in Private Nonprofit Markets [J]. Journal of Public Economics. 2000, 75 (2).

[88] Patricia Hughes, William Luksetich. Modeling Nonprofit Behavior [C]. In Bruce A. Seaman and Dennis R. Young (eds), Handbook of Research on Nonprofit Economics and Management, Massachusetts: Edward Elgar Publishing, Inc, 2010.

[89] Putnam Robert D. Making Democracy Work: Civic Traditions in Modern Italy [M]. Princeton: Princeton University Press, 1993a.

[90] Putnam Robert D. The Prosperous Community: Social Capital and Public Life [J]. The American Prospect. 1993b (13).

[91] Richard Steinberg. Voluntary Donations and Public Expenditures in a Federalist System [J]. American Economic Review. 1987, 77 (1).

[92] Roberts Russel D. A Positive Model of Private Charity and Public Transfers [J]. Journal of Political Economy. 1984, 92 (1).

[93] Robert J. Yetman. Tax - Motivated Expense Allocations by Nonprofit Organizations [J]. The Accounting Review. 2001, 76 (3).

[94] Salamon Lester M. Partners in Public Service: Government - Nonprofit Relations in the Modern Welfare State [M]. Baltimore, MD:

Johns Hopkins University Press, 1995.

[95] Salamon Lester M. The Tool of Government: A Guide to the New Governance [M]. New York: Oxford University Press, 2002b.

[96] Salamon Lester M., Anheier Helmut. Social Origins of Civil Society [J]. Voluntas. 1998, 9 (3).

[97] Salamon Lester M., Sokolowski S. W. and Helmut Anheier K. Social Origins of Civil Society: An overview [R]. Working Paper of The John Hopkins Comparative Nonprofit Sector Project, John Hopkins University, 2000.

[98] Schiff Jerald. Does Government Spending Crowd Out Charitable Contributions? [J]. National Tax Journal. 1985, 38 (4).

[99] Schiff Jerald. Charitable Giving and Government Policy: An Economic Analysis [M]. New York: Greenwood Press, 1990.

[100] Stefan Toepler. Government Funding Policies [C]. In Bruce A. Seaman and Dennis R. Young (eds), Handbook of Research on Nonprofit Economics and Management, Massachusetts: Edward Elgar Publishing, Inc, 2010.

[101] Steven Rathgeb Smith, Kirsten A. Grønbjerg. Scope and Theory of Government – Nonprofit Relations [C]. In Walter W. Powell, Richard Steinberg (ed.), The Nonprofit Sector: A Research Handbook. New Haven, Conn.: Yale University Press, 2006.

[102] S. W. Sokolowski. Effects of Government Support of Nonprofit Institutions on Aggregate Private Philanthropy: Evidence from 40 Countries [J]. Voluntas. 2013, 24 (2).

[103] Warr Peter G. Pareto Optimal Redistribution and Private Charity [J]. Journal of Public Economics. 1982, 19 (1).

[104] Weisbrod A. Burton. Toward a Theory of the Voluntary Non – Profit Sector in a Three – Sector Economy. In Edmund S. Phelps (ed.),

Altruism, Morality and Economic Theory, NewYork: Russel Sage, 1974.

[105] Zimmerman Dennis. Nonprofit Organization, Social Benefits and Tax Policy [J]. National Tax Journal. 1991, 44 (3).

后　记

诚如明代诗人于谦在《石灰吟》中所写："千锤万凿出深山，烈火焚烧若等闲。粉身碎骨全不怕，要留清白在人间。"由一个博士生蜕变成一个博士需要经历凤凰涅槃的锻造，这是每个合格的博士生必须经历的阶段。做完一篇博士学位论文的感觉犹如完成了一次挑战自己智慧与毅力的苦行之旅，使心灵随之净化不少。

整篇论文从选题、资料搜集、开题、阶段论证到最后的成稿历经两年的时间，目前中国关于社会组织财税政策的研究没有形成系统性的研究范式体系，学者们在这方面的研究主要以定性研究为主，而国外研究的对象是非营利组织，与我国的社会组织在统计口径、构成形式、发展背景等方面有着本质的区别，但在组织行为的研究上又有着一些共同点，因此，不能将国外的研究范式与方法完全嫁接到中国的实践中，文章落笔之前的很长一段时间都在进行中外资料和数据的搜索、对比、借鉴与吸收。

在实证数据的搜集阶段，我试图通过多个数据库寻找研究所用的数据，可惜现有关于中国社会组织的数据只是局部公开，只有一部分公益性基金会定期公开信息，社会团体和民办非企业单位很多的相关信息数据都没有公开，这也是导致中国在社会组织的定量研究上止步不前的主要原因。书稿中的实证研究基于数据的有限性只能对现有的财税政策效果给出一个初步的结论，这也为后续的研究提供了更为广阔的空间。

从博士论文的写作完成到书稿的出版，这期间很多人付出了辛劳的汗水，值书稿付梓之际，心中满是感激，向多年来给予我支持、关怀和帮助的老师、同事、同学和亲人、朋友们致以最诚挚的谢意。

首先，我要深深地感谢我的导师安秀梅教授。从硕士入学到博士毕业的六年里，老师在学习与生活上都给予了我无微不至的关怀，给予了我不畏艰险、克服困难的巨大勇气和刻苦学习、锐意进取的巨大动力。导师严谨的工作作风、敏锐的思维方式和乐观向上的生活态度，都是我今后学习与生活的楷模。在论文写作过程中，恩师从论文选题、框架安排到最后定稿都给予了悉心指导和及时纠偏。

其次，感谢李保仁教授、周利国教授、冯海旗教授、李燕教授和黄振华教授。导师组的各位老师在论文写作的多环节中给予我细心、专业的指正，他们深邃的思想、对学识准确的把握帮我进一步理顺了文章的写作思路，不断充实和完善论文的写作内容。在这里，尤其要感谢李保仁老师，李老师高深的哲学素养、对问题深刻而独特的见解让我受益匪浅，每次交谈收获颇丰，论文的整个写作过程一直遵循着李老师提出的论文写作三原则——“海阔天空地想，慢条斯理地捋，脚踏实地地做”，保质保量地完成了论文。

再次，感谢赵全厚教授、姜竹教授和曾康华教授在论文答辩环节给我论文提出的宝贵意见，让论文能够更好地与中国当前的改革相联系，进一步增强了论文的现实性。感谢山东财经大学财政税务学院岳军教授、朱德云教授、谢申祥教授、马恩涛教授、赵宇教授、李森教授对书稿的修改给予的指导和支持。感谢经济科学出版社，在本书的出版过程中，以陈赫男为代表的出版社工作人员付出了大量的心血和精力。如果没有陈编辑的认真负责和反复沟通，书稿何时面世还是未知数。

此外，我还想由衷地感谢李俊生教授、马海涛教授、刘尚希教授、王雍君教授、李涛教授和任强教授，他们以授课和学术成果等不同形式给了我很多启发，为本书的写作提供了开放性的思路，纠正并强化了我对财政学一些概念的理解和认识。

同时，感谢陈挺博士、郭沛廷博士、刘鹔博士、林晚发博士、骆平原博士、杨思静博士、王前博士等各位亲爱的同学。难忘我们共度的求学时代，我们一起收获了知识，也收获了最珍贵的人生财富——彼此的友谊。在博士论文进展过程中，我们互相交流经验，分享心得。在心情低落时，我们彼此鼓励，相互关心，让整个论文的写作不再那么沉重。

最后，我要感谢我的家人们。感谢我的父母多年来为我营造了一个精神家园。在我人生的关键时期，他们给了我巨大的支持、鼓励和关爱，让我可以全身心、无顾忌地投入到紧张的学习中。此刻，我最想说的是："父恩比山高，母恩比海深。爸妈，女儿会以实际行动报答你们的养育之恩。"感谢我的爱人荆鑫先生，弱水三千，只取一瓢，感谢你为我在工作和生活上的倾力付出，未来我们继续风雨同舟！

曹雪姣
2020年6月
于济南